登録有形文化財

保存と活用からみえる
新たな地域のすがた

佐滝剛弘

勁草書房

はじめに

「登録有形文化財」を目にする機会

テレビの紀行番組を見ていると、リポーターが由緒ありそうな旅館や邸宅に入るとき、玄関の横にあるプレートを見て、この建物、「登録有形文化財なんだそうです」とありがたげにコメントしたり、あるいは「登録有形文化財になっているほど貴重なものです」とナレーションが入る場面を時折見かける。しかし、それを聞いて、なんとなく古いものだというニュアンスは伝わっても、そもそも登録有形文化財とはどんなもので、日本にどれくらいあって…という予備知識がないので、コメントもナレーションも耳を素通りしてしまい、「登録有形文化財」についての知見が視聴者に蓄積されるということにはならない。

国宝でもなく、重要文化財でもなく、もちろん世界遺産でもミシュランの三ツ星でもない、この「登録有形文化財」とはいったい何なのか？　それを調べようにも、実は、登録有形文化財だけに絞った一般書は、私が知る限り日本ではまだ一冊も刊行されていない(1)。Wikipediaやウェブ上の百科辞典には「登録有形文化財」という項目も立っていて最低限の説明もあるが、その全貌をつかむには程遠い。

しかし、ちょっと調べてみると、北海道から沖縄の南北大東島までまさに日本中に一万件を超える物件が登録有形文化財となっていること、東京タワーや大阪城天守、通天閣など、日本中の誰でも知っている施設も登録されていること、中には国宝でも重要文化財でもないのに、世界遺産に登録されている登録有形文化財まであることなど、その不思議さと多様性は興味を掻き立てるものがある。

「世界遺産」へのアンチテーゼとして

私は、二〇年ほど海外を中心にユネスコの世界遺産の登録物件を見て歩く旅を続けており、ペルーの天空都市「マチュピチュ」やエジプトの「ピラミッド」、中国の「万里の長城」など世界的な文明史のエポックになるような著名な建造物や遺跡に多く触れてきた。もちろん、日本でも「知床」から「琉球王国のグスク」[2]まで、名だたる世界遺産をほぼすべて見てきた。しかし、間断なくメディアで取り上げられ、何の疑問もなく「素晴らしい」「人類の宝」と連呼される我が国の「世界遺産崇拝」の現状には、正直うんざりさせられることも一度や二度ではない。私の中では、世界遺産へのアンチテーゼとして、「誰もが知る名所」よりも、「知名度は低いけれど見ごたえがある」「注目は集めないけれど面白い」、あるいは最近のはやり言葉風にいえば、「地味だけどスゴい！」[3]ものへと関心の比重が移ってきていた。そこで行き着いたのが、この本でご紹介する「国登録有形文化財」なのである。

国内の旅の目的地として、登録有形文化財に焦点を絞ってからほぼ八年、その訪問数は、まもなく一万件になろうとしている。全体の九割ほどに足を運んだ計算になる。そして、この行脚を経て今痛感しているのは、海外の世界遺産めぐりももちろん楽しいし、国内でも世界遺産ではなくとも、松本城や出雲大社などの国宝あるいは国宝級の歴史的な建物や施設は確かに見ごたえはあるが、実は地域の足元にそれぞれの地域の歴史を秘めた隠れた宝物が無数といえるほどあり、しかもそれらは放っておけばいつのまにか消えてしまいかねないものばかりであるということ、そのひとつのシンボルが「国登録有形文化財」といってもよいのではないかということである。

この本が目指すもの——地域づくりへのアプローチ

登録有形文化財は、この後詳述するように、年に数回、新たに登録されて件数がどんどん増える点は、やはり毎年登録物件が増える世界遺産に似ている面がある。さらに、世界遺産は登録された後に取り消されるということはきわめて稀だが、(4)登録有形文化財は本編でも詳しく触れるように様々な理由で抹消されてしまうことが珍しくない。したがって、登録地を紹介するカタログやガイドブックを作ろうと思っても、すぐにデータが古くなってしまい完全なものにはなりにくい。また、一万件を超える物件をすべて一冊の書籍で紹介することも物理的に不可能である。そこで、本書では登録有形文化財について地域や時代ではなく、テーマで括ることによって見えてくる日本の近代以降の諸断面を多面的に捉えながら、この制度の課題と今後について世界遺産や他の文化財保護制度とも比較しつつ述べていきたいと思う。

また、登録有形文化財はそれぞれの地域の風土や歴史を背負って今に残っているわけだから、そこに注目することは地域そのものに光を当てることにつながる。登録有形文化財は周囲と関係なく単独でただ建っているのではなく、そのどれもが周囲の環境や街並み、そして人々の暮らしと深く結びついている。そして、観光と地域振興、今はやりの言葉でいえば「地方創生」に注目が集まる昨今、こうした地域の文化と強く結びついた登録有形文化財を理解することは、そのまま地域づくり、まちづくりを考えることにも通じると考えられる。

まずはこの書で登録有形文化財に少しでも興味を持ってもらい、できれば実際に触れて地域の歴史や文化を考えるきっかけとなってもらえればと思う。何もお金をかけて遠くの世界遺産に出向かなくても、先達が残した貴重な遺産に手軽に触れられるのが登録有形文化財である。その多様で奥深い世界へと道案内をさせていただこうと思う。

※なお、本書で掲載している写真は、特記がないものはすべて著者による撮影である。データは二〇一七年七月一日現在。ただし、二〇一七年七月に答申された新しい文化財についても、必要な場合には触れている。また、取材・調査から時間が経過し、最新の状況とは異なっている場合がある。

注

（1）二〇〇五年に文化庁文化財部編著の『総覧　登録有形文化財建造物5000』という書籍が海路書院から刊行されているが、六九〇〇円（消費税別）の大部の本なので、ここでは一般書には含めないことにした。

（2）世界遺産の正式名称は「琉球王国のグスクと関連遺産群」（一九九九年登録）。グスクは沖縄の城郭のこと。

（3）日本テレビ系列で二〇一六年一〇月から一二月まで、ドラマ『地味にスゴイ！　校閲ガール・河野悦子』

が石原さとみの主演で放送され、二〇一七年九月にもスペシャル版が放送された。

（4）二〇一七年七月現在、オマーンの「アラビア・オリックス保護区」とドイツの「ドレスデン・エルベ渓谷」の二件が登録抹消となっている。

目　次

第三部

〈第一部〉

第一部では、登録有形文化財とは何か、どんなものが登録されているのか、どんな経緯でこの制度が設けられたのかなど、その概要についてまとめた。第一章では文化財らしからぬ多様な登録物件を紹介し、第二章では登録有形文化財制度が重要文化財などと何が違うのかといったような制度面やデータからその概要をつかんでもらう。

第一章　登録有形文化財の多様性

生活に密着した施設――1．火の見櫓

私たちが文化財と聞いて思い浮かべるものは、日本であれば、神社や仏閣、城郭、最近では、富岡製糸場や東京・赤坂の迎賓館が国宝になっていることから、巨大なモニュメントや宮殿といったものも文化財の範疇に含まれることも浸透してきたといえよう。しかし、「登録有形文化財」は、もっともっと私たちの身近な暮らしにかかわりあいのある建物や施設が登録されるケースが多い。

写真は、岡山市の中心街に近い「**旧京橋火の見櫓**」である。かつては、街のあちこちにごく当たり前のようにあった火の見櫓。塔の上に見張り台と鐘がついていて、火事の早期発見、発見時の迅速な消防団の招集、そして各戸に半鐘で火事を知らせる役目を持つ、いわば町の防災施設であったが、今では消防署の建物にその機能が付加されることなどにより単独の櫓としては役目を終えているところが多い。そして老朽化もあって撤去されるにつれて街角から姿を消し、今一定年齢以下の若年層では一度も火の見櫓を見たこ

旧京橋火の見櫓

三宅区火の見やぐらと倉庫

とがないという人も珍しくなくなった。

「旧京橋火の見櫓」は、一九二四年に建造された高さ二一メートルの鉄骨造りの櫓で、名前の通り、市内を流れる旭川に架かる京橋の脇に建てられている。地元でよろず屋を営んでいた坪田利吉が行商に励んで得た私財で、岡山市に一二基の火の見櫓を寄贈、この京橋の櫓はその中でも最も高い火の見櫓であった。一九四五年の岡山空襲で市民に避難を促した歴史も刻んでいる。二〇〇四年頃には老朽化により取り壊しの話も出たが、地元の町内会が市に保存を求め、望楼の屋根の補修や錆《さび》落としをして、再び銀色の姿に戻っている。

川沿いに建つスリムなスタイルをした塔の下の空き地では、毎月第一日曜日の朝、その名も「京橋朝市」というにぎやかな青空マーケットが開催されている。取り外された半鐘は今も大切にしまわれているという。

福井県若狭町の郊外には、地蔵堂の上に櫓が付属した珍しい火の見櫓が残っている。「**三宅区火の見やぐら**」と付属の「**倉庫**」の二棟が登録有形文化財となっている。三宅はこの地区の名称、「やぐら」はこちらの登録名ではひらがな書きである。中に祀られているのは愛宕《あたご》神社の地蔵で、火除けの神様である京都の愛宕神社から勧請《かんじょう》されたもの。火除けの神様の上に火の見櫓とは出来過ぎといってもよい絶妙な取り合わせである。

全国ではこの岡山市と若狭町のものも含め、七件の火の見櫓が登録有形文化財となっている。本来の役目は失われても、地域のランドマークとして今も親しまれている櫓ばかりである。

旧五十嵐歯科医院

生活に密着した施設――2．病院

東海道蒲原《かんばら》宿。歌川広重が描いた浮世絵の名作「東海道五十三次」では雪の情景が描かれているが、実際に当地を訪れてみると、冬でも温暖な日差しが降り注ぎ、近くの山ではミカンが実をつけているのが目に入る。この蒲原宿（静岡市清水区蒲原）の旧東海道沿いに木造二階建ての立派な洋風建築「旧五十嵐歯科医院」が建っている。通りに面した側は全面に窓が配され、窓枠も壁も薄いグリーンで統一されている。優し気なたたずまいは、大人でも気が重い歯医者さんへの扉を優しく開けて待ってくれているような気分にさせる。もとは和風の町屋だったものを、一九一四年に、当時の当主五十嵐準氏が歯科医院を開業する際に洋風に改築、さらに昭和に入って現在の姿に増築されている。東海道の宿場の面影を残

野口病院管理棟

しながら、大正のハイカラな雰囲気を纏った姿が評価されて登録有形文化財となった。現在は、静岡市が管理し、月曜日を除く毎日公開されて、内部を見学することができる。

個人の病院・医院は裕福な家が開業したこともあって、明治から昭和初期の病院建築にはおしゃれなものも多く、今も現役で使われているもの、五十嵐歯科医院のように今は使われていないもの、どちらも全国ではかなりの数の病院が登録有形文化財となっている。大分県別府市にある「**野口病院管理棟**」は、一九二二年に建築された、真ん中に尖塔を配した学校と教会を足して二で割ったような優美な建物で、病院とは思えない美しいファサードを持っている。

また、登録有形文化財の中にはこうした個人の医院だけでなく、大阪府堺市の「**浅香山病院**（西病棟・白塔）」のように大型の医院の登録もある。文化財の病院で治療してもらうと何だかありがたみが感じられるかもしれない、そんなことを思わせるこうした病院群である。

生活に密着した施設——3．遊郭

大阪市のミナミに飛田《とびた》新地という今も奇跡のように残る現役の歓楽街があるが、その入口の角地に写真のような風格のある建物が残っている。二階に巡らされた赤い擬宝珠《ぎぼし》のついた高欄が目立つこの建物、現在は「鯛よし百番」という料亭になっていて、中で食事ができるが、もともとは遊郭として建てられたものである。唐破風《からはふ》(1)のついた玄関を入ると、内部は凝りに凝った竜宮城もかくやと思わせるような派手な装飾が施され、度肝を抜かれる。日光の陽明門まで再現されている。店の前の道を少し行けば、関西の男性なら「ははーん」と納得するあの飛田新地のど真ん中である。「鯛よし百番」の建物の写真を撮ろうとそちらにカメラを向けているうちはよいが、新地方面にうっかりカメラを向けようとすると、「写真はダメ」という声がどこからともなくする。玄関の奥に〝給仕〟の女性が侍る、独特の飛田新地は、撮影厳禁エリアであるからだ。

鯛よし百番

　遊郭を「生活に密着した施設」という範疇で括るのは乱暴かもしれず、むしろ、「究極の非日常」とでも形容したほうがいいのかもしれないが、国宝や重要文化財には著名な神社仏閣が多く、まさに「聖」なる空間であるのに対し、ここは人間の欲望を受け止める極めつけの「俗」空間ともいえ、それが国の文化財になっているところに、登録有形文化財制度の奥深さがあるといえるだろう。

別府タワー

東京タワー

地域のランドマーク——1．東京タワー

高さ二一メートルの火の見櫓が登録有形文化財となっていることを先ほど紹介したが、その一五倍以上となる高さ三三三メートル、東京スカイツリーが開業するまでは東京のシンボルといっても誰からも疑問を差し挟まれることもなかったであろうあの「東京タワー」も、二〇一三年に登録有形文化財となっている。もちろん、全一一〇〇〇件の登録有形文化財の中で最も高い建造物である。このタワーの建設の様子は、映画『Always 三丁目の夕日』[2]で背景としてよく描かれている。

竣工は戦後一三年が経った一九五八年一二月。その五年前に始まったテレビ放送は、最初それぞれの放送局から電波が送信されていたが、放送局が増加するにつれ、視聴者はチャンネルを替えるたびにアンテナの向きを変えなければならず不便極まりなかった。そこで、すべてのテレビ電波を一か所から関東平野に届けるために、テレビ局合同の送信タワーが建設されることになった。東京タワーの正式名称が「日本電波塔」となっているのはその目的からして当然といえる。もとは増上寺の敷地だった芝公園の一角が建設地に決まり、日本の塔博士と呼ばれる建築家内藤多仲《たちゅう》(3)の設計により赤と白の優美なタワーが完成した。竣工当時、パリ・エッフェル塔(4)を抜いて、自立式鉄塔としては世界で最も高い塔であった。映画に描かれたように戦後の日本の復興の象徴であり、また高度経済成長の出発点ともいえる、日本にとっては戦後のエポックになった建築物であることも登録の理由であった。

なお、内藤多仲が設計した塔には、「名古屋テレビ塔」（一九五四年）、「大阪通天閣」（二代目　一九五六年）、「別府タワー」（一九五七年）、さっぽろテレビ塔（一九五七年）、博多ポートタワー（一九六四年）など、各地で今もその街のシンボルとして現存するものが多いが、そのうち名古屋テレビ塔、通天閣、別府タワーが登録有形文化財である。

地域のランドマーク――2．大阪城

豊臣秀吉が築城したことで知られる大坂城。大坂冬の陣・夏の陣で炎上し、その後徳川氏が再建したが再び炎上。その後天守は置かれなかったが、今大阪城公園へ足を運ぶと、私たちが「大阪城」と呼ぶ天守閣（のような建物）に対面できる。博物館として一般に公開されているこの建物、「大阪城天守閣」という名称ではあるのだが、歴史的な建造物を忠実に再現したわけではなく、四層までは徳川時代の天守を、第五層は秀吉築城の天守を模した、いわば折衷の建築である。建築費用はすべて市民の寄付。申し込みが殺到して目標の一五〇万円がわずか半年で集まったのは、浪速

大阪城天守閣

富山市郷土博物館

っ子の太閤人気の表れであろう。住友財閥の総帥が二五万円を寄付するなど、大阪商人の意地も込められていたはずである。完成は一九三一年、いわゆる復興天守の第一号といわれている。すでに築八〇年を超え、秀吉や家康が築城した天守よりも長命となっている。大阪城には天守以外に大手門や多門櫓など江戸期の建物も数棟残っており、こちらは国重要文化財に指定されている。

大阪城天守閣は、先述のミナミの通天閣とともに今も大阪のシンボル的存在であり、大阪は二つの登録有形文化財が街を代表する建物となっている珍しい街なのである。

なお、城郭で登録有形文化財となっているものとしてほかに、富山市の「**富山城（富山市郷土博物館）**」がある。こちらは、戦後の一九五四年に建造された鉄筋コンクリートの城郭建築である。この年に富山城跡一帯で開かれた富山勧業大博覧会を記念して造られた模擬天守である。

稀少価値の高い施設――1．国立天文台の観測施設

先述の遊郭「鯛よし百番」も一般にはなかなか聞きなれない名称だが、登録有形文化財にはほかにも、その名を聞いただけではイメージが浮かびにくい名前を持ったものがいくつもある。

「国立天文台」。東京都三鷹市にある我が国の天文観測の中心的な施設である。広大な敷地には様々な研究や観測のための建造物が建っていて、現在そのうちの一〇件が登録有形文化財となっている。「表門」や「門衛所」といった名前を聞けばすぐにでも想像できる施設がある一方で、「ゴーチェ子午環室」「レプソルド子午儀室」という名が文化財の登録名として登場する。

「子午環」（英語ではMeridian Circle）とは、天体の精密な位置を観測する望遠鏡、「子午儀」は、その望遠鏡を備え付ける観測装置である。「ゴーチェ」（Gautier）は、フランス・パリにある光学メーカーで、この子午環は、一九〇三年にゴーチェ社で製造され、翌年輸入されたものである。当時の価格でおよそ二万円というから、今でいえば億を超える高額な望遠鏡であった。当時は前身にあたる東京天文台は港区の麻布にあったが、一九二四年に三鷹に移転したのちに、この望遠鏡を備え付けるために建造されたのがこのゴーチェ子午環室である。

ゴーチェ子午環室

一方、「レプソルド」（Repsold）はドイツ・ハンブルクにあるメーカーで、レプソルド子午儀は、一八八〇年に制作され、東京天文台が購入、こちらも三鷹移転後に現在の建物に移されて観測に使われ続けたものである。二〇一一年、この子午儀は国の重要文化財に指定されている。ゴーチェ子午環もレプソルド子午儀もすでに役割を終え、現在は一般公開されている。

国立天文台には、ほかにもアインシュタインの相対性理論の検証の目的に建てられ、一般にはアインシュタイン塔と呼ばれている「**太陽分光写真儀室**」など、専門性が高くて普段なじみがないだけにかえって好奇心をそそる観測施設が点在している。一〇棟の登録有形文化財は、外観だけであればすべて近くで見ることができ、非日常的な空間を楽しめる。

なお、観測施設としては、ほかに東京海洋大学の越中島キャンパス（旧東京商船大学）に二棟の教育用の天体観測施設（「**東京商船大学旧天体観測所**」）及び、岩手県奥州市の「**旧緯度観測所・旧臨時緯度観測所**」の四施設が国登録有形文化財となっており、東京海洋大学も奥州市の施設群も敷地内は、原則立ち入り自由なので、これも間近で見ることができる。病院などとは正反対に一般の人なら一生接することができないような施設が登録有形文化財となっている一例である。

稀少価値の高い施設――2．広島の時報塔

この章で東京タワーや大阪・通天閣などの「塔」が登録有形文化財となっていることに触れた。煙突も「塔」の仲間だとすれば、酒造会社や陶器の窯場の煙突が同じ敷地の建物と一緒に登録有形文化財となっているケースが各地にある。そんな中、今では絶対建設されることのなくなった、あ

る意味、当時の時代を彷彿とさせる「塔」が登録有形文化財となっている。

広島県東広島市志和町にある「**時報塔**」という名の塔である。

実際現地に行ってみると、集落の入口にひっそりと目立たない色と形で建つ高さ七・八メートルの一見石造りの塔で、なんだか交通安全の標語を掲げる掲示台のようにも見える。これは、一九二二年、集落の住民に正しい時間に合わせて規則正しい生活を送るよう、正確な時を知らせるために建てられたもので、最上部に時を知らせる鐘が備えられている。上の部分は木造で、下は鉄筋コンクリート、石造りに見えるのは、壁面に凹凸がつけてあるからである。設置したのは、自治体ではなく地元の在郷軍人会。在郷軍人会とは現役を離れた兵隊を組織したもので、一九一〇年にその全国組織である帝国在郷軍人会が発足している。また、鐘は地元出身でアメリカに在住していた村民が贈ったものだとされている。現在は、戦後に取り付けられたサイレンが鐘の代わりに一日五回、時を告げているが、当初の「鐘」の印象が強いせいか、地元で長らく呼び習わされてきた「鐘つき堂」という名が今も残っているという。時報塔の四周には、縦に「定時励《れい》行」「時ハ金」「時間節約」の三語が大きく書かれている。

時報塔

それにしても、どうしてこんなものが造られたのか？　当時はまだ各家庭に時計がいきわたるまでは普及していなかったし、テレビはもちろんのことラジオ放送も日本では始まっていなかった。時間におおらかなのは日本中どこでもだったが、この地でも時間を守らない風潮が当たり前となっていて、当時の志和堀村長が地区の分会長と相談し、地区に時間を知らせる施設を作ろうと決断、しかし資金がなかったために故郷から渡米した移住者に依頼、そうやって鐘の実物と鐘楼を建てる費用が送られてきたのだという。

全国的には、「時の記念日」が制定されたのが時報塔の完成の二年前の一九二〇年。同じ年、文部省の外郭団体として生活改善同盟会が組織されたが、その実行目標の最初に掲げられたのが「時間を正確に守ること」というものであった。今でこそ世界でも稀な定時運行を誇る日本の鉄道も当時は遅れるのが当たり前だったというから、現在とは全く時間の概念が異なっていたのだろう。

こうした時を知らせる鐘は、例えば埼玉県川越市のシンボルとなっている「時の鐘」(創建は江戸時代初期、現在のものは一八九六年の再建)のように、ずっと以前から様々な形で造られたものと思われるが、築一〇〇年近く経った今も当時の様子が分かる形で残って時を告げ、村の生活と風景に溶け込んでいる点が認められて文化財登録を果たしている。時報塔の脇を流れる小川はホタルの名所で、今もシーズンにはホタルを愛でながら時報塔付近を歩く方がいるとのことである。

稀少価値の高い施設――3．日清戦争の凱旋門

「凱旋門」といえば、フランスはパリのシャンゼリゼ通りの突き当たりにある、世界的な観光都市のシンボルの一つともなっているものが世界的に有名だし、ローマ市内やフランス南部のオラン

ジュなど、ローマ帝国支配下のヨーロッパ各地に建てられた凱旋門も、歴史好きの方ならすぐに想像できるだろう。その凱旋門、登録有形文化財のリストを眺めると、二件の記載があることがわかる。鹿児島県姶良《あいら》市の「**山田の凱旋門**」と、静岡県浜松市の「**凱旋紀念門**」である。

山田の凱旋門は、神社の石段の前に建つ高さ四・七メートルの石造りの門で、誰の凱旋かといえば、一九〇四～〇五年の日露戦争に従軍した村の兵士が「凱旋」したことを記念して、当時の姶良郡山田村の兵事会が建設したものである。世界最強といわれたバルチック艦隊を撃破した日露戦争の勝利は、日本人に熱狂的に迎えられた。兵士はまさに国のヒーローであり、村のヒーローである。実は日露戦争の兵士を迎えるための凱旋門は全国に多数造られた。しかし、それはいわば凱旋パレードというイベントのために造られた一時的なものがほとんどであり、山田の凱旋門のように恒久的な建造物として造られ、しかもそれが今も残されているのはきわめて珍しい。優秀な石工の宝庫だった九州の石造建築らしく、優美なアーチが特徴だ。門柱には「日露戦役紀念」とその建設

山田の凱旋門

凱旋紀念門

目的がきっちりと彫られている。

一方、浜松市の「凱旋紀念門」は、赤煉瓦製の小ぶりの門である。こちらも日露戦争の戦勝を記念して建てられたもので、神社の参道の途中に建てられている。戦勝に湧いた当時の喜びが、地方にひっそりと埋もれたように置かれたこうした文化財に塗りこめられているのは興味深い。

なお、登録有形文化財の中でもうひとつ「凱旋」の文字が入っているのが、佐世保市にある「**旧海軍佐世保鎮守府凱旋記念館**」、現在の佐世保市民文化ホールである。こちらは第一次世界大戦で佐世保鎮守府の艦艇が連合国軍の一員として地中海で活躍し戦勝に貢献したことを記念して建てられた二階建ての白い壁が印象的な瀟洒な建物である。竣工は一九二三年。戦後は米軍に接収されていたが、一九八二年に佐世保市に返還され、今も市民が利用するホールとして現役で使われている。佐世保市には自衛隊の基地や佐世保ドックの敷地内にも、登録有形文化財となっている戦前の施設が点在しているが、軍港としての歴史に身近に触れられる施設として、この建物の存在感は大きい。

稀少価値の高い施設――4．清水港テルファー

富士山を間近に仰ぐ静岡県の清水港。冷凍マグロの水揚げでは日本一を誇る漁港であるとともに、多くの貨物船が入港する商業港でもある。この清水港の埠頭に「**清水港テルファー**」という施設がある。名前だけでは港湾関係者以外はなかなか想像できないと思うが、テルファーとは、陸揚げされた木材を鉄道の駅に積み込むための巻き揚げ装置のことである。その鉄道（国鉄清水港線）はすでに廃止されており、すぐ前はエスパルズ・ドリームプラザというショッピング・センターになっ

ていて、一見すると店舗の付帯施設のようにも見える。全体でコの字のようになっていて、長さは一一〇メートル。かなり大きな設備である。この鉄枠にぶら下がって電動の装置が移動するわけである。実働しているところを見たかったなと思わせる施設である。

港湾関係の施設が登録有形文化財になっている例としては、「名古屋港跳上橋」「鹿児島旧港北防波堤灯台」「南大東島西港旧ボイラー小屋」など一〇あまりがある。登録有形文化財をくまなく巡る旅の中でも、この南大東島は、那覇空港からさらに一日一便の飛行機で一時間という僻遠の地にある。台風が日本を目指して北上するときに真っ先に影響を受ける孤島である。島は、ほぼ絶壁に囲まれており、那覇からの定期船（なんと一三時間かかる）に乗降する際は、乗客も檻に入ってクレーンで積み下ろしされることでも知られるワイルドな離島でもある。この島の西側の港の高台にあるのがボイラー小屋の跡。台風のときに船を陸の上に揚げる動力となったボイラーを設置した施設である。文化財といわれ

清水港テルファー

南大東島西港旧ボイラー小屋

てもそのあまりのシンプルで武骨な造りに拍子抜けするが、逆にその装飾を一切排したシンプルさが島の自然の厳しさを物語っている。こうしたいわば「珍風景」に出逢えるのも登録有形文化財の多様性が持つ魅力である。

稀少価値の高い施設――5．木馬、ラジオ塔、観覧車

凱旋門や時報塔も、文化財としてはかなり変わり種と感じる方が多いのではないかと思われるが、さらに文化財らしからぬものとして、次の四つの施設を挙げたいと思う。「オリエンタルビル屋上観覧車」「前橋市中央児童遊園もくば館」「前橋市中央児童遊園旧ラジオ塔」「中崎遊園地ラヂオ塔」。どれも、広く見れば「遊園地」に関連するものである。遊具のようなものが国の文化財となっているというのは、伝統ある神社仏閣のイメージが強い日本の文化財の王道から見れば、変化球どころかキワモノといってもいいほど、イメージがかけ離れているように思える。しかし、それこそが登録有形文化財の多様性を表す象徴的な物件だといってもよいだろう。

「**オリエンタルビル屋上観覧車**」は、文字通り、デパートの屋上にある小さな遊園地にある観覧車である。完成は一九五六年。場所は愛知県名古屋市の繁華街、栄である。オリエンタルとは、一九五四年から名称を変えながら二〇〇三年まで存続した百貨店が入っていたビルの名称で、完成時は「オリエンタル中村」という百貨店名だった。名古屋の四大デパートの一角を占め、一九六〇年に名古屋近郊で生まれた私も、記憶が定かではないが、このデパートの屋上に遊びに来たことがあるはずで、したがってこの観覧車にも乗った経験がある可能性が高い。今ではあまり見なくなったが、高度成長期、日本に相次いで建てられた百貨店の屋上には必ずといってよいほど小じんまりとした遊園地やミニ動物園があり、デパートの食堂と並んで子供にとっては行くのが楽しみでならない施設であった。オリエンタルビルの観覧車は、日本で最初に設置された屋上観覧車で、かつ現存する最古の屋上観覧車でもある。二〇〇五年に営業運転を終了したが、今も保存されており、二〇一二年には老朽化で乗客は乗せないものの日曜日などに限って運転を再開したというニュースが一時地元の新聞をにぎわせた。子供たちの夢の乗り物を保存することにより、古き良き時代を思い出すノスタルジックな施設として輝き続けることは、まさに「地域の記憶」を封じ込める、この制度の神髄であろう。

オリエンタルビル屋上観覧車

次の「**前橋市中央児童遊園**」は、市民に「るなぱあく」の名で親しまれるミニ遊園地である。この遊園地にある「**もくば館**」は、今も現役で動いている五基の木馬と一体となった一九五四年製の施設。木馬は、現在も一回一〇円で乗ることができる。遊園地の施設は技術の発展による新型遊具の開発により次々と新しいものに入れ替わるのが常だが、るなぱあくの電動木馬は六〇年以上前の姿のまま子供たちを乗せ続けている。遊園地全体が時が止まったような稀有な施設だが、中でも郷愁を誘うもくば館は、これまで延べ五〇〇〇万人以上の子供を背中に乗せて

前橋市中央児童遊園もくば館

きた、ある種の誇りとけなげさがその姿から伝わってくるようだ。しかもこの遊園地、じり貧で閑古鳥が鳴いているどころか、二〇一六年度は年間の遊具利用者の延べ人数が一四六万人と過去最高を記録して、今なお意気軒高。いつまでも残してほしい遊園地である。なお、この「るなぱあく」の愛称は、前橋出身の詩人萩原朔《さく》太郎の『遊園地にて』という詩の中で、遊園地という言葉に「るなぱあく」というルビが振ってあるところからつけられている。

　このるなぱあくには、もうひとつ「旧ラジオ塔」という登録有形文化財が敷地内に存在する。こちらは、遊具ではなく、園内に広くラジオ放送を流すために建てられた戦前の施設である。日本でのラジオ放送の開始は一九二五年であるが、当時はラジオそのものが高価だったため、各家庭にすぐに普及するには至らなかった。そこで当時の日本放送協会は一九三〇年(5)から全国の公園や街角に自治体や地元の篤志家の協力を得て、次々とラジオを広く聴いてもらう施設を作っていく。街頭テレビならぬ街頭ラジオである。日本放送協会が発行する『ラヂオ年鑑』の昭和一七・一八年版を参照すると、最盛期には全国で四六〇基ほどのラジオ塔が設置され、昭和初期に始まった「ラジオ体操」に合わせ、ラジオ塔を囲むようにして市民が体操をしている様子や高校野球の実況放送に聴き入る様子が写された写真が今に残されている。

戦後ラジオの普及やテレビの登場でこのラジオ塔は次第に姿を消していくが、今も全国で二〇基あまりが、機能は失ったもののモニュメントとして残されている。そのうちの二基が登録有形文化財となっている。その一基がるなぱあくの「前橋市中央児童遊園旧ラジオ塔」、もう一基が兵庫県明石市の「**中崎遊園地ラヂオ塔**」である。るなぱあくのものは、日本放送協会前橋放送局の開局に合わせて設置された高さ四・九メートルのコンクリート製の塔で、常夜灯そっくりのフォルムをしている。

戦前、放送の草創期の普及過程の一断面を見事に映し出しているラジオ塔と、戦後ようやく混乱期から成長期へと移行するころに造られた子供向けの遊具。どちらも昭和という時代を鮮やかに切り取った貴重なモニュメントであり、こうしたものを文化財として保存しようとするセンスこそ、登録有形文化財の存在意義の真骨頂であると思える、そんな可愛らしい施設群である。

前橋市中央児童遊園旧ラジオ塔

注

（1）破風は屋根の妻側の造形を指す。唐破風はそのうち、曲線を連ねた破風板を取り付けた日本独特の形式で、神社、城郭などに多く使われている。

（2）二〇〇五年。監督　山崎貴、主演　吉岡秀隆、堀北真希ほか。

（3）一八八六〜一九七〇、山梨県生まれ、東京帝国大学卒業後、早稲田大学教授へ。日本の塔設計の第一人者で、多くの塔の建築を手掛けたほか、建て替えられる前の歌舞伎座や、日生劇場、大丸百貨店心斎橋店などの構造設計を手掛けている。

（4）一八八九年、フランス革命一〇〇周年を記念して開催されたパリ万国博覧会のために建造された塔で、高さ三一二メートル。設計はフランス人技師のギュスターヴ・エッフェル。

（5）ラジオ塔の第一号は、一九三〇年八月に大阪市・天王寺公園に設置されたもの。現存しない。

第二章　登録有形文化財とは？

国の文化財制度

「はじめに」と「第一章」では、登録有形文化財について、ほとんど細かい説明を省いて具体的な物件の一部を紹介してきたが、そもそもこの文化財は国宝や重要文化財と何が違うのか、いつからこの制度が始まったのかといった基本的なことを押さえておきたいと思う。

日本の歴史的な文化資産は、「文化財保護法」という法律で規定されており、文化財は次の図のように分類することができる。

このうち、建造物は、指定文化財である重要文化財とその中でも特に重要な国宝、そして登録文化財である登録有形文化財に分けられる。このほか、宿場町や城下町の住宅や商家などをまとめて保護する制度として、重要伝統的建造物群保存地区（略称、重伝建）というものもある。

まず、文化財には「指定」と「登録」の二種類があって、この二つは厳然と区別されていることが重要だ。「指定」は、お上が、つまり国などが主導して所有者に対し、「この建物は価値があるので、文化財にしますよ」と宣言する、上からの指示による文化財である。話のスタートがお上から始まる流れである。「登録」はその逆で、持ち主が自分の所有物は後世に残す価値があるので文化財に登録したいと申請し、裁可をもらって登録に至るものである。ボトムアップによる文化財への

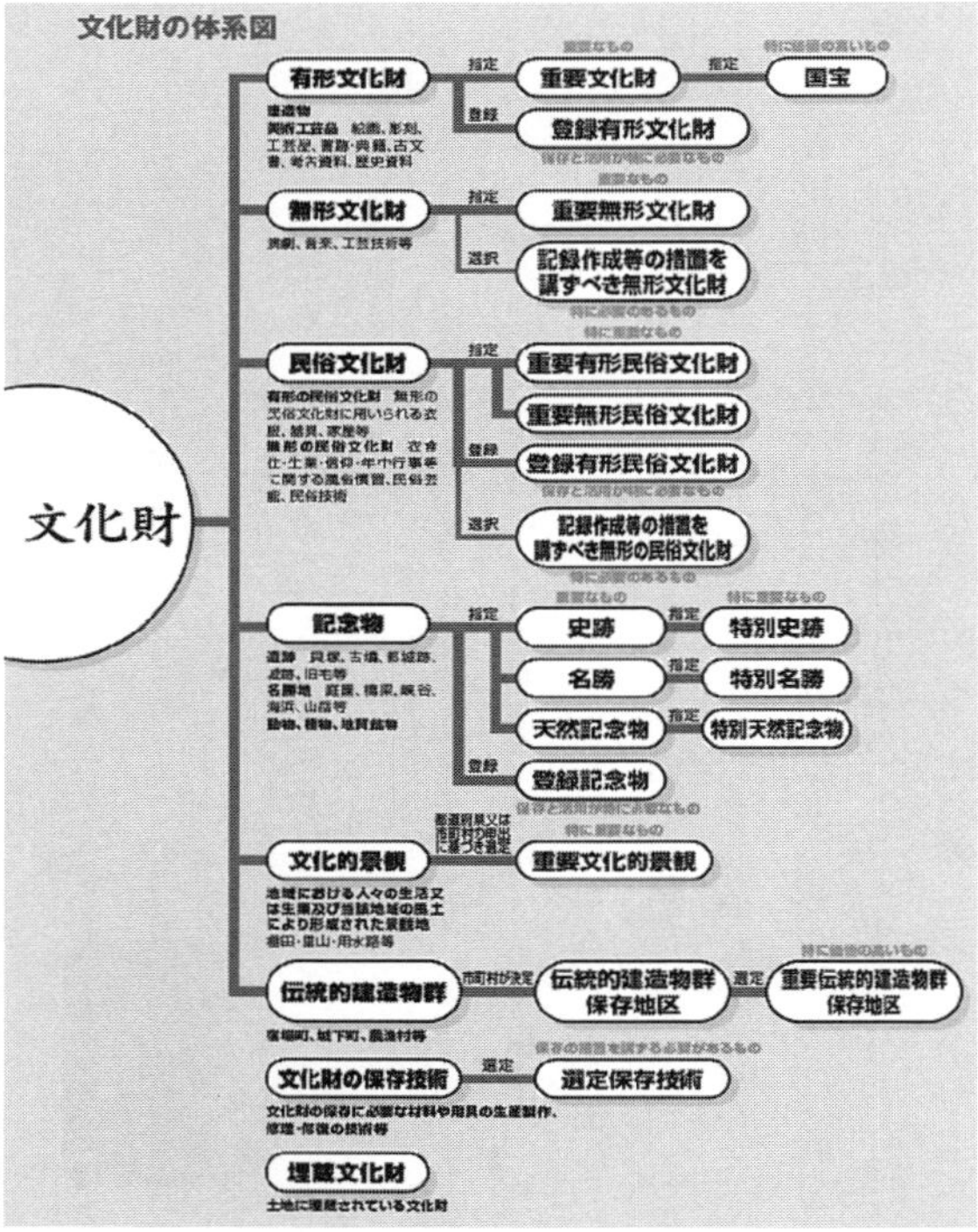

文化財の体系図（文化庁 HP より）

道筋といえるだろう。

実は、日本人の関心が高いユネスコ（国連教育科学文化機関）の世界遺産の制度も、所有国がユネスコに対し登録を申請するという道筋になっているので、まさに「登録」制度である。ユネスコが一方的に、「あなたの国のこの資産を世界遺産にしたい」と要望してくることはない。あくまで所有国の登録の意思が第一歩なのである。

以上の違いから、「指定文化財」と「登録文化財」（あるいは世界遺産）は、決定の際の用語が厳密に区別される。世界遺産に「指定」される、あるいは「認定」されるという言い方は誤りで、あくまで「世界遺産に登録される」あるいはもっと正確にいえば「世界遺産一覧表に記載される」というのが正しい。

用語はともかくとして、このようにお上から指定される文化財とは発想が逆になっていることが重要なのである。

登録有形文化財の誕生

では、なぜこうした文化財の登録制度が生まれたのだろうか？　日本の文化財を規定する「文化財保護法」が施行されたのは一九五〇年である。その前年、奈良・斑鳩《いかるが》の法隆寺金堂が火災に見舞われ、飛鳥時代の貴重な壁画が焼失した。大切な文化財を守るためにはその保存や活用を規定する基本的な法律が必要だということで、この「文化財保護法」が制定されたのである。この法の下に制度化された重要文化財や国宝は、「保護」が何よりの眼目だったため、ひとたび文化財に指定されると、まさに「釘一本打てない」といわれるほど所有者に厳しい制限が課されていた。しかし、こうした制度では個人が所有している民家や商店などにとって、文化財に指定されることは面倒なだけであまりメリットがない。資料館として公開したり、カフェやレストランとして市民に開放しようとしても改装すらできないとなると、文化財は市民から手の届かない遠いところに留め置かれたままにならざるを得ない。文化財の活用を促すことにより文化財を身近に感じてもらうこと、あるいは文化財の多様性を広げることが今後は必要だ、そんな要請の中で登場したのがこの「登録有形文化財」の制度である。

一九九六年、文化財保護法が一部改正され、保存及び活用についての措置が必要な建造物を文部科学大臣が文化財登録原簿に登録する制度が制定された。従来の指定制度が重要なものを厳選し、強い規制と手厚い保護を行うものであるのとは逆に、届け出制で指導・助言を基本として緩やかに保護措置をとるというもので、「近年の国土開発や都市計画の進展、生活様式の変化等により、社会的評価を受けるまもなく消滅の危機に晒されている多種多様かつ大量の近代等の文化財建造物を後世に幅広く継承していくために作られた」とされる。

条文としては、文化財保護法の第五七条が「有形文化財の登録」という項目になっており、「第五十七条　文部科学大臣は、重要文化財以外の有形文化財のうち、その文化財としての価値にかんがみ保存及び活用のための措置が特に必要とされるものを文化財登録原簿に登録することができる」と記されている。以下、六十九条までが登録有形文化財に関連する条文である。

登録有形文化財の条件

登録有形文化財には、次のような登録基準がある。

建築物、土木構造物及びその他の工作物のうち、原則として建設後五〇年を経過し、かつ、次の各号の一に該当するもの

（1）国土の歴史的景観に寄与しているもの

（2）造形の規範となっているもの

（3）再現することが容易でないもの

まず「築五〇年以上」という明確な基準があることが重要だ。いつから五〇年かというと、当然申請時点から遡って五〇年ということになるから、年々、より新しい建物が登録されていくことになる。

例えば、二〇一七年七月に登録が適当と答申された二四四件のうち、最も新しいものは山形県寒河江《さがえ》市の「寒河江市役所庁舎」で一九六七年に建てられたもの。建築後ちょうど五〇年で登録される計算になる。これが二〇一七年七月現在では、最も新しい建築年代の登録有形文化財である。

その次の三つの条件については、数字が明示された基準ではないので、その基準をイメージできる具体的な例として、次のようなものが挙げられている。

「国土の歴史的景観に寄与しているもの」では、

○特別な愛称などで広く親しまれている場合　(例)＊＊＊の洋館、△△の赤レンガ
○その土地を知るのに役立つ　(例)地名の由来となった建造物
○絵画などの芸術作品に登場する場合　(例)北斎の浮世絵に描かれた建造物

といった具合である。

同様に、「造形の規範になっているもの」では、

○デザインが優れている場合
○著名な設計者や施行者がかかわった場合
○のちに数多く造られるものの初期の作品
○時代や建造物の種類の特徴を示す場合

「再現することが容易ではないもの」では、
○優れた技術や技能が用いられている場合
○現在では珍しくなった技術や技能が用いられている場合
○珍しい形やデザインでほかに同じような例が少ない場合

となっている。

項目は、明確な数字の基準ではなく、ある種の価値判断を伴うもので、その建物が「景観に寄与しているか」どうかは見る人によって意見が異なるかもしれないが、登録の可否を判断する側から見れば、これら三つの基準に照らし合わせて、適当な物件であるかどうかを見るということになる。そして登録時には、その三つのうちのどれに該当しているかが示されることになっている。例えば東京タワーは、（1）の「国土の歴史的景観に寄与しているもの」にあてはまるとして登録されている。

登録までの道筋・手続き

ここでは具体的に登録有形文化財の登録に至る流れを簡単に概説したい。例えば読者の住む家が先祖から受け継いだ貴重な古民家で、今後も住み続けながらぜひ文化財に登録したいと考えたとしよう。登録希望者はまず所在地の自治体の文化財担当のセクションに連絡を入れる。多くのところは教育委員会が窓口になる。それを受けて自治体は、自らであるいは建築士や後述するヘリテージマネージャーなどに依頼して申請の書類を作成し、国の機関である文化庁に登録の推薦を行う[1]。この中で特に重要なのは、登録基準にあてはまるかどうか、その建物の特徴を簡潔に述べた「所見」である。この所見がなければ登録は受け付けてもらえない。また、登録したい建物の見取り図も必須である。

そして前述した登録基準を満たしているかどうか打診があった段階で、文化庁が直接、現地へ出向いて調査を行う。かつては必ずしも文化庁の担当者がすべて現地を見ていたわけではないが、近年は原則としてこの「現地視察」がある。そこでは、例えば「築五〇年以上」が条件であるため、それを年代がわかる書類かあるいは書類がなければ建物の屋根裏などに収められた棟札などで確認しなければならない。こうした調査を経て登録がふさわしいとされると、正式に文化庁に登録の申請が行われる。これが文部科学省内に設置された文化審議会に諮問され、その中の文化財分科会で審議され登録が適当であると議決されれば、文部科学大臣に文化財に登録するよう答申が行われる。

この答申が出された時点で、文化庁は報道発表を行う。現在、この答申は一年に三回、三月、七月、一一月となっており、一回の答申で全国でおおよそ二〇〇件程度の建造物が文化財としてリストアップされる。直近の二〇一七年七月の際には三八都道府県から二四四件が答申された。その後、官報で告示された時点でめでたく「登録」となる。そして、所有者にも登録の正式な通知が届くとともに、「登録証」と「登録プレート」が交付される。

登録証は、「紙」で交付され、文化財の正式名称などとともに、交付者の氏名として時の文部科学大臣の名が記されている。登録有形文化財を見学すると、建物の一角に額に入れられた登録証が掲げられているのを目にすることがある。

登録有形文化財の証、緑のプレート

この登録証とともに所有者に交付されるのが「登録プレート」である。大きさはちょうどＡ４サイズ。「登録有形文化財　第○○－○○○○号　この建造物は貴重な国民的財産です　文化庁」と刻まれている。ナンバリングは、ハイフンの前が都道府県を表し、後ろの数字はその都道府県の中での登録順を表している。例えば写真の「第01－０００1号」は、北海道（01）で一番最初（０００1）に登録された有形文化財であることを表しており、札幌市の大通公園の西端にある「**札幌市資料館**（旧札幌控訴院）」に掲げられている。

登録プレート（旧札幌控訴院）

この登録プレートはブロンズ製で手にするとずっしりと重い。富山県高岡市の地場産業である高岡銅器で作られている。交付されるときは立派な桐の箱に入っており、その建物が登録有形文化財であることが外部からわかるよう掲示することが望ましいとされているが、実際に登録有形文化財を巡ってみると、掲示されている割合は私の印象でざっと六～七割程度というところである。建物の入口にわかりやすく掲げられたところもあれば、建物の脇に目立たないようにひっそりと嵌め込んであるところもある。また、いくら探しても見つからないところでは、建物の中に入って初めて見つけられるケースもあれば、残念なことに交付された桐の箱に収めたまま大事にしまわれているところもいくつも見てきた。

登録された建造物は、前章で述べたような東京タワーや通天閣のように遠くからでも目立つ建物ばかりでなく、似たような民家が並ぶそのうちの一軒だけが登録有形文化財だというケースもある。このプレートの掲示が文化財の建物であるいちばんわかりやすい証になることから、できればわかりやすいところに出してほしいと思うし、それが地域住民や観光客にも認知されることに繋がるように思う。

この登録プレートを単に建物に据え付けるのではなく、立派な石碑を立て、プレートをその中に埋め込むなど目立つスタイルでアピールしている物件もあちこちにある。徳川家康の居城があった愛知県岡崎市の中心街にある日蓮宗の「善立寺《ぜんりゅうじ》」は、「本堂」をはじめ四棟の建造物が登録有形文化財だが、写真のようにその四資産を明示した立派な石碑を建て、その上部にプレートを収めている。伽藍のうちどの建物が登録有形文化財なのかよくわかり好感が持てる対応である。

登録プレートが埋め込まれた石碑
（善立寺）

登録の記念式典に参加する

二〇一七年五月二三日、東京都東大和《ひがしやまと》市の初めての登録有形文化財の誕生を記念して、登録された「旧吉岡家住宅」で、東大和市主催の登録記念式典が行われた。登録を自治体や地元がどう受け止めているかが凝縮されている場だと思われたので参加させていただいた。登録されると、登録証と

旧吉岡家住宅の登録記念式典（2017 年 5 月 23 日）

プレートの授与式あるいはお披露目式といった形でこうした式典が開かれるケースも多い。

旧吉岡家住宅は、日本画家の吉岡堅二[2]が移り住んで半世紀近く創作を行った邸宅（「主屋兼アトリエ」、「蔵」、「長屋門」、「中門」の四件で登録）で、五月二日に正式に登録されたばかりである。東大和市長のあいさつに続き、画伯の子孫や登録に尽力した研究者などの紹介、建物の概要の説明があったのち、中央に据えられた幕を取り払うと、登録プレート一枚と四件分の登録証が姿を現した。これが登録プレートのお披露目である。ちなみに、今後プレートをどこに掲げるかは、まだ検討中とのことであった。

式典の後にはボランティアガイドにより参加者に住宅の説明が行われた。もともとは豪農の屋敷で典型的な四間《よつま》取り[3]の主屋だが、のちに吉岡が買い取り、玄関に大理石を敷き詰めたり、台所の主要部分をアトリエに改造、天窓を取り付けるなど、農家をリノベーションして画家が創作活動を行った痕跡がきちんと残っていることが高く評価され、登録有形文化財への登録となった。この日は、吉岡氏が家族に贈っていた

吉岡堅二氏がアトリエとして使った主屋の一室

ため今まで非公開だった彼の作品の一枚が床の間に飾られ、初お目見えとなったことも参加者からは好評であった。参加者は誰もが晴れがましい様子で、ガイドの方は「登録で改めて住宅や画伯のことを一から勉強し直し、新たな価値を発見できた。これから市民に利用してほしい」などと話されていた。まだ常時公開できるような体制になっていないため、当面は春と秋に数日間公開したり、イベントの会場に使ったりする程度であるが、いずれは市の郷土美術園として、市民の文化の拠点として整備していきたいと市では考えている。なお、今回も式典の日も含め、六日間の公開であったが、同時に吉岡氏の素描や草稿などが別の場所にある市の郷土博物館と中央図書館でも展示されるなど、登録を機に地元にゆかりのある芸術家の価値を広める活動が行われた。

真新しいプレートを触りながら、「これをもらうまでに何年もかかった」と感慨深げに語る地元の人の姿を見て、このように登録物件を新たに得たところでは、どこでもこうして喜びと新たな責任を感じつつ、建物を守り活用していく使命を果たしていくのだろうということが想像できて、この制度の原点を確認するような心持にさせられた。

登録による優遇措置

こうしてめでたく登録されると、所有者にはどんなメリットがあるのだろうか?

まず、税の減免措置が挙げられる。家屋の固定資産税が二分の一に減免されるほか、相続税も財産評価額のうち三割が減免される。

また、保存・活用に必要な修理などの設計監理費の半分の補助を国から受けられるのと、地方公共団体などが行う地域活性化事業にかかる費用の半分を国が補助するということになっている。

ただし、修理そのものの費用は原則としてどこも出してくれない。後述するように、歴史的建造物の維持管理・修復にはかなりの費用がかかり、所有者には大きな負担となっている。一定の補助があるとはいえ、これだけでは建造物を未来へと手渡していくには、特に所有者が個人の場合は困難が付きまとう。同じ「登録」という形をとるユネスコの世界遺産事業でも、登録後、原則としてユネスコから個別の所有者に対し財政的な支援は全くないことを思えば、減免措置などがあるだけでもよいのかもしれないが、これだけでは建造物の維持はかなり難しいというのが実態であろう。

一方、登録有形文化財は、国宝や重要文化財とは異なり、多少の現状変更は届け出る必要はなく、所有者の意思で可能である。外観は周囲から見える「通常望見できる範囲」の四分の一以下の変更なら届け出はいらないし、内装の模様替えも同様である。ただし、それを超える現状変更については三〇日前までに文化庁に届け出る必要がある。また、雨漏りや壁のひび割れといった軽微な毀損の補修工事についても（経費は自分持ちだが）許可を得る必要はなく、そのあたりの自由度の高さは、活用を前提としている登録有形文化財の制度ならではといえよう。

登録有形文化財の都道府県別の登録状況

さて、話をまた登録有形文化財の制度全般に戻すが、登録有形文化財の第一回の登録は一九九六年の一二月。以来、二〇一七年の七月まで八七回にわたって新たな物件が登録されてきた。登録数が一万件を超えたのは二〇一四年一一月で、二〇一七年七月一日現在では一万一二六三件となっている。これを都道府県別の分布にしてみると、次の表のとおりである。

表 2-1　都道府県別の登録状況

北海道	145	石川	248	岡山	274
青森	101	福井	181	広島	232
岩手	88	山梨	94	山口	94
宮城	131	長野	505	徳島	159
秋田	190	岐阜	238	香川	397
山形	180	静岡	221	愛媛	115
福島	167	愛知	489	高知	272
茨城	282	三重	231	福岡	143
栃木	231	滋賀	390	佐賀	104
群馬	334	京都	510	長崎	125
埼玉	168	大阪	677	熊本	161
千葉	231	兵庫	650	大分	223
東京	357	奈良	250	宮崎	84
神奈川	219	和歌山	212	鹿児島	120
新潟	439	鳥取	207	沖縄	82
富山	128	島根	186		

※このうち、栃木・群馬両県と山梨・長野の両県のそれぞれ二県にまたがる登録物件があり、両県それぞれにカウントした（2017 年 7 月 1 日現在）。

一万一二六三件を四七で割ると、一都道府県当たりの平均は二五〇件ほどとなるが、この表を見ると、都道府県によって登録の多寡には大きな差があることがわかる。

多い方を見ると、大阪府と兵庫県がともに六五〇件を超え、京都府が続いている。近畿地方の三府県にかなり登録有形文化財が多いことがわかる。これを建造物の国宝を含む重要文化財の登録件数と比較すると、多い順に京都府（二九七件）、奈良県（二六四件）、滋賀県（一八五件）となっており、やはり関西に集中しているが、リストに挙がってくる都道府県には差があることがわかる。兵庫県の国宝・重要文化財も一〇八件、大阪府が九九件と、これもほかの都道府県に比べるとかなり多いが、登録有形文化財に限れば兵庫県と大阪府の登録数の多さが際立つ。登録有形文化財は、明治以降の近代建築が比較的多く、大阪市や神戸市という大都市に西洋建築が多く造られたこともあるし、近世以降畿内には豊かな農家や商家が増え、それらの民家には蔵や離れなどの建造物が立ち並び、件数を押し上げる例が多いこともその理由に挙げられよう。いずれにせよ、近畿地方はやはり文化財の建造物の宝庫だということがいえる。

一方で、面積が日本の都道府県で一番狭く、人口も一〇〇万人を切っていて全国で三九位の香川県に、全国で七位となる三九七件もの登録有形文化財があるのは特筆に値する。これは、瀬戸内海に浮かぶ小豆島に集中する醤油醸造施設が多く登録されていることが件数を押し上げていると考えられる。醸造施設の登録物件については、第七章で詳述する。

登録有形文化財の多い町少ない町

都道府県別でこれだけの登録件数の差があることから、自治体単位で見ても当然、かなりの格差がある。東京二三区、大阪市、京都市などはその歴史の長さや面積の広さ、都市の文化・宗教的な施設の集積も進んでいることが容易に想像されるので、それぞれゆうに一〇〇件以上の登録有形文化財を抱えている一方で、その逆に大都市でほとんど登録有形文化財がないのが神奈川県川崎市と広島市である。

　川崎市は、高津区の「二ヶ領《にかりょう》用水久地《くじ》円筒分水」と、川崎区の「昭和電工川崎工場本事務所」「川崎河港水門」の三件のみである。川崎は、市の中心部である川崎駅の近くに東海道の川崎宿が置かれた古い宿場町であるばかりでなく、渋谷から丹沢の大山へと続く大山街道の宿場が現在の溝の口に置かれるなど江戸期以降長い歴史を持つ都市だが、明治以降の急速な都市化、工業化と第二次大戦の空襲などで古い建物のほとんどが失われていることが、登録有形文化財が少ない理由だと思われる。なお、多摩区にある日本民家園に全国から移築された建物のうち七棟が国重要文化財となっているので、登録有形文化財よりも重要文化財のほうが多い状況になっている。

川崎河港水門

広島大学附属中・高等学校講堂

　広島市の登録有形文化財は、「広島大学附属中・高等学校講堂（旧制広島高等学校講堂）」の一件のみである。やはり一九四五年八月六日に投下された原子爆弾により城下町であり山陽道（西国街道）の宿場でもあった歴史ある町の中心部がほぼすべて焼失してしまった影響が大きい。ちなみに、この「広島大学附属中・高等学校講堂」も、被災したものの倒壊せずに残った、いわゆる「被爆建物」のひとつである。

一方で規模がそれほど大きくない自治体であるにもかかわらず多くの登録有形文化財を抱える自治体も存在する。近代建築を集めた野外博物館である「博物館明治村」が所在する愛知県犬山市は、明治村だけで五九件もの登録有形文化財を抱えるが、国宝犬山城のもとに広がる城下町にも古い民家が多く、明治村以外にも九七件もの登録有形文化財がある。併せて犬山市の合計は一五六件にもなる。

さらに小さな自治体でなぜ？　と思わずにはいられない多数の登録有形文化財を持つ自治体もある。茨城県桜川市真壁町が一〇七件、先述したように都道府県別でかなり上位に入る香川県の小豆島町が九四件、第一章で取り上げた時報塔のある広島県東広島市が八二件など、その都道府県の登録有形文化財のかなりの割合を占める自治体がいくつもある。桜川市の真壁町は、後述するように町全体で登録有形文化財の登録に力を入れ、のちに街並みが重要伝統的建造物群保存地区になったことでも知られているし、東広島市も大半は、酒どころ西条の醸造所の事務所や醸造関連施設が占めている。登録有形文化財の分布を概観するだけでも、日本の産業や文化の状況がよく表れているように思う。

ただ、注意しなければならないのは、登録はあくまで所有者からの申請という制度になっている以上、所有者にその意思がなければいくら客観的に基準を満たしていても登録されないという事実である。登録が多い自治体は、文化財になりうる歴史的建造物が多いということもあるが、自治体が登録に熱心だという側面もある。登録までの流れで、まず所有者からの申請が必要と述べたが、実際には特に個人所有の民家の場合、予備知識がない居住者がこの制度を利用しようと思いつくのは容易ではない。むしろ、各地の自治体の文化財担当者が域内の登録にふさわしい建造物を探し出し、所有者に制度を説明したり、場合によっては登録を勧めるということも少なくない。分布の格差は、こうした各地の自治体の熱心さの反映という面もあることに留意しておきたい。

「件数」の数え方

前項で、登録有形文化財の数え方が「件」であることを何の断りもなく記述したが、文化財の建造物の数え方は、文化財の種類によって異なっており、注意が必要だ。

建造物の文化財で思い浮かぶのは、金閣寺[4]や清水寺などの世界遺産である。世界遺産も一件、二件と数えるが、この場合の「件」は、登録有形文化財の数え方とは全く違う。例えば、この金閣寺や清水寺など京都に点在する世界遺産は、一括して「古都京都の文化財」として、「一件」の世界遺産となっている。地理的に離れている宇治市の平等院や、大津市にもまたがる比叡山延暦寺も同じ一件の世界遺産であり、この一件の中に一七か所の寺社と城郭が含まれている。しかも、それぞれの寺社の中にはどこであれ多くの建造物がある。清水寺にも、本堂のほか仁王門や三重塔など一〇〇以上の建物がある。したがって「古都京都の文化財」という一件の世界遺産には一〇〇以上もの建造物が含まれることになる。

国宝や重要文化財の数え方も「件」だが、こちらはある建造物群を一括して一件と数えるケースが多い。例えば、京都・花園にある妙心寺は、京都を代表する大伽藍であるが、中心となる仏殿や法堂《はっとう》以外の山門、玄関、庫裏《くり》など一三棟の建物で「一件」の「妙心寺」という名称の重要文化財が構成されている。

ところが、登録有形文化財は、建造物の一棟一棟が別々にそれぞれ「一件」とカウントされる。例えば、京都駅近くに広い敷地を有する「**東本願寺**」。西本願寺が世界遺産に登録され、国宝の建造物が多いのに比べ、東本願寺は幕末の京都の戦乱で焼失してしまい、明治になって再建されたため、国宝・重要文化財の建造物は一件もなく、すべて登録有形文化財である。そして、独立した建物が一棟ずつすべて別の文化財とカウントされるので、東本願寺だけで一六件もの登録有形文化財を有することになる。築地塀で繋がっているいくつかの門もそれぞれが「阿弥陀堂門」「御影堂門」など別の登録有形文化財となっているのだ。神社では、多くの場合、参拝者が手を合わせる拝殿、ご神体が祀られた本殿、その両者を繋ぐ幣殿が一体となっているが、この場合もそれぞれ別にカウントして計三件の登録有形文化財として別個の登録になっているのだ。

このため、同一の敷地内にあるのに、一〇件、二〇件どころかさらに多数の登録物件を抱える施設も存在する。例えば岡山市の「**妙教寺**」は、一般に最上稲荷《さいじょう》の名で親しまれているこの地域では著名な寺院だが、一か所で四三件の建造物が登録されている。兵庫県豊岡市の「**平尾家住宅**」も同じく四三件。こちらは一軒の民家で、これだけの建造物が同一の敷地内の一民家に点在するその規模の大きさに驚嘆する。さらに全国高校かるた選手権大会が開かれることで知られる滋賀県大津

表2-2　種別累計（2017年7月1日現在）

産業1次	産業2次	産業3次	交通	官公庁舎	学校	生活関連	文化福祉	住宅	宗教	治山治水	他	計
117	1144	1449	472	209	347	327	321	5091	1510	197	79	11263

市の「**近江神宮**」の四〇件、新潟市の「**北方文化博物館**」の三三件（ただし、うち七件は江南区の本館とは別の場所にある新潟分館の建造物なので、本館だけであれば二六件）と続く。一か所での最大ということでいえば、愛知県犬山市の野外施設「**博物館明治村**」には、先述のとおりなんと五九件もの登録有形文化財があるが、これは全国から集めた建造物の集合体としての件数なので、実質的な意味でいえば「妙教寺」と「平尾家住宅」が最も多いということになる。私は一月初旬のまだ松の内に妙教寺を訪れたことがあるが、初詣客が多く四三もの建造物を見るのに参拝客の合間を縫いながら一時間以上はたっぷりとかかった。

そのほかの分類

登録有形文化財は、時代区分、種類、建築と土木の区別などで、さらに分類ができる。

登録有形文化財の基準として築五〇年以上という基準があることを先述したが、五〇年以上であれば、二〇〇年前でも三〇〇年前でも登録の条件を満たすことになる。登録された文化財を建築年代別に見ると、二〇一七年七月現在、江戸時代以前が一九五一件、明治時代が三六二五件、大正時代が二三四三件、昭和時代が三三四四件となっており、明治時代の建造物が一番多くなっている。江戸時代以前のものは寺社や民家がほとんどで、一番古いものでは一七世紀、江戸時代前期の建築のものも含まれている。

また、種別では産業一次（農林水産業）、産業二次（鉱工業など）、産業三次（サービス業など）、交通、官公庁舎、学校、生活関連、文化福祉、住宅、宗教、治山治水、他、の計一二のジャンルが設けられている。生活関連では第一章で紹介した「時報塔」や銭湯、水道施設などが含まれる。病院や博物館は、文化福祉に分類される。件数が一番多いのは「住宅」で五〇九一件、続いて宗教が一五一〇件である。

登録有形文化財には、ダムや橋梁といった土木施設もかなり含まれており、これらは民家やビルなどの「建築物」とは異なり、「土木構造物」に分類される。また、駅のプラットホームのような「建築」にも「土木」にも分類しづらいものは、「その他の工作物」に分類されており、建築物が八八五三件、土木構造物が六〇九件、その他の工作物が一八〇一件となっている。

登録有形文化財の一覧はどこに？

すでに一万件をゆうに超えるまでになった登録有形文化財の全物件の一覧が見られるような本や冊子は、残念ながら出ていない。一年に何回も新たに登録されていくため、仮に出版してもすぐに「最新版」ではなくなってしまうし、そもそも全物件を網羅したカタログ的なものの需要もそれほど多いとは思えない。そんなわけで、今どこにどんな登録有形文化財があるかを調べたければ、文化庁のオンライン上のデータベースである「国指定文化財等データベース」を参照するのが手っ取り早い。ここでは、登録有形文化財に限らず、国宝・重要文化財、史跡、名勝、天然記念物等文化財保護法で定められた文化財はほとんど検索できる。例えば、名称欄に「東京タワー」と打ち込めば、一件ヒットし、そこをクリックすると、東京タワーの文化財としての区分（種別は産業三次でその他の工作物）、建設年代、登録番号、登録年月日、登録基準（三つの基準のどれに該当するか、東京タワーの場合は、「国土の歴史的景観に寄与しているもの」）、住所、所有者、解説、写真、地図までが掲載されているので、情報としては一見完璧に見える。

確かに基礎情報としてはこれで十分かもしれないが、これをもとに実際に訪ねてみようとすると、この情報だけでは少し足りないことがわかる。東京タワーの所在地は、このデータベースでは、「東京都港区芝公園四－四〇七－六」となっているが、これを地図の検索ソフトに打ち込んでも場所が表示されない。なぜならば、ここに表示されている住所は、登記の住所（いわば本籍）であって、住居表示とは異なっているからである（実際の住居表示は、芝公園四－二－八）。東京タワーのようにどこにあるか普通の地図にも載っているし、近くに行けばいやでも目に入るものであれば、これが本籍の住所であっても問題はないが、民家のような場合、正確な住居表示がないと探し出せないことがある。また、そこが公開されているのか、公開されているとすれば、何時から何時まで休みはいつかという情報もデータベースにはない。あくまで文化財としての情報であって、観光情報ではないので、実際に訪問しようという人のことを考えて作成されているわけではないのである。

また、名称も登録時の名前のままになっているケースが多く、現在の名称とは異なっていることがある。鳥取県倉吉市にある「協同組合倉吉大店会（旧第三銀行倉吉支店）」という登録有形文化財は、その名の通りかつては銀行の支店として建てられ、のちに倉吉大店会という地元の組合の所有になった建造物だが、現在の倉吉の観光マップを見てもこの名前はあまり掲載されていない。そしてその場所と思しき所には、「赤瓦十三号館　白壁倶楽部」という洋食レストランが入った観光施設が記載されている。現地に行ってみると、確かにこの白壁倶楽部の壁に、「登録有形文化財」のプレートが嵌め込まれていて、これが第三銀行倉吉支店として建てられたものであることがわかる。つまり、文化庁のデータベースだけを見ていると、現在の洋食レストランとして別の名前になっていることは全くわからないのである。また、データベースとはいえ、人が作っているものであるから、地図や住所がかなり不正確なものもあるし、中には写真が別の施設のものと間違って掲載されている例もある。もちろん、書籍でも誤字脱字や事実関係の誤りはあるので、ミスが全くないと断言できるデータは存在しないと考えてよいが、そういった点があることを知ったうえで利用する必要がある。また、答申から登録までタイムラグがあることから、答申内容が公表されてもすぐには閲覧できない。発表されたからといってすぐには調べることができないのである。

とはいえ、オンラインでのデータベースの記載は本当にありがたく、現地でどの建物が該当の文化財が迷うようなとき、その場でスマホやｉＰａｄを利用してこのデータベースの住所や写真を確認することで、文化財に辿り着けるということも稀ではない。

注

（1）ただし、これは一例で、所有者はまず建築士などに相談するケースも多いし、もっと現実的には、自治体や建築の専門家の方が所有者に登録してはどうかと持ちかけるケースも少なくない。
（2）一九〇六〜一九九〇、東京・本郷生まれ。一九三〇年、二四歳で帝展の特選を受賞。戦後は西洋の要素を取り入れた新傾向の日本画を追求。焼失した法隆寺金堂壁画の再現模写に参加する。
（3）民家の間取りの形式で四つの部屋が田の字型に配置されたもの。
（4）「金閣寺」は俗称。正しくは鹿苑寺で、黄金に輝く有名な楼閣は、「鹿苑寺金閣」という。ちなみに、この「金閣」は、世界遺産の構成物件ではあるが、国宝でも重要文化財でも、もちろん登録有形文化財でもない。一九五〇年に焼失しており、今私たちが見る楼閣は一九五五年の再建だからである。

◆コラム1　イギリスの登録文化財制度

海外では日本の登録有形文化財のような制度はあるだろうか？　日本よりも歴史的建造物の保存の歴史が長い欧米、四千年の歴史を誇る中国など、諸外国にも似たような制度がある。一例としてイギリスの制度を見てみよう。

イギリスでは、歴史的建造物の国による保護の制度に、「登録建造物 Listed Building」がある。「一九四四年都市農村計画法」によって作成が開始された建造物のリストがもとになっており、その後一九六八年の同法で正式に制度化され、さらに現在では「一九九〇年計画法」のもとで文化・情報・スポーツ省が管轄している。ただし、日本のように指定文化財と登録有形文化財の区分はなく、それを合わせて一本化された制度である。重要度によって三段階に分かれており、イングランドとウェールズではグレードⅠ、グレードⅡ＊、グレードⅡ（スコットランドと北アイルランドでは呼び方が変わる）の順で重要度が下がる。また、日本では築五〇年以上という条件があるのに対し、英国では原則として築三〇年以上、ただし、取り壊しの危機にあるものでは築一〇年以上と、日本よりも新しい建造物でも登録できる。登録数は、イングランドだけで三七万件を超えており、グレードⅠが全体の二・五パーセント、Ⅱ＊が五・五パーセント、

Ⅱが残りの九二パーセントとなっている。リストへの追加を担当するのは、イングリッシュ・ヘリテージ（二〇一五年四月、旧組織の法令保護機能を継承したヒストリック・イングランドと、歴史的遺産を運営するチャリティーであるイングリッシュ・ヘリテッジ・トラストの二つの組織に分割された）という公的な専門機関が行っている。

フランスでも同様の「歴史的記念物 Monument Histrique」という制度が「歴史的記念物に関する一九一三年法」以来一〇〇年以上にわたって続いており、四万を超える建造物が記念物リストに記載されている。

このように、日本の制度とは異なって、指定文化財と登録文化財の区分はないが、歴史的建造物の絶対量が違うことや制度制定以来の歴史が長いことなどから、日本では国宝・重要文化財・都道府県指定文化財・登録有形文化財のすべての件数を足し上げても及ばない膨大な建造物が国の保護下にある。

また、イギリスでは自然景観、文化的景観、歴史的建造物の保全と活用を図るうえで世界的に名高い「ナショナル・トラスト」制度が百年を超す歴史を有し、民間団体が土地や建造物を買い上げて、公開して入場料収入を保護に充てつつ活用していくことが国民の間にも定着しているのみならず、その手法は日本でも鎌倉や知床などで取り入れられている。

ようやく一九九六年になって始まった日本の登録有形文化財の制度ではあるが、それでもこの二〇年で一万件を超え、これまで見てきたようにユニークな施設も登録されつつあることは、欧米の文化先進国に追いつかないまでもなんとかフォローしているようなところまで来ているといってよいだろう。

〈第二部〉

第一部では、登録有形文化財という制度の概要と、具体的な文化財を紹介してその多様性を感じてもらったが、この書の中心となる第二部では、様々なジャンルごとに登録有形文化財を紹介しつつ、その背景や広がり、そして活用の実情を述べていきたい。登録有形文化財同士を括ったり、あるいは周縁の類似したものと並べたり比べることによって、近代以降の日本の地理・歴史・文化・暮らしなどのディテールが見えてくるからである。

第三章　文化財としての個人の住宅

「民家」というジャンル

第二章で登録有形文化財の種別の内訳を見たが、そこで一番数が多いのが群を抜いて「住宅」であった。個人や家族が住む、いわゆる自宅（あるいは別荘）が登録有形文化財で一番数が多いということは、各地の風土に根差した住まいこそが後世に伝えるべき地域の文化財であることを表しており、登録有形文化財という制度の思想性をよく表しているといえる。民家の中には、戦後の復興期を象徴する住宅金融公庫融資のきわめてシンプルな「**昭和のくらし博物館**（**旧小泉家住宅主屋**）」（東京都大田区）のようなこぢんまりとしたものもあるが、登録有形文化財の民家群で圧倒的な存在感を誇るのは、江戸期からの庄屋や名主に代表される地域のシンボルとなるような住宅の数々であり、それらは全国各地に実に多く点在している。登録有形文化財のことを知るうえで、最も重要な柱の一つといってもよい住宅群、特に日本の農村の豊かさを象徴する住宅について、その代表例をいくつか見ておきたい。

筑後平野の至宝「多田家住宅」

私の手元に民家が表紙に描かれた、黒い装丁に金色で彩られた豪華な写真集がある。限定五〇〇

多田家住宅表門

部で私の手持ちの本には「第一〇八号」の符紙がついている。タイトルは「多田家　写真集　江戸・明治から昭和にかけての伝統建築と歴史」となっている。この「多田家」は、福岡県筑前町にある登録有形文化財の民家「多田家住宅」のことで、その歴史や二〇棟を超える建造物の紹介と多田家の歴史と暮らしぶりを克明に記した美麗な本である。

　福岡県の登録有形文化財の建物を巡る旅をしていた二〇一二年の冬、筑後平野のはずれにある山裾で「多田家住宅」を探していた私は、小川を挟んでぐるりと石垣をめぐらした巨大な民家に行き会った。主屋など一七件がその年の九月に登録有形文化財に答申された多田家は、中に一族がお住まいで敷地外から望見するしかなく、その規模の壮大さだけを目に焼き付けた。

　その直後、そこから遠くない同県うきは市の登録有形文化財「楠森河北《くすもりかわきた》家住宅」を訪れ、そこではお住まいの方に少し話を聞くことができた。二七代続く名家で、美術評論家で横浜美術館長などを歴任した河北倫明《みちあき》の実家でもある楠森河北家は、話を聞いてみてわかったのだが、筑前町の多田家とは縁戚関係にあり、多田家の六代当主康敏氏の長女の安子さんを紹介された。それが「多田家写真集」を監修した多田安子さんである。

多田家写真集とDVD

多田家は、四千平方メートルを超す敷地に江戸末期から次々に建物が造られて昭和初期に現在の姿になった。農地や山林を所有する豪農であったが、明治時代になって酒造会社のほか鉄道会社や銀行などを経営して財を成した地域の名家である。里山を背にし、三方は石垣や塀が敷地を取り巻いている。銘木を惜しげもなく使った主屋を中心に、離れ、隠居屋、そして多くの蔵で構成された見事な屋敷構えになっている。

一〇棟を超す建物が登録有形文化財となっている豪農の屋敷は決して珍しいわけではないが、民家とはいえ超然とした立派な佇まいや家人が写真集やＤＶＤまで作成して記録を残そうとしている姿勢には、登録有形文化財に賭ける意気込みや育った家への深い愛着がうかがえ、連絡を取ってお話を聞かせていただいた安子さんの多田家への思いの強さも印象に残った。

多田家には今も係累が住まわれ、普段は一般公開は行われていないが、その分、写真集には屋敷の四季折々の変化が豊富な資料で示されている。多田家の方々にとって、登録有形文化財となった屋敷が一族の絆の証であるだけでなく、地域の景観という意味でも欠かせないものとなっていて、登録有形文化財として守ろうとする強い意志が静かに胸に迫る写真集である。

福岡県には東部の豊前地方にも素晴らしい邸宅があり、こちらは二〇一三年から一般公開されている。筑豊地方を中心に炭鉱を経営した蔵内《くらうち》家三代の本宅である「旧蔵内家住宅」(福岡県築上町《ちくじょうまち》)である。こちらは、主屋、大広間、大玄関、茶室などが一体で繋がった大邸宅で、使用されている木材や内部の意匠などじっくり見惚れてしまう造作にただただ感嘆するばかりであった。

信州・須坂の「田中本家」博物館

個人の住宅の登録有形文化財には、旧蔵内家のように一般公開されている民家もあれば、多田家のように基本的には中を見られないものもある。そんな中、豪邸の中を惜しげもなく博物館として見せてくれる民家が増えてきている。その代表例が長野市の東に隣接する須坂市にある「田中本家」である。須坂は、近世には陣屋町として、また街道が交わる商業の街としてにぎわい、明治以降は製糸の街として大きく飛躍した。田中本家は、江戸中期に穀物や菜種油などを商う商人として台頭、須坂藩の財政を支える大地主となった。幕末には北信濃屈指の商人となり、敷地のすべてを蔵が取り囲む城郭のような邸宅を構えるほどの豪商となった。敷地はほぼ一〇〇メートル四方。邸宅の中心となる旧主屋は明治初期に建てられた。博物館として一般に公開されたのは一九九三年、ちょうど近隣に上信越道の須坂長野東インターチェンジが開通し、名古屋や東京と高速道路で直結した頃のことであった。登録有形文化財となったのは二〇〇三年で、二〇件の建造物が登録された。

そのうち一三件が四囲に廻らされた蔵である。建物だけでなく、これらの蔵に収蔵された調度の素晴らしさも特筆に値する。

実は、私はここがまだ一般公開される前の一九八九年に、紀行番組の取材で訪れたことがある。田中さん個人のご自宅だったときのことである。初めて敷地に足を踏み入れたとき、百年を超す歳月を封じ込めたようなその圧倒的な存在感にひたすら見惚れたことを思い出す。今でこそ、田中本家は須坂を代表する観光施設の一つになって知名度が上がっているが、当時は地元の人以外にはほとんど知られておらず、地方都市の豊かさを垣間見せられて本当に驚いた。そのおりにも拝見した田中本家に伝来のひな人形は、今も四季折々に開かれる企画展のうち春の特別展示の目玉である。

田中本家

北方文化博物館となった新潟の豪邸

同じ大邸宅でも、「豪農」と呼ばれる大規模な農家が新潟県で公開されている。新潟市江南区にある「**北方文化博物館**」である。名前だけ見れば、普通の博物館のように見えるが、ここは新潟一の大地主と呼ばれた伊藤家の敷地をそのまま博物館として公開している施設である。登録有形文化財の建造物は二六件。ただし、県内から移築した二件の農家も含

北方文化博物館

バラの季節に公開される二宮家住宅の四連の蔵

まれているので、伊藤家オリジナルの建造物は二四件となる。一八八七年に建てられた主屋は、木造二階建ての巨大な邸宅で、渡廊下で繋がった大広間は総欅《けやき》造り。見事な庭園に面し、京都の名刹にいるかのような錯覚を起こす。米どころ越後は、豊かな大地が江戸期に多くの豪農を育んだ。その豊かさを凝縮したのがこの伊藤家である。入口となっている長屋門よりも長大な「土蔵門」や当主自らが設計した書斎兼茶室の三角形の建物である「三楽亭」など、主屋以外の建築にも目を瞠るものが多い。敷地内には大呂菴《だいろあん》と名付けられた旅館まであって、一般客も利用できる。

　この新潟市の北東にある聖籠町《せいろうまち》の「二宮家住宅」もその規模は圧巻である。弁天潟と名付けられた池に面して、一五棟の建物が点在する。特に下半分がなまこ壁になっているほぼ同じ造りの蔵が四棟並行して並んでいるのに目を奪われる。ここは普段は非公開で、登録有形文化財の門は固く閉じられているが、五月下旬から一か月ほど庭園にバラの香りが漂う季節だけ、四連の蔵も含め一般公開される。

月に一度の公開　和泉の豪農　山田家住宅

山田家住宅　公開日で見学者の姿が見られる

登録有形文化財の登録数が大阪府と兵庫県に格段に多いことは、第二章で触れた。畿内には、名主や庄屋を務めた、豪農といってよい農家群の登録が多いことも件数を押し上げている大きな理由であることも指摘した。こうした農家では住居として今も使用されているため非公開のものが多いが、新潟の二宮家のような季節限定ではなく、月に一度程度のペースで公開をしているところもある。

大阪府泉南市。その名の通り和泉国の南部、大阪といってもかなり郊外で、もう和歌山県に近いあたりにあるこの町に、「山田家住宅」という登録有形文化財の住宅がある。山田家のすぐ近くを大阪から和歌山へ向かう紀州街道が通っており、古代から京と聖地の多い紀州とを結ぶ重要な交通路に近接していた。代々庄屋を務めた家柄で、表門の奥にさらに立派な長屋門が建つという二重の入口になっているのにまず驚かされる。長屋門を抜けると、正面に一部二階建てで左右に広がった主屋が建つ。主屋の向かって左側には玄関棟、右側には台所棟と三棟が一体となって複雑な平面を構成している。江戸中期から少しずつ増改築されてきた名残が見て取れる。門を入った右手の米蔵は民俗資料館として過去に使われていた生活用具などが展示されているほか、主屋には日本最古と思われる珍しい和時計もある。住宅の周囲は昔ながらの細い道に囲まれていて、表通りからはこんな豪邸があるとは思えないところも、静かな佇まいをいっそう際立たせている。ほんの少し離れたところを、大阪と紀州を結ぶＪＲの特急が疾走していることを感じさせない静けさである。原則毎月第四日曜日に公開しており、ちょうどその日に訪れたため、ほかにも多くの見学客の姿があった。

各地に残る洋館

これまでに紹介した住宅は、江戸期からの農家や商家の流れを汲む住宅がほとんどであるが、明治以降、日本には西洋建築の技術がもたらされ、擬洋風の学校や庁舎などの公共建築だけでなく、個人の住宅にも西洋建築が取り入れられるようになった。国指定文化財等データベースで「洋館」というキーワードで検索すると、五〇件以上の登録有形文化財の「洋館」がヒットする。もちろん、「洋館」と銘打たなくとも洋風の住宅はほかにも数多い。それは必ずしも東京や横浜、神戸などの流行の先進地ではなく、むしろ、ハイカラなものへの憧れのせいか、地方にも多くの洋館が建てられるようになった。

香川県宇多津町の市街地に規模は小さいがひときわ人目を引く三角屋根の家がある。「倉の館三角邸（旧堺家住宅）洋館」の名の通り、肥料販売業で財をなした堺芳太郎が昭和初期に建てた邸宅で、大きなとんがり屋根のある洋館は一階が書斎兼応接室、二階が子どもの勉強部屋で、両室は螺《ら》旋《せん》階段で結ばれていた。近所を通る小学生らはこの家を三角屋根の家と呼び、お絵かきの格好の題材を提供していたという。一九九六年に宇多津町が購入し、今では街の文化研修の場として利用されている。

青森県では明治・大正期の西洋建築がかなり多く残る弘前市に、大規模な洋館の邸宅が残っている。「旧藤田家別邸洋館」である。弘前出身で日本商工会議所の会頭も務めた実業家の藤田謙一が郷里に建てた別邸で、一九二三年建築の和館もあるが、ひときわ視線を惹くのが大正ロマンにあふれた一九二一年建築の洋館である。L字型に建つ接点に八角形の赤い屋根の尖塔が建つ姿は童話から抜け出してきたような美

倉の館三角邸（旧堺家住宅）洋館

旧藤田家別邸洋館

しさである。屋根からは暖炉の煙突も突き出しており、垂直方向に視線を惹きつけるという意味でも、とにかく目立つ洋館だ。敷地は市街の高台にあるので、北西を望むと津軽富士の別名で知られる岩木山の秀麗な姿が目に飛び込んでくるのも、邸宅の雰囲気を引き立たせている。

現在の日本の都市部の住宅は洋風とはいえツーバイフォーが主流で、土地が高く住宅そのものにかける費用が思うようにならないせいか、住宅に憧れや思いを込めるということが少なくなっている。西洋の文化に触れ、各地に西洋風の銀行や学校や公共建築が建てられ、そこから欧米の伸びやかな空気を知った施主やあるいは大工自身がこだわって設計した洋風の住宅が、登録有形文化財には実に多く残っており、ここで紹介した代表的な二棟に限らず、出会うと嬉しくなるような洋館は挙げればきりがない。

第四章　建築家たちの競演

二〇一六年、一般の日本人からは、すんなりとは理解しづらい世界遺産が誕生した。東京・上野公園に建つ国立西洋美術館本館。世界遺産への登録で注目を浴びているが、それでもJR上野駅から動物園や東京国立博物館に向けて急ぐ人たちのうち、立ち止まってこの世界遺産を眺める人はほとんどいない。つまり、それほど価値のある建造物だとは気づかずに皆通り過ぎてしまうのだ。ほぼ真四角で目を瞠る装飾もなければ奇抜なフォルムも持たないこの建物が世界遺産となったのは、二〇世紀を代表する建築家、スイス生まれでフランスで活躍したル・コルビュジエの東アジアで唯一の作品だからである。

一九世紀以降、建造物の設計者や建築家の名前が記憶される〝ブランド化〟が進み、誰が造った建物なのかが建物の価値を決める大きな要素になった。もちろん、それ以前にも、オスマントルコの名建築家ミマル・スィナン（エディルネのセリミエ・モスクやイスタンブールのスレイマニエ・モスクが世界遺産に登録）、ルネサンス初期の建築家フィリッポ・ブルネレスキ（代表作は世界遺産フィレンツェ歴史地区の中心にあるサンタ・マリア・デル・フィオーレ大聖堂）など、その名が世界遺産建築に刻まれるブランド・アーキテクトは存在したが、日本では近世以前に全国で名を知られる個人の大工といったものはほとんど存在しないといってよかった。

しかし、近代を迎え、お雇い外国人により西洋建築が伝わり、その代表ともいえるジョサイア・コンドルが大学で造家学（現在の建築学）を教えるようになると、その教え子たちから多くの名建築家が育ち、各地にその足跡を残した。また、コンドル以外にも、その後も個性的な海外からの設計者・建築家が来日し、多くの名建築を手がけた。ル・コルビュジエは西洋美術館の設計のために短期間来日しただけだったが、日本に住み、日本の風土を知悉した外国人建築家によって建てられた建築もある。そうした足跡を多く刻んでいるのも登録有形文化財の特色であり、それらを見るだけでも充実した建築家巡礼ができる。すべてをご紹介はできないが、登録有形文化財の一側面としてその一部を見ていきたい。

白壁の街に建つ丹下健三作品

二〇一六年秋、鳥取県中部を局地的に大きな揺れが襲った。この鳥取県中部地震で大きな被害が出たのが倉吉市である。江戸期から地域の商工業の中心としてにぎわった名残が白壁土蔵の街並みに残り、国重要伝統的建造物群保存地区にもなっているこの街では、この保存地区のいくつかの建物のほかに、市役所の建物も有形文化財に登録されている。緩やかな斜面の中腹に建てられた四階建ての本館は、上野の西洋美術館同様、一見地味で目立たない造りだが、よく見ると西洋美術館との共通点も感じられる。強調された水平線にピロティのある開放的な空間、そうル・コルビュジエの建築理念が活かされた建物なのである。それもそのはず、設計者は東京都庁舎や国立代々木競技場などの設計で知られる丹下健三（一九一三〜二〇〇五）である。丹下はル・コルビュジエに師事

倉吉市庁舎

した前川國男の建築事務所の出身であるから、ル・コルビュジエの孫弟子ということになる。ル・コルビュジエの建築五原則(1)が「**倉吉市庁舎**」で見られるのもいわば当然といえる。

私がこの市庁舎を訪れたのは鳥取県中部地震の発生から五か月ほど経った頃だが、まだ市庁舎の入口には被災者の支援窓口が置かれており、地震で多くの市民が被災したことを物語っていた。この市庁舎の竣工は、一九五七年。同じく丹下が設計した今は存在しない旧東京都庁舎と同じ年の作品である。また、倉吉市庁舎を上へと伸ばしたような、現存する丹下初期の傑作との評価が高い香川県庁舎は翌年の作品である。モダニズムを大胆に取り入れながらも構造美を見せる和風の要素も取り入れた建築は今見ても斬新だ。その一方、二〇一六年の地震でも被災したように、この地域は比較的地震が多く、そのため竣工後耐震補強がなされており、オリジナルのスマートな外観が若干損なわれている。

とはいえ、建て替えられるケースが多い戦後間もなくの市庁舎がこうして残され、文化財に登録されている意義は大きい。インターネットを覗くと建築関係者がわざわざこの建物

墨会館

能代市役所第一庁舎

大多喜町役場中庁舎

を見に来ているリポートもよく見かける。

登録有形文化財の中には、倉吉市庁舎と同年に完成した丹下健三設計の建物がある。愛知県一宮市の「墨《すみ》会館」である。墨宇吉が明治時代に創業した織物の艶《つや》打ち(2)を行う企業である艶金興業の事務所として建てられたもので、平屋建てホール棟と二階建ての事務所棟が玄関の車寄で接続する造りになっている。旧草月会館以降の丹下設計の建物に見られる外観を持ち、内部には伝統木造建築をイメージする和風のデザインが見られる。二〇一四年からは地域の生涯学習センターと公民館として第二の人生を送り始めており、事前に申し込めば、ガイド付きの見学ができる。全国的には名が通っているとはいえない地方の一企業の事務所にも、こうして丹下設計の建物があって、本来の用途が変わってもこうして地域住民のために今も使われているのは、地方の文化振興のためにも意義深いことに思える。

なお、戦後に建てられたモダニズム建築のうち、市町村庁舎で現時点で他に登録有形文化財となっているのは、前川國男設計の「**弘前市庁舎本館**」(4)（一九五八年竣工）、武藤清設計の「**能代市役所第一庁舎**」(3)（一九四九年竣工）、今井兼次設計の「**大多喜町役場中庁舎**」（一九五九年竣工・千葉県）、黒川紀章設計の「**寒河江市役所庁舎**」の四件である。なお、戦前に建てられた都道府県、市町村庁舎の登録有形文化財への登録はかなり多いが、ここではその指摘だけにとどめたい。

伊東忠太が建てた奇抜な建築

今でこそ「建築」という言葉は、建築家ならずとも一般にもよく使われるなじみのある言葉であるが、明治初期にはまだこの言葉はなかった。帝国大学（現在の東京大学）にジョサイア・コンドルが開いた「建築」の学科の当時の名称は「造家学科」であった。この「造家」という言葉を「建築」に言い換えて定着させた、日本の近代建築史を代表する建築家が伊東忠太である。彼がかかわった登録有形文化財は、件数だけでいえば六〇件を超えており、一人の建築家が設計した登録有形文化財の件数としては、おそらくトップクラスであろう。築地本願寺(5)（東京都中央区）、俳聖殿（三重県伊賀市）などすでに国重要文化財となっている建造物もあるが、件数としては登録有形文化財

祇園閣

が圧倒的に多い。

まずは、神社。「平安神宮」（大鳥居など一四件）、「宮崎神宮」（神殿など一四件）、「彌彦《やひこ》神社」（拝殿・本殿など二五件）、「靖国神社遊就館」などが代表作である。平安神宮は、大極殿や應天門など歩廊を含む六件の建物が国重要文化財に、残りの一四件が登録有形文化財となっている。もともとは神社としてではなく、一八九五年に京都で開催された内国勧業博覧会のパビリオンとして、平安京の建造物を八分の五の縮尺で建てた、フェイクともいえる一時的な建物だったが、博覧会の終了後、平安京を開いた桓武天皇を祭神とする（のちに京都御所に住んだ最後の天皇、孝謙天皇も）神社に生まれ変わった。

また、寺院では「日泰寺奉安塔」（名古屋市千種区）、「總持寺大僧堂・放光観音台座」（横浜市鶴見区）、「明善寺本堂」（山形市）、それ以外では、「大倉集古館」（東京都港区）、「東京大学本郷正門」、「一橋大学兼松講堂」（東京都国立市）、「祇園閣」（京都市東山区）、「旧東村花輪小学校今泉嘉一郎胸像所」（群馬県みどり市）などの建造物も伊東の設計である。

この中でも登録有形文化財ならではのユニークな建物の代表といってよいのが「祇園閣」であろう。名前の通り、清水寺から三年坂を降り、かつては祇園社と呼ばれていた八坂神社へ向かう途中に、まるで祇園祭の鉾をそのまま模したような不思議な建物が現れる。普段は非公開なので近くには寄れないが、高さが三四メートルもあるので、塀から突き出した部分は隣接の道路からもよく見える。この建物は、大倉集古館を開設した大倉財閥の創始者大倉喜八郎が別邸の敷地に建てるため伊東に設計を依頼した展望台を兼ねた楼閣で、今は大雲院というお寺が跡地を買い取って付属施設としている。入口には伊東らしく異形の狛獅子が侍り、内部の階段から見える壁には一九八八年に中国人の画家が描いた色鮮やかな敦煌の壁画の模写が描かれている。二〇一七年夏、四年ぶりに祇園閣の内部が公開されたので最上階まで登ってみた。近くには八坂の塔や知恩院の三門、遠くには京都タワーや大文字山が望める絶景である。喜八郎の卒寿の祝いとして建てられた祇園閣だが、完成時にはすでに弱ってしまい、自力では登れなかったという。完成の翌一九二八年、喜八郎はここからの景色を十分楽しめないまま癌で九〇年の生涯を閉じている。京都に数多《あまた》ある建造物の中でも屈指の建築道楽を体現したものであろう。なお、大雲院の書院も「旧大倉家京都別邸」として伊東が設計した登録有形文化財となっている。

旧東村花輪小学校今泉嘉一郎胸像所

「今泉嘉一郎胸像所」は、伊東の工科大学の同級生今泉嘉一郎の古稀を祝って、彼の寄付によって建設された故郷の旧東村花輪小学校の敷地内に、一九三六年に伊藤の設計で建てられた工作物である。彼の胸像と顕彰碑の銘板を取り巻くように花崗岩の石材が並んでいる。今泉は、卒業後、欧州で鉱山学を学び帰国後官営八幡製鉄所の設立に参加、のちに日本鋼管（現、ＪＦＥホールディングス）を設立して「近代産業の父」と呼ばれるようになった。彼の葬儀は、伊東が設計した築地本願寺で行われた。同期として死後も深く交わったことが感じ取れる。

ちなみに伊東の工科大学の同期にはほかにも長野宇平治（一八六七〜一九三七、現存する代表作日本銀行本店本館、大倉山記念館）、山下啓次郎（一八六八〜一九三一、現存する代表作　旧名古屋控訴院地方裁判所区裁判所庁舎、旧奈良監獄など）らがおり、長野が設計した登録有形文化財としては「**南都銀行本店**」（奈良市）、「**柳井市町並み資料館**（**旧周防銀行本店**）」（山口県柳井市）などの銀行建築が、山下が設計した登録有形文化財は「**明治村金沢監獄**」（正門など三件）、「**旧鹿児島刑務所正門**」などの刑務所建築が今に残されている。

「関西建築界の父」武田五一

伊東が東京を拠点に活躍した建築家だとすれば、関西を中心に同時期に作品を残したのが武田五一（一八七二〜一九三八）である。武田は、広島県福山の出身で東京帝大工科大学の卒業だが、京都工芸高等学校（現、京都工芸繊維大学）や京都帝国大学の教授として多くの建築家を育てる一方、アール・ヌーヴォーやセセッションなど一九世紀末から二〇世紀初めにヨーロッパの建築界で流行した最新の様式を日本にいち早く紹介し、自身の作品にも取り入れたことでよく知られている。

国重要文化財の山口県庁舎のほか、京都の街中の近代建築の代表ともいえる京都市役所本館、京都府立図書館、京都大学本館などの作品もあるが、登録有形文化財の中にも武田らしい特色ある建物も多く残されている。

その中で旅行者の目にも触れやすいのが、京都の東山、清水寺への参道として四季を通して観光客でにぎわう清水坂の途中にあるセセッションスタイルの洋館、「旧松風《しょうふう》嘉定《かてい》邸（順正《じゅんせい》清水《きよみず》店）」である。三階建てのさらに上に取り付けられた塔屋には風見鶏、その下に重なるように並ぶ屋根には古代の寺院に見られる鴟尾《しび》が乗るなど、実に目を惹く住宅である。現在は、湯豆腐の名店「順正」の清水店が運営する「カフェ五龍閣」として、中で食事や喫茶を楽しむことができる。

旧松風嘉定邸（順正清水店）

そのほかの武田の作品として、外務省の東方文化学院京都研究所として建設された現在の「京大人文研附属漢字情報研究センター」、「同志社女子大学」の中心的な建物である「ジェームズ館」と「栄光館」など、いずれも個性的な登録有形文化財が京都の町に今も残されている。建築家に注目してこうした文化財を見て歩くと、伝統を守りつつ新しいものを積極的に取り入れていく京都人の進取の気性が感じ取れる。「和」の街のイメージが強い京都市が都道府県庁所在地別のパンの購入金額でトップであることと、積極的に和洋折衷の洋風建築を京都のあちこちに建てた武田の活躍は、実は底流

名和昆虫博物館

明治村芝川家住宅

で繋がっているように感じるのは私だけではないだろう。

中部地方の武田作品

岐阜県の登録有形文化財の第一号、つまりプレートの21－0001番の建造物が、岐阜市の中心部に位置する市民の憩いの場、岐阜公園の一角にたたずんでいる。切妻屋根の二階建て煉瓦建築の「**名和昆虫博物館**」、こちらも武田五一の設計である。ここはギフチョウの命名者である昆虫学者名和靖により一八九六年に設立された私設の昆虫博物館で、当時も今も私設の昆虫博物館の存在自体かなり珍しいといってよい。幼少期に愛知県に住んでいた私は、父に連れられて何度か訪れたことがある。見事な昆虫の標本群は、子どもには眩しく感じられたことを今でも覚えている。現在の博物館の建物は、一九一九年、武田が当時名古屋高等工業学校の校長を務めていた関係で設計に携わったものである。岐阜市内には、同じく武田が設計した登録有形文化財「旧加納町役場庁舎」があったが、老朽化が激しく、二〇一六年に解体され、二〇一七年二月に登録有形文化財を抹消されている。（抹消については、終章参照）。

愛知県犬山市の博物館明治村にも武田設計の住宅が移築されている。「**芝川家住宅**」は一九一一年、大阪の商人芝川又右衛門の別荘として、西宮市甲東園に建てられた住宅である。輸入商として財をなした芝川は、西宮の高台に果樹園を開きその地にこの家を建てた。甲東園と名付けられた果樹園一帯はのちに阪神地区屈指の高級住宅地となり、芝川の尽力で阪急今津線の駅まで設置された。欧米の建築を実地で見てきた武田が腕を揮ったハイカラな洋風の佇まい（完成ののち、何度も増改築されているので、現在の姿は竣工当時のものではない）は、阪神間の伸びやかな空気をよく残している。

ヴォーリズの建築群　滋賀県に集中

伊東忠太や武田五一といった二〇世紀初期を代表する日本の建築家が足跡を多く残す登録有形文化財だが、実は建築家の中で登録有形文化財の建造物に最も多くかかわっているのは、意外なことに日本人ではなくアメリカ人の建築家である。日本名は、一柳《ひとつやなぎ》米来留《めれる》。カンザス州に生まれ、英語教師として来日、その後建築事務所を開業し、生涯を日本で過ごしたウィリアム・メレル・ヴォーリズ（一八八〇〜一九六四）がその人である。皮膚疾患の塗り薬メンソレータムを日本に広めた実業家としても知られる人物だ。

彼が京都で建築の設計監督事務所を立ち上げた一九〇八年から終戦時までに設計した建物は一五〇〇件ほどになるといわれており、その精力的な活動の足跡は、多くの登録有形文化財に刻まれている。

ヴォーリズは、一九〇五年に、現在の近江八幡市にある滋賀県立商業高校（現、八幡商業高校）に英語教師として着任し、その後も近江八幡を中心に活躍したため、今も近江八幡市はヴォーリズ建築の宝庫である。市内には二〇件あまりのヴォーリズ建築があり、そのうちの半数が登録有形文化財となっていて、市では、「ヴォーリズ建築散策マップ」を作成しているほどである。

近江兄弟社学園ハイド記念館

ヴォーリズ夫妻が創立したヴォーリズ学園の流れを受け継ぐのは近江兄弟社中学・高校。二〇一五年からは再び学園の名称がヴォーリズ学園に戻されている。この学園には、ヴォーリズが設計した二つの戦前の建築が残されている。一九三一年に建設された「**ハイド記念館**」と「**教育会館**」である。どちらもメンソレータム社の創始者であるアメリカの実業家A・A・ハイドの寄付によって建てられた木造二階建てスパニッシュスタイルの建物だ。保育園として建てられたものだが、今も学園の行事に使われるかたわら、記念館としてハイド氏の足跡を紹介する展示が行われている。

「**アンドリュース記念館**」（一九三五年）は一九〇七年に建てられた近江八幡ＹＭＣＡ会館の二代

ウィリアム・メレル・ヴォーリズ（ヴォーリズ学園提供）

アンドリュース記念館

目として移改築された建物で、ヴォーリズの親友で早逝したハーバード・アンドリュースの遺族から贈られた資金で造られたもの。また、ヴォーリズの活動に共鳴して来日した**ウォーターハウス**が住んだ「**記念館**」も残されており、両館は期間を限定して一般公開されている。

また、市内には、ヴォーリズが一九一八年に設立した結核療養所「近江療養院」を前身とする「**ヴォーリズ記念病院**」もあり、「**旧本館ツッカーハウス**」（一九一八年）、「**礼拝堂**」（一九三七年）「**旧五葉館**」（一九一八年）が登録有形文化財である。近江八幡の駅前に建つ「**日本基督教団近江金田教会礼拝堂**」（一九五〇年）も合わせ、計九棟のヴォーリズ建築の登録有形文化財を見ることができる。

また、近江八幡から琵琶湖を挟んで対岸にあたる高島市今津町には、わずか一〇〇メートルあまりの範囲に、同じ通りの同じ向きに三棟のヴォーリズ建築が立ち並んでおり、その通りは「ヴォーリズ通り」と呼ばれている。湖に近い方から「**旧百卅三銀行今津支店**」「**旧今津基督教会館**」「**旧今津郵便局**」で、建築年代もそれぞれ一九二三年、一九三四年、一九三六年と順番に新しくなっている。重厚な古典様式の銀行建築、正面中央に小ぶりな塔を添えた教会建築、そして切妻で半円アーチを配した玄関がアクセントになっている公共建築と、同じ設計者なのにそれぞれ印象が全く違う。冬の限られた数日、これらの建築をライトアップするイベントが毎年行われていること、銀行の支店は現在ヴォーリズ資料館として活用されていること、旧郵便局の活用を検討する有志の会が活動していることなど、ヴォーリズファンには欠かせないポイントとなっている。

滋賀県以外のヴォーリズ建築

ヴォーリズが終生愛した近江の地を離れても、ヴォーリズ作の登録有形文化財はいたるところに見られる。学校では、**同志社大学**の今出川キャンパスにある「**啓明館**」と「**アーモスト館**」（京都市上京区）、「**関西学院大学時計台**」（兵庫県西宮市の上ケ原キャンパス、なお登録有形文化財となっていないキャンパスの他の大部分の建物もヴォーリズの作品）などがある。

神戸女学院大学の美しい校舎群は、当初は登録有形文化財であったが、二〇一四年に国の重要文化財となった。また、外壁だけを保存して建て替えることが決まった関西の名百貨店建築としてよく知られる大丸心斎橋店（大阪市中央区、一九二二年）、文人の宿として知られる神田駿河台の山の上ホテル（東京都千代田区、一九三六年　佐藤新興生活館として建設）といった文化財指定・登録のない建造物もヴォーリズの著名な作品である。京都には洛中のど真ん中、鴨川に架かる四条大橋の西のたもとに建つ、美しい塔屋がいやでも目立つ東華菜館本店（京都市下京区）がヴォーリズの唯一のレストラン建築として多くの市民や観光客に親しまれている。どっしりとしたスパニッシュ・バロック様式で、内外に山海の幸の模様が施され、現存する日本最古のエレベーターを備えた、ヴォーリズ渾身の作である。ビアレストランとして開業したものの戦時色が強まり洋食の提供ができなくなったため、中国人の手に渡り北京料理店となった歴史を背負って今も鴨川にその影を映すこの建物は、川を挟んで反対側に建つ歌舞伎の殿堂「京都四條南座」（一九二九年建築、登録有形文化財）と見事なコントラストを描いている。

旧イタリア大使館別荘

ヴォーリズ建築は、一目見てこれがヴォーリズといえるほどの顕著な特徴がない反面、それぞれの気候や立地に合わせ、実用性を重視し発注者が住みやすい、あるいは仕事がしやすいように心配りが随所に見られるのが全体を貫く思想性である。もちろん、出身地のアメリカのコロニアル様式を持つものも多い一方で、数多く手がけた教会は装飾を省いたすっきりしたデザインが多く見られる。それこそが日本の風景に自然に溶け込み今に多く残る理由なのかもしれない。

近江八幡にほど近い滋賀県豊郷町の「旧豊郷小学校校舎」（コラム2参照）もヴォーリズの代表作のひとつで、そのスマートな外観は、教会建築と共通するところが感じられる。登録有形文化財には、このほかにもフランク・ロイド・ライトに師事し、来日して多くの建築を残したチェコ出身の建築家アントニン・レーモンドの作品群として、「**小林聖心女子学院本館**」（兵庫県宝塚市、一九二七年）、「**旧イタリア大使館別荘**」（栃木県日光市、一九二八年）、「**ノートルダム清心女子大学**」（岡山市、一九二九年）、「**聖母女学院**」（大阪府寝屋川市、一九三二年）、「**東京女子大学講堂・礼拝堂**」（東京都杉並区、一九三四年）、「**三重大学レーモンドホール**」（三重県津市、一九五一年）、「**富士カントリー倶楽部**」（静岡県御殿場市、一九五八年）がある。また、そのライトが建築を手掛けたことで知られる「**帝国ホテル**」の中央玄関だけが明治村に移設され、登録有形文化財となっているなど、外国人建築家がいかに多くの名建築を残し、地域や学生たちに親しまれてきたかが登録有形文化財を通してよく伝わってくる。

注

（1）ル・コルビュジエが唱えた近代建築の基本的な五つの原則。ピロティ、屋上庭園、自由な平面、水平な連続窓、自由な立面を指す。

（2）綿織物や絹綿交織物を石の上で砧で打ち、つやを出す作業のこと。

（3）一九〇三～一九八九、茨城県出身の建築家。鹿島建設元副社長、日本初の超高層ビルである霞が関ビルや世界貿易センタービルなどの設計にかかわる。

（4）一八九五～一九八七、東京都出身の建築家。ガウディ建築を日本に初めて紹介、安曇野市の碌山美術館、佐賀市の大隈重信記念館などの設計にかかわる。

（5）二〇一一年、本堂と石塀が登録有形文化財に登録。二〇一四年、本堂、石塀、三門門柱が国重要文化財に指定。

◆コラム2　メディアに登場する登録有形文化財

登録有形文化財がほとんど注目されないのは、マスメディアが滅多に取り上げないからだということは、『世界遺産』が多くのテレビの定時番組、特集番組で取り上げられてきたことと比較すれば明らかであるが、気をつけて見ていると、案外私たちの目に触れる機会が多いことがわかる。

衛星放送の番組では、主に近代以降の民家・邸宅を中心に紹介するBS朝日の『百年名家』や、近代の名建築を紹介する同じくBS朝日の『建物遺産〜歴史的建造物を訪ねて〜』といった番組で、登録有形文化財がよく取り上げられている。前者は俳優の八嶋智人と牧瀬里穂が現地の建築を実際に訪ねる四六分ほどの内容、後者は建物の特色を三分弱で伝えるミニ番組である。『建物遺産』は二〇一六年までは、『重要文化財を訪ねて』というサブタイトルで放送されていたが、二〇一七年からは『歴史的建造物を訪ねて』に変更されており、その後は**「旧サッポロビール九州工場」「門司区役所」「鹿児島県立鹿児島中央高等学校本館」**など、登録有形文化財ばかりが取り上げられるようになった。

一方、もっと多くの視聴者が見ている地上波の、しかも番組そのものがよく話題に上るような枠でも、登録有形文化財はしばしば画面に登場する。それは、ドラマのロケ場所として登録有形文化財が使われるケースである。特に目立つのが明治から昭和初期あたりを描くNHKの連続テレビ小説だ。二〇一六年下半期に放送された子供服ブランドの「ファミリア」の創業者たちの群像を描いた『べっぴんさん』（主演芳根京子）。病院の建物として**「神戸大学本館」**（神戸市灘区）が、ヒロインが通う女学校として**「旧豊郷小学校校舎」**（滋賀県豊郷町）が使われた。旧豊郷小学校は、アニメ『けいおん！』の舞台としても知られ、取り壊しの危機を地域住民の運動により保存されることになったことでも話題になった校舎である。

二〇一六年上半期の「とと姉ちゃん」（主演　高畑充希）では、ヒロインが通う浜松の女学校に**「千葉県立佐倉高等学校記念館」**、東京の女学校に**「埼玉県立深谷商業高等学校記念館」**（一六三頁参照）と、ど

昭和電工川崎工場本事務所

ちらも明治末から大正期に建てられた木造校舎二校がロケ地となっている。さらに、二〇一五年下半期に放送された『あさが来た』（主演　波瑠）では、ドラマの中の日の出女子大学校（実話では日本女子大学）として「**旧姫路高等学校本館・講堂**」（現兵庫県立大学）、二〇一四年上半期に放送された『花子とアン』（主演　吉高由里子）では、ヒロインが通う小学校に「**旧上岡小学校**」（茨城県大子町）、ヒロインが通った女学校に「**明治村北里研究所本館**」（愛知県明治村）、女学校の階段に「**群馬大学工学部同窓記念会館（旧桐生高等染織学校本館・講堂）**」、『赤毛のアン』の出版記念パーティーの会場として「**一橋大学兼松講堂**」（東京都国立市）が使われた。佐倉高校記念館と一橋大学兼松講堂は、二〇一二年上半期の『梅ちゃん先生』（主演　堀北真希）でもヒロインが受験した女子医学専門学校や大学病院として使われている。二〇一七年四月に放送された『べっぴんさん』のスピンオフドラマ『恋する百貨店』では、ドラマのキーとなるお見合いの場所に見覚えがあると思い確認したら、以前訪れた滋賀県東近江市の登録有形文化財「**五個荘町歴史民俗資料館（旧藤井家住宅）**[1]」であった。

一九三一年に建てられた「**昭和電工川崎工場本事務所**」も、映画やドラマによく使われる建物だ。前身の昭和肥料の本事務所として建てられた鉄筋コンクリート二階建てのシンプルな建物である。この事業所は、戦後の天皇の全国巡幸の最初の訪問地でもある。歴史を刻んだこの建物、二〇一一年までオフィスとして使われていたこともあって保存状態もきわめてよく、これまでに三〇本ほどの作品に登場している。二〇一六年公開の映画『シン・ゴジラ』では、応接室がアメリカの国防総省として使われたほか、二〇一七年の朝の連続テレビ小説『ひよっこ』、同じく二〇一七年放送のドラマ『Ａ ＬＩＦＥ～愛しき人～』（ＴＢＳ）、二〇一六年放送のドラマ『嫌われる勇気』（フジテレビ）などでも、昭和初期の公的な施設や企業の事務室の雰囲気を伝えるために使われた。

こうして並べてみると、学校のシーンで登録有形文化財がロケ地となっているケースが多いことがわかる。ドラマは室内のシーンは、スタジオやオープンセットで撮影されることが多いが、外観や階段、廊下などはセットではどうしてもその時代の雰囲気が伝わらない。当時の空気を纏った登録有形文化財がドラマに頻繁に登場するのは当然ともいえるし、現役の施設や学校の校舎もこうしたロケには積極的に協力し、「文化財の活用」を体現している。

注

（1）スキー毛糸などで知られる藤井糸店の創業者藤井彦四郎の邸宅で、現在は「五個荘近江商人屋敷」として一般公開されている。

第五章　最大の特徴は「個性的」であること

戦争の歴史を背負う

第一章で、登録有形文化財の多様性を紹介し、国宝や重要文化財といったオーソドックスな文化財の概念からは明らかにはみ出した面白さの一部を見ていただいたが、それはまだ序の口であり、全国にはさらにユニークな施設群が点在している。地域の風土や歴史を背負ったものもあれば、立地や活用に目を見張るものもある。世界遺産の調査研究を長く続けてきた身としては、世界遺産にも地球の直径を測量するための施設や目印、大西洋を越えてヨーロッパからアメリカへと無線電信の電波を飛ばすための送信塔など、世界遺産の多様性は年々拡大していることにも興味を惹かれるが、それを上回るユニークさを登録有形文化財は誇っている。それらをご紹介していきながら、文化財とは何かということを考えてみたい。

登録有形文化財の主たる建築年代である近世後期から戦後しばらくまでの間で、我が国で最も重要な、あるいは最も悲劇的な出来事は何かと問われれば、それは第二次世界大戦であるといってよいだろう。数百万人の戦死者を出し、多くの町が空襲で焼かれ、この時期に焼失した貴重な建造物も数知れない。この戦争がなければ、登録有形文化財は今の倍以上あったといってもよいかもしれない。しかし、登録有形文化財の中には、この戦争の関連施設も少数ではあるが登録されている。

旧北伊勢陸軍飛行場掩体

旧佐伯海軍航空隊掩体壕

いわば戦争が生んだ文化財である。

三重県鈴鹿市の田園風景の中に、そうした戦争にかかわる登録有形文化財が存在する。その名は、「**旧北伊勢陸軍飛行場掩体**」。「掩体《えんたい》」とは聞きなれない名前だが、敵の攻撃から装備や人を守るために造られた一種のシェルターであり、今も自衛隊ではこの言葉が使われている。北伊勢陸軍飛行場とは、一九四三年、つまり第二次大戦中に現在の三重県亀山市から鈴鹿市にかけて陸軍明野飛行学校の分教場として造られた施設で、今は農地や宅地に戻っているが、畑の一角に突如鉄筋コンクリート製のいかにも頑丈な建造物が建っている。これが掩体だと知らなければ、戦時中に造られたものだということにも想像が及ばないかもしれない。こうした掩体は、日本各地に造られ、今も残されているものもいくつかあるが、この北伊勢飛行場の掩体は保存状態がよく、登録有形文化財となっている数少ない施設である。

国登録有形文化財の掩体は、全国にもうひとつ、九州にある。「旧佐伯海軍航空隊掩体壕」の名の通り、大分県南部の佐伯市に建てられたもので、今は興人ライフサイエンス株式会社佐伯工場という現役の工場の敷地内にあるため、見学には原則として事前に工場に連絡して構内に入る許可を得なくてはならない。とはいえ、一般の人でも厳しくはなく、私も一旅行者として見学をお願いし、見せてもらった。工場の入口を入ったすぐのところにあり、分厚いコンクリートの塊が存在感を示している。中にはいわゆるゼロ戦、零式艦上戦闘機が格納されていたと推定されている。

旧陸軍知覧飛行場着陸訓練施設鎮碇

特攻基地知覧の文化財

日本各地に造られたこうした陸海軍の基地のうち、今も日本人に最もよく知られている基地のひとつが鹿児島県南九州市の知覧であろう。太平洋戦争のひとつの象徴でもある「特攻隊」の基地であり、ここから飛び立った若い命がアメリカの戦艦めがけて、ある者は目的を達成し、ある者は目的を達成する前に撃墜されて、太平洋の波の間に消えていった。知覧は、薩摩藩の外城のひとつで国の重要伝統的建造物群保存地区に選定された美しい武家屋敷群と、特攻隊員の遺品などを展示した知覧特攻平和会館が二大観光ポイントだが、旧飛行場の片隅にひっそりと戦争と深くかかわる登録有形文化財がある。「旧陸軍知覧飛行場防火水槽・弾薬

旧東京第二陸軍造兵廠深谷製造所給水塔

庫・着陸訓練施設鎮碇《ちんじょう》」の三件の施設である。最初の二つは名前を見れば、どんな施設かすぐに想像がつくが、「鎮碇」は実物を見るまでどういう施設なのか見当がつかなかった。いや、実物を見ても説明されなければ、どんな用途に使うのか一般の人にはわからないだろう。この「鎮碇」は、戦闘機が両翼と尾翼の下につけた三基の車輪でスムーズに着陸できるよう訓練をするために、機体とロープを結び付ける際に使ったロープの固定装置である。地面に据えられた土台にがっしりとしたコンクリートが何かの入口のように備え付けられている。十分訓練を受けないまま、艦船に向けて飛び立った特攻少年たちはそれでも少しはこの施設で着陸の訓練をしたのか、いや特攻であれば着陸の訓練は必要なかったのではないか、この武骨な施設を見ているとそんなことを想起させる。同じく鉄筋コンクリートで造られた平屋建ての小ぶりな弾薬庫、直径が一〇メートルほどの円形の防火水槽、そして登録有形文化財ではないが一番目立つ高さおよそ一三メートルの給水塔（南九州市指定文化財）とともに、知覧の生々しさを伝える物言わぬコンクリート群である。

　こうした「戦争遺跡」は、実は全国に散在しており、まだその価値が埋もれていて全く文化財として認められていないものも多数ある。鎮碇も、知覧のほか群馬県太田市にも残っているが、保護の手立てはほとんどされていない。

登録有形文化財には、ほかにも「旧東京第二陸軍造兵廠《ぞうへいしょう》深谷製造所給水塔」（埼玉県深谷市、一九四四年頃建設。のちに住宅に改造）、「旧陸軍演習場内圍壁《ないいへき》」（千葉県習志野市、一九三四年）など、軍事施設として使われたもののほか、「旧陸軍第一五師団司令部庁舎」として建てられ、のちに愛知大学（愛知県豊橋市）の本館として使われたものや「陸軍第十一師団兵舎棟」として建てられ、今は四国学院大学（香川県善通寺市）の校舎として使われているものなど、後方支援の庁舎、兵舎などの登録もある。

戦争は文化財の保存という観点から見ると、最大の敵である一方で、その戦争の記憶をとどめるものも、また「文化財」になりうる。それは、世界遺産にまでなった広島市の原爆ドームを見ても実感する。目を背けたい記憶であっても、あるいは建築学上の価値はなくとも、こうして登録して残していくということは、まさに登録文化財制度の重要な使命であろう。

ハンセン病療養施設に残る文化財

戦争に関連する文化財が人類の愚行を今に伝える貴重な「負の遺産」だとすれば、永年の国による隔離政策が多くの患者や家族を苦しめた「ハンセン病」にかかわる施設も、同様に語り継がれなければならないものであろう。日本には国が運営するハンセン病（当時は「らい病」と呼ばれていた）の療養所が一三か所、そのほかに二か所の民間の療養所があり、社会とは隔絶した形で医療機関と入所者のコミュニティが形成されていた。こうした施設にも国の登録有形文化財があることはあまり知られていない。

その中でもとりわけ珍しい登録物件が熊本県にある。文化財の名称は、「**旧熊本回春病院日光回転家屋**」となっているが、今は熊本県合志《こうし》市の国立療養所菊池恵楓園の中に移設された施設である。「熊本回春病院」は一八九五年にイギリスの宣教師ハンナ・リデルが熊本市に設置したハンセン病の病院で、この中に患者の治療のために日光浴をさせる施設として設けられた。木造平屋の板葺きで、人が一人入ればいっぱいになってしまうきわめて小ぶりな建物だが、小屋の下にキャスターがついて小屋ごと回転することが最大の特徴である。常時陽が当たるよう建物を太陽の動きに合わせて回転させるわけである。一九七四年に現在地に移され、ハンセン病の歴史を知るうえできわめて貴重な建物であることから、登録有形文化財となっている。建築年代は定かではないが、一九三三年に使用された記録が残っている。

旧熊本回春病院日光回転家屋

熊本市内の回春病院の跡地には、研究所として使われた建物が今も残されており、こちらも「**リデル・ライト両女史記念館**」（一九一九年。ライトはリデルの後継者）として登録有形文化財となっており、内部は両女史の功績が展示されている。

静岡県御殿場市にある民間のハンセン病療養施設である「**神山復生病院**」にある一八九七年に建

てられた「事務所棟」も登録有形文化財である。この病院は、一八八六年、フランスから来日した神父がハンセン病患者の救済を思い立ち、御殿場の今とは別の場所で六人の患者を収容したことから始まっている。二〇〇二年まで事務所として使われたこの建物は、現在記念館としてこの病院の歩みやゆかりの品を展示している。緑の中に、淡いグリーンの下見板張りの記念館が建つ姿は、清涼感にあふれており、創始者のテストウィド神父らの志が映し出されているように思える。

リデル・ライト両女史記念館

神山復生病院事務所棟
（※この写真は、2016 年の建設当時への復原以前に撮ったため、現状とは異なる）

旧横浜居留地煉瓦造下水道マンホール

地下にある文化財――横浜と神戸の水道施設

みなとヨコハマの中心部、大型客船の寄港も多い大桟橋のすぐ近くにも登録有形文化財があるが、地図で確認してその場所に出向いても、それらしき建物が見つからない。取り壊されてしまったのかと一瞬不安になるが、あるはずの開港広場をくまなく探すと、三角形のガラスが盛り上がった場所が見つかり、説明版が置かれている。このガラスの下にあるのが、登録有形文化財「旧横浜居留地煉瓦造下水道マンホール」である。これはわが国最初の日本人が設計した近代下水道の施設で、現在の山下町あたりにあった外国人居留地の下水設備を一八八〇年代に改良した際に使われた煉瓦製の下水管とマンホールである。下水管は一定の流速を確保するため、断面が卵型のものが採用された。これを設計したのが当時の神奈川県土木課の三田善太郎である。説明板には、これらの煉瓦は、東京・小菅にあった集治監《しゅうじかん》（現、東京拘置所）の煉瓦工場に発注したと書かれている。

横浜は、幕末の開港後多くの外国人が居留地に住むことになったため、水の確保も大きな課題となり、お雇い外国人によって近代水道が最も早く開通した都市であることはよく知られているが、下水のほうも最も早い時期に整備が進んだ町であったことを、この文化財は物語っている。ただ、ガラスを隔てて見ることになるため、詳細な構造はわかりにくい。よく見たければ山下町の横浜市中土木事務所前に発掘されたものが展示されているほか、この遺構の最寄り駅である横浜高速鉄道みなとみらい線の日本大通駅構内に、「近代下水道発祥の地」のパネルがあり、その意義がわかりやすく解説されている。

同様の遺構は、横浜と並んで日本を代表する港町、神戸にもある。神戸の外国人居留地に現存する唯一の居留地時代の建物である旧居留地十五番館（以前はアメリカ合衆国の領事館。国重要文化財）の東側の通りに現在も埋設されている下水管（「旧神戸居留地煉瓦造下水道」）が見られるようになっているとともに、一部は地上に出してその断面がわかるように展示されており、こちらの管も卵型をしているのがよくわかる。神戸の卵型下水管はすでに一八七二年頃に通っており、先ほど紹介した横浜の施設よりも一〇年ほど早い。横浜で煉瓦製の管によって下水が改修される前、陶製の下水管がイギリス人技師ブラントンによって整備されたのも一八七〇年前後なので、「近代下水道発祥の地」は横浜と神戸、ほぼ同時期だったと考えられる。その二つの遺構が登録有形文化財となって今も見られるのは、日本の近代化の一断面を知るうえで、きわめて貴重なことであろう。

ジェラール水屋敷地下貯水槽

なお、横浜の港界隈には、「ジェラール水屋敷地下貯水槽」という登録有形文化財もある。これは、まだ上水道が完備さ

旧上高地孵化場飼育池

れる前、居留地の商人ジェラールが、谷戸からの湧水を貯めて横浜港に出入りするする船に給水した施設の名残であり、元町商店街から山手地区に少し入ったあたりで今もその遺構を見ることができる。「水」の文化財については第十二章でもう一度まとめたい。

上高地にある山小屋と養魚施設

　ほとんど歩かずに北アルプスの雄大な山岳風景を眼前に仰げる地として、信州の上高地は、今も人気の観光地である。この上高地にも、いくつもの登録有形文化財があるが、これが文化財かと思わせる一風変わった施設が今も残っている。その名は、「旧上高地孵化《ふか》場飼育池・物置」。つまり、魚の飼育をするための池とそれに附属する物置が文化財となっているのである。

　この施設があるのは、各地からの路線バスやシャトルバスが発着する上高地バスターミナルから徒歩で一時間ほどの明神池の近くである。上高地は一九世紀末にイギリス人登山家のウォルター・ウェストンが紹介して知られるようになったものの一般の観光客が訪れるようになるのは、路線バスが運行されるようになった昭和初期のことである。

　戦後は登山ブーム、ハイキングブームもあって、上高地は信州でも一、二を争う有名な観光地、登山基地となっていった。そんな観光地のすぐ近くにほとんどハイカーや登山客も気づかずに通り過ぎるような場所、とはいっても梓川沿いの道路に接するように造られたのがこの孵化場である。孵化場は、長野県が一九二九年、イワナの孵化放流事業を行うために設けた施設で、信州各地で河川の魚が少なくなってきたことから県の事業として長野県各地に同様の養魚施設を作ったとされている。飼育池は四つあり、それぞれ縦約一一メートル、横約三・五メートルとそれほど大きくはない。底には砂利が敷かれており、当初は内壁がすべて玉石積みだったが、今はコンクリートのものもある。池のほとりに二棟の建物があり、手前の越屋根のついたほうが登録有形文化財となっている。ここでの飼育事業は長く続かず、わずか一〇年後の一九三九年には地元の漁業組合に無償譲渡され、養魚場や商業施設などに使われたが、二〇〇七年からは信州大学の山岳科学研究所の出先の研究施設として再利用されている。

明神池は、今ではほとんどのハイカーは上高地の中心である河童橋から梓川沿いの遊歩道を歩いて訪れる（許可された車が通る車道もある）が、孵化場が開設された当時は、松本電鉄の終着で上高地行きのバスの乗り換え地点となっている島々の集落から登山道で峠を越えて訪れるのが一般的なルートであった。そんな時代、遥かな奥地に孵化場を造った、あるいは作らざるを得なかった戦前の淡水の水産事業の一端をうかがわせる貴重な施設として、二〇一一年、登録有形文化財となっている。

なお、上高地にはこのほかに三件の登録有形文化財がある。徳本峠《とくごう》にある山小屋「**徳本峠小屋休憩所**」、ウェストンのガイドとして同行したことで知られる上條嘉門次が開いた山小屋（「**嘉門次小**

嘉門次小屋囲炉裏の間

屋」）の「**囲炉裏の間**」、そして梓川にある「**釜ヶ渕堰堤**」である。釜ヶ渕堰堤は上高地へのバスルート上にある釜トンネルの旧道からは眼下に見えたが、新トンネルが開通して車窓からは見えなくなってしまった。嘉門次小屋ではイワナの塩焼きが囲炉裏の間で焼かれていて、その様子を間近に眺めることができるだけなく、登録有形文化財謹製の塩焼きは上高地の名物となっていて、今もハイカーのお腹を満たしている。

廃墟と美術館——二つの発電所の落差

登録有形文化財にはダムや発電所などの土木構造物も多く登録されている。こうした施設も日本の近代化を象徴する文化財であり、近年はこうした産業遺産を見学する人も増えてきた。その中から訪れたらインパクトを受けること請け合いの二つの発電所の施設を紹介したい。

一つは、役目を終えた後、美術館としてリニューアルされた発電所である。その名は、「**入善《にゅうぜん》町下山芸術の森アートスペース**」（富山県入善町）。名称だけ聞くと、平成に入って新築されたおしゃれな美術館をイメージしてしまうが、もとは北陸電力黒部川第二発電所の施設であった。発電所といっても、深い山の中ではなく富山平野の河岸段丘のおよそ二三メートルの高低差を利用した水力発電所で、完成は一九二六年。一九九〇年に北陸電力が老朽化のために取り壊しを発表すると当時の入善町長が町で利用したいと無償譲渡を要望、最終的に町が譲り受け、天井まで一〇メートルもある広い空間を活かし、美術館として再利用が始まった。これが下山の森アートスペースの始まりである。五トンもの水を桶に貯めて一時間ごとにひっくり返して大洪水を表現する、都会のギャラリーでは実現不可能なインスタレーションが行われるなど、登録有形文化財の活用例としても最先端のアートシーンの場としても注目される取り組みが次々と実現した。段丘の上にある水量監視棟はレストランに改造されたが、監視棟と発電所をつなぐ巨大な導水管はそのままオブジェとして残されているのも面白い。鉄筋コンクリート造だが、外壁は赤煉瓦が積んであり竣工当時のハイカラな雰囲気を今も纏っている。内部も機械の一部が残るほか、天井の無骨なトラスもそのままで、まさに「発電所美術館」の愛称にふさわしい佇まいである。

入善町下山芸術の森アートスペース

　こうした見事な活用例とは対照的な発電所が鹿児島県にある。伊佐市の「**旧曽木発電所**」。曽木川のすぐ脇に廃墟となって屋根も内部設備も失った状態で放置されている。しかし、廃墟としてその姿をよく残していることから、産業遺産や珍景を求める人たちの間ではかなり有名な施設である。もともと一九〇九年に曽木電気第二発電所として日本窒素肥料や旭化成、積水ハウスなどの企業群を創業した野口遵《したがう》により建

旧曾木発電所

設。六七〇〇キロワットもの電力を、一般家庭だけでなく周辺の金山や熊本県水俣市のカーバイド工場（現、チッソ株式会社）などに供給していた。一九六六年に下流に鶴田ダムが完成し水没してしまったが、二〇〇〇年前後から保存活用の動きが高まり、補強工事が行われ、二〇〇六年に登録有形文化財となった。今では、ダムの貯水量が減る初夏から秋にかけてその姿を見ることができる。ライトアップが行われたり、ダム湖に見学用の船を走らせたりと、廃墟のままかつての水力発電の施設を楽しんでもらう企画が行われている。私が訪れたのは三月下旬であったが、たまたまダムの水位が下がっていて全貌を見ることができた。

　リノベーションされて別の用途に甦った発電所と、発電所の遺構というそのままの姿を見てもらうことで地域の歴史を物語るもうひとつの発電所。登録有形文化財の意義を改めて考えさせる二つの発電所である。

県境で二県に分かれた保育園

　一万件を超す登録有形文化財は必ず四七都道府県のどこかに属するわけだが、二件だけ二つの県に跨がる文化財がある。「**わたらせ渓谷鐵道笠松トンネル**」（栃木県日光市足尾町と群馬県みどり市東町）と「唐沢堰堤」（山梨県北杜市白州町と長野県諏訪郡富士見町）。トンネルや川にかかる堰堤なので、県境に位置するのも理解できる。

ところが、同じ施設の二つの建物なのに、別々の県に所属する物件が関東地方にある。「日本基督教団島村教会島村めぐみ保育園本館」は群馬県伊勢崎市境島村、「日本基督教団島村教会島村めぐみ保育園別館」は埼玉県深谷市横瀬が所在地となっている。つまり同じ保育園の本館と別館の間に群馬と埼玉の県境があることになる。実際に現地に行ってみると、細い道路を挟んで本館と別館が向かい合っており、この間に県境があるとは想像しづらい。

日本基督教団島村教会島村めぐみ保育園別館

あらためて地図をよく見てみよう。このあたり、群馬県と埼玉県の県境は、日本一の流域面積を持つ利根川の中心、つまり川が県境になっている。多摩川の下流が東京都と神奈川県の県境になっていたり、江戸川が東京都と千葉県の県境になっているようにだ。ところが「めぐみ保育園」のあたりは、群馬県の一部が利根川を超えて、埼玉県の領域にはみ出してきていることがわかる。その先端部分にめぐみ幼稚園の本館があり、その先、県境を越えた埼玉県側に別館がある。

実はこの県境はかつての利根川の流路だったと推定できる。明治時代まで利根川はしばしば洪水を引き起こす暴れ川で、時には流路そのものを変えてしまうほど激しくダイナミックに流れていた。明治以降、利根川の流路をまっすぐにし、高い堤防を築いた。しかし、かつての流路ですでに県境が定着していたので、河の流路と県境が一致しないまま現在に至っているのである。そして、この利根川の氾濫や流路の変更とこの保育園が附属する教会には深い関係がある。

保育園の本館の竣工は一九五〇年、別館の竣工は一九五三年だが、保育園の運営者である「日本基督教団島村教会」は明治初期に建設され、現在の教会堂は一八九七年の竣工であり、こちらも登録有形文化財となっている。明治の早い時期に純農村に教会が建設されたのは、この教会の建つ島村という地区が幕末から明治初期にかけて、日本でも指折りの蚕の卵（蚕種）の生産地となり、その蚕種をヨーロッパに直接販売に出向いた村人がいたことに因る。島村にはヨーロッパを見聞した村人が何人もいて、そうした素地の中で教会が誕生したのである。そして、この地で蚕種の製造が盛んになったのは、ここが利根川の洪水でしばしば農地が水に浸かる風土だったからである。蚕の飼育で最も怖いのは飼っている蚕が全滅する伝染病である。伝染病を媒介するカイコノウジバエの卵を洪水は洗い流すため、利根川の洪水域では病気が発生しにくく、蚕種の製造に適していた。幕末から明治初期にかけて蚕種をヨーロッパに売り込むことにより蚕種生産地としての名声を高めた島村に、そのヨーロッパから持ち込まれたキリスト教の教会が造られ、蚕種の好生産地をもたらした利根川の流路の変更によってできた県境を跨いでその教会が付属の保育園を開くという歴史の名残が、二県に跨がる登録有形文化財に刻まれているのである。

島村教会は、屋根の十字架がなければ見逃してしまうほどこぢんまりした普通の住宅のような佇まいである。下見板張りで切妻屋根の玄関が可愛らしい。

水を等分に分ける

第二章で、政令指定都市の川崎市には登録有形文化財が三件しかないことを記述したが、そのうちの貴重な一件が「二ヶ領用水久地《くじ》円筒分水」という名称の文化財である。二ヶ領用水は、江戸時代初期に多摩川から取水し現在の川崎市側に張り巡らされた全長三二キロの農業用水で、二ヶ領とは、当時の橘樹《たちばな》郡北部にあたる川崎、稲毛の二領を潤したことに因っている。

二ヶ領用水久地円筒分水

「円筒分水」は、百聞は一見に如かず、自分の目で見ないとその仕組みがわからない、しかし実際に目の当たりにするときわめてよくできた施設であることがわかる。用水はいくつかの村に水を供給するため、本流から水を分ける必要がある。しかも、それぞれの村の世帯や田畑の面積に応じて分けなければならない。それを正確に分配できるように考案された利水施設が円筒分水で、写真のように、円筒状の設備の中心部に用水を湧き出させ、外周部から水が越流し吹きこぼす際に一定の割合に分割される仕組みである。久地円筒用分水の場合、周囲の四つの村々に、それぞれ三八・四七一対七・

四一五対二・七〇二対一・六七五という細かい割合で分水されている。完成は一九四一年。当時、多摩川右岸農業水利改良事務所の所長を務めていた平賀栄治の設計である。涼しげに四周にサイフォンの原理で水が分けられていくのは見ていても飽きない。

こうした円筒分水は、全国各地の農業用水で設置され、現存するものも少なくないが、登録有形文化財となっているのは、この久地円筒分水のほかは、山梨県甲州市の「**岩堂セギ分水口**」だけである。こちらは久地のものより規模が小さく、分水先も三か所となっている。

文化財のスケールとしては決して大きなわけではないし、その仕組みもよく考えてみればすこぶる単純ではあるが、それゆえに日本の各地にこうした施設が稼働し、水をめぐる熾烈な綱引きを平和裏に推し進めることができたであろうことを思うと、この施設の重要度が際立ってくる。

「水」は日々の生活に欠かせないだけでなく、農業にも工業にも必要不可欠なものだったため、近代以降の登録有形文化財にも水にかかわる登録物件が多い。それについては第十二章でもう一度取り上げたいと思う。

◆コラム3　トイレの神様

登録有形文化財のリストを眺めていると、「便所」の登録が数多く見つかる。今は住居の中に組み込まれているのが当たり前のトイレは、戦前の個人宅では主屋とは別に離れて設けられることが多かった。登録有形文化財の「便所」は規模の大きな民家の建物群が登録されている中に含まれているケースがほとんどだ。

ところが、便所が建物群のいわば添え物に近い形ではなく、そのトイレそのものがまさに「文化財級」として登録されたものもある。「松本館便所棟」と「可睡斎東司」である。

松本館は、長野県松本市の市街地にある一八九〇年創業の割烹である。大正から昭和初期にかけて館内に飛行機研究所が開設されたこと、戦時中には画家の前田青邨が疎開していたこと、戦後は一時期進駐軍に接収されたことがあることなど、一二五年の歴史には様々なドラマがあった。七七畳ある大広間のある旧館と、玄関から旧館に向かう廊下と繋がった八角形のトイレが二〇〇四年に登録有形文化財となった。便所棟は昭和初期に造られ、格《ごう》天井に描かれた彩色が今も残されている。内外とも赤く塗られ、和風の割烹の中に中国風の棟が建つという不思議な組み合わせとなっている。一度こちらで食事をさせていただいた折に、大広間を見学するとともに、このトイレも利用した。割烹とは思えない異空間であった。

松本館便所棟

一方可睡斎は、静岡県袋井市の郊外に建つ遠州三山の一寺として地域ではよく知られた曹洞宗の名刹である。境内のボタンの花が有名で、五月はひときわ見学客でにぎわう。石段を登り山門をくぐって正面が本堂、右側に瑞龍閣と名付けられた一九三七年完成の迎賓施設があり、この建物に接続する形で同年に建てられた東司、つまり便所棟がある。ちなみに「東司」は、禅寺で便所を指す言葉。内部は広く、まず室内の中央に古代インドで汚れを焼き尽くす神とされる大きな烏枢沙摩《うすさま》明王の像が置かれているのに驚かされる。その上は天蓋のような円形の換気口が設けられ、四

可睡斎東司

方に便器が並んでいる。すでにこの時期としては珍しい水洗の便所であった。東司は七堂伽藍のひとつで東司を清掃することは重要な修行のひとつであり、東司は排泄の場であるというよりは修行の場であった。文化財級のトイレが曹洞宗の名刹に建てられたのも理由があったのである。私が可睡斎を訪れたのは、日本最大級のひな壇でのひな祭りの準備の最中であった。すでに瑞龍閣ではひな壇の飾りつけも終わり、参観者を迎えるばかりであったが、その圧倒的なおひな様のボリューム以上に、美しく磨かれた東司が印象に残る可睡斎への参拝であった。

第六章　有名施設・著名観光地を補完する建物群

　登録有形文化財は、民家や病院など、その建造物や遺構がほぼ丸ごと登録有形文化財だという例が通常だが、その分布を仔細に見ると、有名な施設の一部だけ、場合によっては一つだけが登録有形文化財であったり、その有名施設の陰に隠れるように敷地の外にひっそりと一棟の登録有形文化財が建っているというケースもある。そして、その佇まいこそが登録有形文化財の存在意義ではないかと思うときもある。

　この章では、こうした「陰に隠れた登録有形文化財」に光を当てようと思う。

出雲大社・嚴島神社・金刀比羅宮の裏に建つ宝物館

　縁結びの神様として今も絶大な人気を誇る島根県の出雲大社。松江や石見銀山と並ぶ、島根県では最もポピュラーな観光地である。そしていうまでもなく、誰もがその中心に聳える本殿へお参りする。文化財としてはその本殿が国宝、本殿を取り巻くいくつかの摂社や楼門、玉垣、銅鳥居など二一棟の建物が重要文化財となっている。まさに文化財建造物の宝庫といってよい（正確には大しめ縄のかかる拝殿を通してお参りするのだが、その拝殿は戦後火災で焼けてしまい、一九五九年に再建されているため、文化財には指定されていない）。

出雲大社彰古館

そんな出雲大社の境内に一棟だけ登録有形文化財の建物がある。登録名は、「**彰古館**」。本殿のほぼ真裏にあり、一般の参拝客が目にとめない場所に建てられた木造二階建ての建物である。左右対称で正面に切妻の玄関を備え、寺院の建物のようにも見えるが、これは一九一四年に出雲大社の宝物館として建てられたものである。内部には出雲大社の縮小模型や大社にゆかりのある大黒様や恵比須様の木造の彫刻などが展示されており、拝観料を払えば見学することができる。建物全体が六角形に整形した亀甲型の石の基壇に乗っているのは、宝物を守るために水はけをよくする効果を考えてのことである。注意しなければ見逃してしまいそうなこうした建物を見ることで、出雲大社をより深く理解することができる。なお、境内ではないが、大社の街への入口付近に巨大な鳥居が建っていて参拝客を迎えている。この「**宇《う》迦《が》橋大鳥居**」も登録有形文化財である。

拝殿や本殿など中心となる社殿とは別の建物が登録有形文化財となっている例は、ほかの著名な神社にもある。

航海の神様として江戸時代から広く信仰されてきた「こん

ぴらさん」こと金刀《こと》比羅《ひら》宮（香川県琴平町）。

参道の両側に広がるお土産物屋などを覗きながら気の遠くなるような石段を登って山の中腹にある拝殿・本殿へお参りする「こんぴら参り」は、今も四国観光のハイライトのひとつである。この「金刀比羅宮」にも登録有形文化財の「宝物館」がある。場所は、三六五段の石段を登った大門からしばらく本宮へ向けて歩き、小林一茶の句碑のある所を右に曲がった先である。

金刀比羅宮宝物館

嚴島神社宝物館

花崗岩で造られた堂々たる洋風建築に一瞬思えるが、屋根は入母屋造り、玄関には唐破風が付くという和風の要素も濃い和洋折衷建築で、一九〇五年の完成であるから、我が国の博物館建築の初期のころのスタイルである。仏像や絵画など金毘羅さんの宝物を拝観しながら建物の内部を見ることができる。

同じ瀬戸内にある世界遺産として著名な神

社、嚴島神社にも国宝の社殿の裏手にひっそりと宝物館がある。登録有形文化財「**嚴島神社宝物館**」である。周囲の景観に溶け込むよう神社建築を模した正面のスタイルだが、一九三四年と昭和に入ってからの建築で、重要な宝物を守るため、鉄筋コンクリート製となっている。日本の工芸品の中でもトップクラスの絢爛さを誇る「平家納経」の複製がここで公開されている。

京都国立博物館技術資料参考館

京都国立博物館に建つ収蔵庫

東京、奈良の国立博物館と並ぶ老舗の国立博物館が京都にもある。通称「キョーハク」と称される京都国立博物館である。片山東熊設計の本館（明治古都館）は煉瓦造りの正門などとともに国重要文化財となっているほか、二〇一四年には平成知新館と名付けられた最新鋭の展示館も建設された。しかし、敷地内にはもう一棟、小さいながら歴史を感じさせる建物がある。「**旧恩賜京都博物館陳列品収納用倉庫**（技術資料参考館）」と呼ばれているもので、博物館の観覧客のほとんどが気づかないであろう地味な施設だが、こちらも登録有形文化財となっている。昭和初期に公共建築などで流行したスクラッチスタイルに覆われた二階建ての寄棟造り鉄筋コンクリートの建物は、収蔵品の倉庫として建てられたものである。

同様に指定文化財の宝庫の中にポツンと登録有形文化財が存在する例として、もうひとつ岡山県にある池田藩が開いた旧閑谷《しずたに》学校がある。江戸時代の学校建築として最古かつ最もよく整った遺構である閑谷学校は、講堂が国宝、文庫、小斎、聖堂など一大伽藍のような多くの建物が重要文化財となっているが、敷地の中に明治後期に建てられた木造二階建ての「閑谷学校資料館」だけが登録有形文化財である。両翼が前に出たコの字型の学校の校舎で、私立の閑谷中学校（閑谷学校が明治になって幾度かの変遷ののち中学校化、後に県立となり、現在の和気閑谷高校に繋がる）の本館として建てられ、一九六四年まで実際に学校として使い続けられた校舎である。その意味では、閑谷学校の正統派後継施設として使われた由緒正しい建物ということになる。現在も、閑谷学校の付属施設として役割を果たし続けている。

閑谷学校資料館

世界遺産仁和寺の御所

世界遺産「仁和寺《にんなじ》」。「古都京都の文化財」を構成する一七の社寺城郭の一つで、京都っ子には、ソメイヨシノよりも少し遅れて京の春をにぎやかに彩る御室《おむろ》桜の咲く寺としてもよく知られている。指定文化財としては、京都御所の正殿である紫宸殿《ししんでん》を移築したといわれる金堂が国宝、車が行き交う「きぬかけの道」に面して寺の玄関の役割を果たしている二

仁和寺大玄関

王門をはじめ、御影堂、鐘楼、五重塔など主要な建造物の多くが国重要文化財となっている中で、御殿と呼ばれる一角に建つ「**勅使門**」、「**宸殿**」、「**大玄関**」、「**白・黒両書院**」、「**皇族門**」、「**霊明殿**」（と御殿外の「**霊宝館**」）が登録有形文化財である。仁和寺は、宇多天皇が落髪後ここで過ごして以降、代々皇子皇孫が門跡となり御殿に住まった。その住まいのほうが登録有形文化財となっているのである。仁和寺は桜の時期を除き、国宝・重要文化財が立ち並ぶ伽藍は自由に立ち入ることができるが、御殿内は有料となっている。御殿内の建物が登録有形文化財となっているのは焼失により、明治・大正時代に再建されているためだが、仁和寺をより仁和寺たらしめている建造物群が、国宝・重要文化財ではなく登録有形文化財であるというのは、指定文化財と登録文化財の関係を考えるうえでも興味深い。

京洛の市街地の東寄り、地元の人からは「黒谷さん」の愛称で親しまれる浄土宗の「**金戒**《こんかい》**光明寺**」も、重要文化財と登録有形文化財が入り混じった名刹である。江戸初期の建造で高台に建つ三重塔は国重要文化財だが、寺の中心で法然の座像が安置された「**御影堂**」は焼失による一九四四年の再建で、登録有形文化財である。入口に聳える巨大な山門は一八六〇年の再建で国の文化財ではなく、京都府の指定文化財にとどまっている。

金戒光明寺御影堂

また、京都駅近くに東西に分かれて大伽藍を競う浄土真宗の本願寺は、建造物の文化財という視点で見ると、両極端の寺院である。西側の西本願寺、正式には「龍谷山本願寺」は、世界遺産でなおかつ多くの伽藍が国宝であるのに対し、「**東本願寺**」（正式には「真宗本廟」）は西本願寺とほぼ同じ規模であるにもかかわらず国宝・重要文化財の建造物は一件もない。一八六四年、禁門の変に伴う京都の大火（通称、どんどん焼け）によりほぼすべての伽藍が焼失した後の明治期の再建だからである。二〇〇四年からの足掛け五年にわたる大修理で、東本願寺の壮麗な建造物群が再び美しい姿で立ち現れたが、両寺院を歩いてみると、たしかに飛雲閣や唐門といった桃山文化の粋こそ西本願寺でしか見られないとはいえ、真宗の中心として多くの門徒の拠り所となった風格には全く差がなく感じられる。

有名城郭に建つ登録有形文化財

世界遺産に登録された姫路城や、世界遺産に名乗りを上げている彦根城、松本城などに代表される城郭建築は、我が国

島原城御馬見所

を代表する建造物である。実際、明治以前に建造されて現存する一二の天守閣はすべて国宝か重要文化財となっているし、取り壊されたり戦災で失われたりした天守は、復興天守としてよみがえり、再び地域のシンボルとなっているケースも多い。また、天守だけでなく、郭や櫓、城門など城郭を形成する付属施設が江戸期から今に残り国宝や重要文化財となっているところも多く見られる。彦根城を例にとると、三層の天守と附櫓、多門櫓が国宝、天秤櫓、太鼓門及び続櫓、西の丸三重櫓及び続櫓、二の丸佐和口多門櫓、馬屋がそれぞれ重要文化財である。

国宝や重要文化財の宝庫であるこうした城郭の敷地内を全国あちこち調べてみると、実は登録有形文化財の建物がいくつも見つかる。第一章で触れた大阪城や富山城の模擬天守といった、本来の城郭建築を模したものもあるが、全く趣の異なるものもある。

長崎県島原市の島原城。松倉氏をはじめいくつもの家筋の大名が入城し、明治に入って壊された天守は一九六四年に鉄筋コンクリートで復元されており、文化財の指定物件はないが、この天守のすぐ近くに「**島原城御馬見所**《おんうまみしょ》」という名の登録有形文化財がある。木造平屋で杉皮葺きの質素な建物でほとんど人の気を惹かないものだが、これは藩主が藩士の武芸の調練を視察するために造られたものであり、江戸期の武士の勤務の一端を伝える貴重な遺構だということで登録有形文化財となった。廃城後、市街に移築されたが、一九六六年に再び三の丸に移築されたものである。

乃木倉庫

戦災で焼失する前は、日本で最も豪華な天守と御殿を誇っていた尾張徳川藩の居城名古屋城。戦後再建された鉄筋コンクリートの天守に耐震性の問題が浮上し、木造での復元の話が進む名古屋城の御深井丸《おふけまる》に、煉瓦造り漆喰塗りの平屋建ての建物がある。一瞬、名古屋城にゆかりのある遺構かと思ってしまうが、明らかに近代に入ってからの建物だ。実は、明治維新後、名古屋城の中に陸軍の部隊が移され弾薬庫が建てられた、その名残である。一般に「**乃木倉庫**」と呼ばれているのは、のちに陸軍大将となる乃木希《まれ》典《すけ》が名古屋鎮台に少佐として在籍していた時期に建てられたからだと考えられている。煉瓦の保護のために現在は白く塗られているので、一見煉瓦造りには見えない。

激しい空襲で名古屋城のほとんどの建造物が焼失した中で、この倉庫だけがかろうじて失われなかったことに加え、本丸

旧小林古径邸

御殿の障壁画もこの中に避難させておいたため無事であり、近年の御殿の修復時にはその障壁画を複製したものが使われたというエピソードもある。武家社会の城郭が明治維新後陸軍の施設へと移ったケースはほかの都市でも多いが、そうした歴史を伝えるという意味でも、単に建築的価値以上のものを持つ建物といえる。登録有形文化財という制度が持つ「近代の生き証人」としての意義づけの深みを感じさせてくれる存在である。

　妖艶とした夜桜の名所として名高い上越市の高田城跡。ここも明治以降陸軍第十三師団が入城した「城郭→軍隊」という近世から近代への土地利用の推移が見られるところだが、もともと天守はなく、代用として使われた三重櫓も明治期に焼失し、今見られる櫓は一九九三年と比較的最近復元されたものである。この城跡にも登録有形文化財が一棟ある。高田出身の邦画家小林古径《こけい》（一八八三〜一九五七）の住居「**旧小林古径邸**」である。地元に建てられたものではなく、東京都大田区南馬込にあった住居が彼の死後故郷の城跡に移築された。著名な建築家吉田五十八《いそや》[1]が手掛けた数寄屋造りの住居で、吉田の貴重な初期作品であること、昭和初期に文化人が好んだ数寄屋造りの典型例であり、惜しまれて解体された部材を使って復原した経緯も含め、文化財としての価値が認められた。現在は隣接する小林古径記念美術館とともに公開されている。

日本の観光施設としてはスケール感が大きく最もよく親しまれている城郭建築に、それぞれの地域の歴史を伝える地味な建物が天守や櫓の陰に隠れるようにして存在している。その存在に光を当てるのが登録有形文化財という制度であり、そのことをよく示しているのが、島原、名古屋、高田などの城跡に建つ建造物群なのである。

下関の老舗料亭

本州の最西端、関門海峡に面した港町下関には、全国に知られた料亭、「春帆楼《しゅんぱんろう》」がある。江戸末期、大分・中津藩の御典医が下関に開業した医院が一八八〇年頃に割烹旅館として新たに営業を始めたのが、この料亭の始まりである。主人と親交が深かった時の総理大臣伊藤博文がある日この春帆楼に宿泊したとき、時化《しけ》で出せる魚がなく、やむなく当時禁制だったフグを出したところ、その美味さから伊藤は禁制を解き、春帆楼はフグ料理の公許第一号となったという謂れを持つ。春帆楼の命名も伊藤に依るもので、その後もフグの本場下関でも、「フグといえば春帆楼」といわれる(2)ほど、最高級のフグを提供する料亭として名を馳せてきた。そんな老舗料亭であるから当然その名建築が登録有形文化財になっていてもおかしくないが、残念ながら料亭の建物は第二次大戦で焼けてしまった。戦後すぐに復興した建物はのちに全面改装され、今の春帆楼は近代的なホテルの佇まいで文化財の対象とはなっていない。

しかし、この料亭のすぐ脇に、春帆楼ゆかりの戦前の建物が一棟だけ残り、登録有形文化財となっている。鉄筋コンクリート入母屋造りの戦前の博物館によく見られるこの建物は、「日清講和記念館」と呼ばれている。一八九五年三月から四月にかけて、春帆楼の二階で日清戦争の講和会議が開かれた。この場所を選んだのも伊藤博文である。日本側の全権は伊藤と陸奥宗光、清側は李鴻章。そしてこの会議で、日本は朝鮮半島の独立の承認や遼東半島の権益の確保などを勝ち取った。近代日本が初めて戦争後の講和条約を結んだ記念すべき場であることを記念し、一九三七年に建てられたものである。館内には、往時の資料の展示のほか、一角には会議の様子を再現した部屋があり、生々しい講和の様子がしのばれる。

日清講和記念館

日本史に名を残す老舗割烹旅館の巨躯と比べると、倉庫のような付け足しの小さな建物が、本館が戦災で失われた故に、その歴史を凝縮して守っている、そんな構図がユニークな春帆楼である。

下関は、維新胎動の地の一つであり、馬関戦争では、英国軍の砲撃を間近に受けて、列強の力を思い知らされている。はるかに時代を遡れば、目の前の壇ノ浦は源平の最後の合戦が行われた場でもある。武蔵と小次郎が戦った巌流島も春帆楼からは目と鼻の先である。幾度となく重要な戦いが繰り広げられた地に奇跡のように残ったこの講和記念館は、春帆楼と下関の歴史的な重要性と意義を思い起こさせてくれる施設である。

注

（1）一八九四〜一九七四、数寄屋建築を独自に近代化した住宅のほか公共建築などを多く手がけた建築家。主な作品に、**五島美術館**（東京都世田谷区、二〇一七年七月、登録有形文化財に答申）、大和文華館（奈良市）、成田山新勝寺本堂（千葉県成田市）などがある。

（2）下関では、一般にフグを濁らず「フク」と呼ぶことが多い。「不遇」よりも「福」につながるからなど諸説ある。

◆コラム4　世界遺産と登録有形文化財

日本には二一件の世界遺産があり、うち一七件が文化遺産である。世界遺産と聞くと日光の東照宮や姫路城など、豪壮・華麗な国宝級の建物をイメージしがちで、実際に世界遺産の建造物の多くが国宝・重要文化財となっているが、唯一世界遺産で登録有形文化財となっている施設がある。三菱重工業長崎造船所にある「明治日本の産業革命遺産」の資産のひとつ、「ジャイアントカンチレバークレーン」である。登録名称は「**三菱重工業長崎造船所ハンマーヘッド型起重機**」で、世界遺産の登録名称とは異なっているが、同じものである。この造船所内では、このほか迎賓館的な役割を果たす「占勝閣」、ドックのひとつ「第三船渠」、今は史料館となっている「旧木型場」の併せて四施設が世界遺産の構成資産となっているが、一般公開されているのは木型場だけで、あとは原則非公開である。とはいえ、この起重機は海に面して建っているので、対岸のグラバー園などからよく望めるし、史料館ツアーのバスが構内を走る際に、起重機のすぐ横を通るので、間近に仰ぐことができる。造船所は今も現役で稼働中の施設なので、指定文化財にはしづらく、登録有形文化財のままになっているものと思われる。

世界遺産そのものではないが、関連しているものとしては、同じく明治日本の産業革命遺産の資産のうち、唯一東北にある岩手県釜石市の「橋野鉄鉱山」の近くに、**「旧釜石鉱山事務所」**がある。一見するときわめてシンプルな特徴のない建物で、これが登録有形文化財なのか一瞬疑問が湧いてしまうような風情だが、ちゃんと入口には登録プレートがある。現在は、資料の展示室として公開されており、閉鎖時のオフィスの様子がそのまま再現されていて興味深い。橋野鉄鉱山にある橋野高炉は、日本で初めて西洋式の高炉による出銑に成功した盛岡藩士大島高任が築造したもので、一八五八年に操業を開始した。その後、釜石鉱山に吸収されるとともに、高炉は廃止された。一方、一八八〇年に官営の釜石製鉄所が操業を開始、のちに釜石鉱山の田中製鉄所となり、その後も日本製鉄、富士製鉄、そして現在の新日鉄へと変遷を重ねた。「鉄の町釜石」の貴重な遺構のひとつがこの釜石鉱山の事務所なのである。

現在、世界遺産暫定リストに記載され、今後の登録を目指す「佐渡金銀山」の主要施設は、登録を目指すのに呼応して、登録有形文化財であったものが、二〇〇八年に国重要文化財へと変わった。世界遺産を目指す動きは、暫定リスト記載のもの以外にも今も各地にあるが、もしかしたら現在の登録有形文化財の中にもその構成資産に含まれるものが再び現れるかもしれない。

三菱重工業長崎造船所ハンマーヘッド型起重機

第七章　今も発酵を続ける建物群——醸造王国にっぽん

登録有形文化財の建造物を見ていて気づくことのひとつは、民家の次に多いのは寺社を別にすれば醸造関係の施設ではないかということである。城下町や宿場町など古い町を歩くと、大きな杉玉を店の入口に飾った酒屋に巡り合うことが多い。酒に限らず、麹や菌の力でコメや小麦、大豆などを発酵させて造る醤油、味噌などの醸造施設の文化財が多いのは、伝統を受け継ぐ作業を年々歳々繰り返すことや、発酵を促す菌が古い蔵に住み着いていることから建物が壊されずに受け継がれていくからだと思われる。

日本中がコメどころであるということは、イコール酒どころということでもあるし、味噌や醤油といった発酵食品も日本では食生活に欠かせない調味料で、今もそれは全く変わっていない。また、その地域にしかない独特のご当地発酵食品もあちこちに見られるし、醸造酒ということでいえば、日本酒だけでなく、ビールやワインも「醸造」されるので、こうした洋酒の醸造施設ももちろん文化財の対象になる。

この章では、比較的現役の施設が多い「醸造」の施設に焦点を当て、そこから見える日本文化の特徴や現代に生きる役割などを考えてみたい。

世界に広がる醸造の文化と文化財

北アイルランドの世界自然遺産「ジャイアンツ・コーズウェイ」。六角形の柱状節理がテーブル状に海岸に広がる奇観だが、そのビジターセンターのすぐ目の前に、アイリッシュ・ウイスキーの伝統ある醸造所の建物が広がっている。ブッシュミルズと誇らしげに書かれたこの醸造所は、現在も操業する最古のアイリッシュ・ウイスキーの醸造所で、創業は一六〇八年。観光客に一般公開されており、見学をしたことがある。独特の形をした醸造所の建物を見て、私はすぐに北海道余市町の「**ニッカウヰスキー余市工場**」を連想した。

NHKの連続テレビ小説「マッサン」(二〇一四年後期放送) に描かれた竹鶴政孝が日本で最初に本格的なウイスキーの醸造を手掛けるために造られたニッカの工場は、主要な施設のほとんどと竹鶴夫妻が住み込んだ住居などが登録有形文化財となっている。竹鶴がウイスキー造りを学んだのは、アイルランドではなくスコットランドのキャンベルタウンであるが、風土も文化も全く異なる地にウイスキー文化は根付き、今では日本のウイスキーの品質は、本家にも劣らないほどの名声を博すようになった。それは単にスコッチやアイリッシュの製法をまねただけでは説明がつかず、竹鶴の実家が日本酒の蔵元であったように、日本にはもともと酒造をはじめとした醸造文化の土壌があり、その伝統のうえに開花したものだと考えてよいだろう。それは、この後紹介するワインの分野でも同様のことがいえる。酒や焼酎だけでなく、ウイスキーやワインでも日本は世界のトップをうかがうほどに品質を上げてきた。そんな醸造の歴史を登録有形文化財から探っていきたい。

酒蔵の街、肥前浜

醸造の代表選手といえばやはり日本酒。北海道から鹿児島まで日本酒の醸造元にかかわる登録有形文化財は全国各地に広がっている。ちなみに酒といえば泡盛の沖縄にも日本酒の酒造メーカーはあるが、登録有形文化財にはなっていない。北海道では中部の栗山町に「小林酒造」の一三棟もの事務所・蔵・住宅などが登録有形文化財となっており、赤煉瓦の建造物群が存在感を放っている。

また、日本では、京都の伏見や神戸の灘など酒蔵が集中するいわゆる酒どころと呼ばれる地域がいくつもあるが、登録有形文化財の分布を見て酒蔵が集中しているのが佐賀県鹿島市と広島県東広島市である。

懸造りの本殿を持つ祐徳稲荷神社のある街として、また有明海の干潟を利用したイベント、ガタリンピックを開催する街として知られる鹿島市だが、長崎街道多良往還の肥前浜宿にはいくつもの蔵元が集中して立地し、その多くが登録有形文化財となっている。江戸時代から多良山系の水と佐賀平野の穀倉に恵まれて酒造業が発達、明治以降も繁栄は続き、それらが集中して街道筋に残っている。酒造群の真ん中を貫く街道は酒蔵通りとも呼ばれ、二〇〇六年には「浜中町八本木宿」という名称で国の重要伝統的建造物群保存地区に選定された。酒造の街の重伝建の選定は全国でも初めてのケースであった。

私が訪れたのは一一月の末のすでに冬の気配が訪れるころの雨の日だった。平日だったので、通りに観光客の姿はほとんどないが、新酒の仕込みが始まっているのかそれぞれの蔵の奥からは、忙しい時期になったことを示すにぎわいが聞こえてくるようだった。登録有形文化財の施設を有しているのは、「富久千代酒造」、「呉竹酒造」、「飯盛酒造」、「中島酒造」、それに「矢野酒造」の五業者で、表通りに面した主屋のほか、奥へ続く蔵や麹室、煙突など二四もの建造物が登録されている。あらかじめ市の観光関係の方に声をかけていたので、忙しいさなかにもかかわらずいくつかの蔵元の作業を覗かせてもらった。ここの最大の特色は、やはり酒蔵通りの景観であろう。白壁二階建ての瓦葺、妻入りの家並が緩やかにカーブする道の両側に並ぶさまは本当に美しい。また、見せていただいた主屋の欄間、障子などの精巧な細工や見事な襖絵や額に入った揮毫など、江戸時代以来の豊かな暮らしが投影されている。小さな街によくこれだけ蔵元が集中しているものだと改めて感心させられる。

肥前浜の酒蔵の集中地区

比較的最近、一気に登録有形文化財の登録が進んだもう一つの酒どころが広島県東広島市の西条である。「賀茂鶴」や「白牡丹」、「亀齢」などの銘柄で知られる西条には八つの蔵元があるが、この三つに加え、「福美人酒造」、「西條鶴醸造」、「賀茂泉酒造」、「山陽鶴酒造」の四社、および「旧広島県西条清酒醸造支場」という県の食品工業試験場の支場の建物も登録有形文化財となっている。この西条に加えて、伏見と灘が日本三大銘醸地であるが、灘と伏見には蔵元の登録有形文化財はほんのわずかしかない。

単独でほれぼれする蔵元

こうした「群」としての蔵元がある一方で、いうまでもなく全国にはひとつの蔵元で多くの建物群が文化財となっている素晴らしい建築群が数多く点在している。東京にも福生市に「**田村酒造**」という幕末のころに造られた蔵と水車小屋などが登録されている例があるが、私がこれまで見てきた中では、信州・佐久市にある「**武重本家酒造**」が印象に残っている。武重本家酒造があるのは、中山道の間《あい》の宿(1)である茂田井宿。その旧街道沿いに白壁の重厚な建物を廻らせている。創業は一八六八年と、江戸時代から続く蔵元が多い中では比較的新しいといってよいが、なんと三〇もの登録有形文化財の建物がある。蔵や精米所などの醸造施設だけでなく、住宅も一体となって多くの建物を従えている。普段は見学はできないが、年に一度春分の日に酒蔵開放と銘打ったイベントで、内部を見学することができる。一九九九年から毎年行っており、毎回一〇〇〇人を超す見学客が訪れている。住宅のほうはもちろん公開日でも内部へは入れないが、総二階建てで連続する越屋根がついた主屋は養蚕民家の様式を彷彿とさせる。

武重本家酒造

岩手県の小さな町にも、蔵元の醸造施設と経営者の邸宅が並ぶ壮大な文化財群がある。ＪＲ気仙沼線と国道二八四号線が通る千厩《せんまや》町。平成の大合併で一関市に併合されたが、今も

今は失われた佐藤家住宅の「呑切り場」

醤油や味噌は和食の基本

東磐井地方の中心的な集落である。この街中にある「**横屋酒造**」の一三件と隣接する「**佐藤家住宅**」の一二件の合わせて二五件が登録有形文化財である。こちらはすでに酒の醸造は行っておらず、「千厩《せんまや》酒のくら交流施設」として、一般に公開されている。ぎっしりと並ぶ数々の蔵が並ぶ風情もいいが、何よりも佐藤家住宅の主屋とその並びに建つ西洋館の豪華さには本当に驚かされる。「**西洋館**」は木造二階建て、正面に三角破風を設け二階に洋室があるので西洋館と名付けられているが、一階はなまこ壁になっているなど和洋折衷である。一方で主屋は惜しげもなく良材を使った造作であるが、玄関のたたきにはタイルが使われている。普請道楽といわれた佐藤家当主の遊び心が溢れた住宅である。ただ残念なのは、この二五件の文化財のうち四件が東日本大震災で被災し、維持が困難とされて文化財を抹消されてしまったことである。中でも「呑切《のみき》り場」というコップ酒を飲むために設けられた木造平屋の小さな建物が失われたのはとても残念であった。蔵元が小売りを行うだけでなく、その場でコップ酒を飲ませていたという地域との結びつきの証となる施設であったからである。

愛知県の登録有形文化財で0001番のプレートを得ているのが、岡崎市にある赤味噌の醸造メーカーである。おでんにもとんかつにも味噌をかけるほどの愛知県人のソウルフードを造るところが一番の称号を得ているのは、いかにも愛知県らしい。

このメーカーは、「八丁味噌」。本社の「事務所」と「蔵」が登録有形文化財となっている。事務所は二棟が並ぶように建っている。白漆喰に味噌を思わせるこげ茶色の壁は、正面から見ると教会のような趣がある。

八丁味噌本社事務所

八丁味噌は、濃い赤褐色をした豆味噌。「八丁」は、この会社が所在する岡崎市八帖町、かつての八丁村に由来する。ここは観もちろん現役かつ稼働中の事務所と工場であるが、光バスが次々に立ち寄る岡崎でも有数の観光スポットでもある。工場の見学、史料館となっている蔵の見学、そして八丁味噌を使った味噌煮込みうどんや味噌串カツなどを味わえるレストランや製品を購入できる売店など、個人でも団体でも楽しめる施設が一通り揃っている。地域の独特の食文化を持つ愛知県。その最もポピュラーな味を広める役割をこの瀟洒な文化財群はしっかりと果たしているように思う。

味噌と並ぶ和食の調味料の代表といえば醤油である。千葉県の野田市と銚子市、和歌山県の湯浅町、兵庫県のたつの市などがブランドとして名高いが、これらで醸造施設が登録有形文化財となっているのは、たつの市の「**うすくち龍野醤油**」だけで、キッコーマンの発祥地、野田市では創業家にあたる「**茂木本家**」の住宅が登録されているのみである。第二章で述べたように、登録有形文化財の密度としては日本一と思われる小豆島では一〇以上の醤油の蔵元が登録有形文化財の建造物を持っており、醤油王国であることをアピールしている。

正田醤油正田記念館

一般客が訪れても楽しめるという意味では、記念館を持つ群馬県館林市の「**正田醤油**」がお勧めだろう。ここは江戸時代、米穀商を営んでいた正田家が明治初期にキッコーマンの茂木家から醤油製造を勧められて起こしたのが始まりである。

ちなみに正田家は、日清製粉の創業家である正田貞一郎（美智子皇后の祖父）の本家に当たる。「**正田記念館**」は正田醤油の店舗兼主屋だった建物で、一九八六年まで本社として使われていたが、新社屋が完成したのちは記念館として、正田醤油の歴史を展示している。また、四棟の蔵と稲荷神社が隣接しており、その佇まいを見ることができる。

酒類には、伝統的な日本酒のほかに、そこだけで造られている地域限定酒のような酒も存在する。登録有形文化財を追う旅をしていると、時折そうした関連施設に行きあうことがある。新潟県長岡市に「摂田屋《せったや》」という地区があり、ここに登録有形文化財が集中している。江戸時代から続く醸造の街で、酒蔵、味噌蔵、醤油蔵が多数残っているのである。

機那サフラン酒製造本舗土蔵

ここに、ひときわ豪華で美しい蔵がある。これまで全国で何百という蔵を見てきた私にとっても、とびきり印象に残る蔵、それが「**機那《きな》サフラン酒製造本舗土蔵**」である。なまこ壁に覆われた蔵についた扉に、美しく彩色された鏝絵がぎっしりと描かれている、一目見たら忘れられない蔵なのである。扉にはそれぞれ異なった動物や霊獣が立体的に描かれていて、何の変哲もない古びた通りに突然日光の陽明門が舞い降りたようなきらびやかさに驚くほかはない。このサフラン酒というのは、薬用酒の一種で明治時代には養命酒[2]と人気を争うほどのブランドであったという。その初代社長吉澤仁太郎が凝りに凝った蔵を地元の左官に依頼して出来上がったのが、この土蔵である。蔵の隣にはサフラン酒と大きく書かれた看板を掲出した和風建築があり、一見蔵にも主屋らしき棟にも営業している気配はないが、実際には今もサフラン酒は製造されている。サフラン酒はサフランのほか蜂蜜、桂皮、丁子《ちょうじ》、甘草など一〇種

小島家住宅主屋

類ほどの植物をブレンドした薬用酒で、アルコール度数は一四度、今はリキュールに分類される。九〇〇ミリリットルの瓶入りが二四〇〇円ほどで現在も地元の酒店と南魚沼市の業者が運営する通信販売サイトでのみ販売されている。「機那サフラン酒製造本舗保存を願う市民の会」の手で春から秋までの土日に蔵の裏手にある庭園なども含めて一般公開を行っており、建築愛好者や市民にもこの蔵の価値が広がり始めている。観光資源としてもポテンシャルが高く、摂田屋のキーブランドとして育てていこうという機運が出てきている。

同様の薬用酒は、愛知県にもある。博物館明治村があることで、登録有形文化財の〝聖地〟になっている犬山市の市街地で、その薬用酒を扱う店舗兼住宅が登録有形文化財となっている。お店の名前は、「荵苳《すいとう》酒本舗和泉屋小島醸造」（登録名は「小島家住宅主屋」）。創業は一五九七年というから、尾張出身で天下統一を果たした豊臣秀吉がまだ生きている時代である。その銘酒の名「荵苳酒」と書かれた店舗を挟んで通りに沿って長い塀が続き、奥には仕込みをする蔵が続いている。この店舗兼住宅や蔵など七件が登録有形文化財となっている。荵苳とはスイカズラのことで、これを材料に濃厚で甘い薬用酒が今もここで製造され、陶器の容れ物に筆字で書かれた「荵苳酒」の文字が躍るラベルが貼られ、いかにも薬効がありそうな形で店頭で販売されている。最近飲む機会があったがねっとりとした甘さで、いかにも体によさそうな味わいであった。

犬山市は城下町の風情がよく残り、この界隈だけで五〇件以上の登録有形文化財がある、明治村とは別の「生きた野外博物館」である。ひところは犬山遊園、日本モンキーセンターといった観光施設ばかりがにぎわって城下は閑散としていたが、最近では城下町を巡る観光客の姿も増えてきた。そんな中でも、この小島本舗だけは観光地然とした表構えに変えることなく戦国時代の犬山らしさを保っているように見える。

甘強味淋住宅主屋と旧本社事務所

愛知県にはもうひとつ、和の醸造文化を伝える登録有形文化財がある。それは「みりん」の醸造施設である。今では調味料として煮物やかば焼きのたれ、照り焼きの艶出しなどに使われるみりんだが、アルコール度数が高いながら甘いので、戦国時代には下戸や女性がお酒として飲んでいたという話もある。糯米《もちごめ》と米麹にアルコールを加え、熟成させた調味料である。愛知県は生産量で全国二位の「みりん」県だが、名古屋市の西隣にある蟹江町の「甘強《かんきょう》味淋」の「旧本社事務所」、「工場」、経営者の「住宅主屋」などが登録有形文化財になっている。

工場と住宅は、蟹江川の堤防のすぐ下にあり、堤防からその全貌が見える。企業名は、「甘強酒造株式会社」で、今は清酒や焼酎も製造しているが、一八六二年の創業時はみりん一本だった。本社事務所は、三段の石積みの上にスクラッチタイルを外壁に使った洋風建築で正面玄関の周りの模様などがとてもモダンであるが、その後ろに建てられた住宅の主屋はどっしりした近代和風建築でその対比が実に見事である。事務所は表から見ると二階建てだが、裏側は一段下がっているため三階建てであることがわかる。主屋のさらに奥には黒漆喰に覆われた重厚な蔵が並び、その奥が工場となっている。ちょうど蔵を開放するイベント時に訪れたので、内部を見学することもでき、臨時に商品を売るコーナーも設けられていた。ちなみに愛知県にはもう一件、西三河地方の碧南市に「**九重味淋大蔵**」という、みりんを作るのに必要な酒を造る蔵が登録されている。九重味淋の発祥は一七七二年だが、この蔵はなんと一七〇六年に建てられた蔵を名古屋市から移築したものである。三〇〇年以上を経ているという登録有形文化財の中でも最古級の建造物である。

清酒でも焼酎でもなく、かといってビールやワインのような西欧からの技術輸入でもない、日本独自のこうした〝お酒〟を造ってきた関連施設が、今も地域の景観に大きく貢献しているのを見ると、神社仏閣の文化財的な価値とは大きく異なる、暮らしに寄り添った施設が地域に溶け込んで醸し出す景観の重要性とそれを支える登録有形文化財制度の意義がよくわかるような気がする。

酒造メーカーの文化活動

こうした醸造メーカーの経営者は、時として本業で得た収益を美術の収集や文化の保護に費やすようになった。登録有形文化財の中には、こうした企業が設けた美術館などが含まれている。

神戸・灘には、蔵元の登録有形文化財はほとんどないということを先述したが、蔵元が造った素晴らしい美術館が残されている。神戸の高級住宅地である御影《みかげ》の山の手に城郭を思わせるような大きな破風をあしらった和風建築を本館とする「**白鶴美術館**」である。施主である白鶴酒造は、灘五郷のひとつ、御影郷に本拠を構える日本有数の酒造メーカーであり、七代嘉納治兵衛が収集した美術品を展示する施設として、一九三四年に六甲の麓の高台に竹中工務店に造営させたのがこの美術館である。「**本館**」のほか、「**事務棟**」、「**土蔵**」、「**茶室**」の四棟が登録有形文化財である。

白鶴美術館本館

奈良時代の写経「賢愚経残巻（大聖武）」、「大般涅槃《はつねはんぎょう》経集解《しゅうげ》」といった国宝をはじめ重要文化財の絵画や工芸品が多く所蔵されている。

なお、治兵衛は同じ灘の蔵元である菊正宗の嘉納家、櫻正宗の山邑家とともに、一九二七年私立の旧制中学を創設した。その校舎も登録有形文化財となっている。全国屈指の進学校となっている現在の灘中学校・高校（登録名は、「**私立灘中学校・灘高等学校本館**」）である。校是「精力善用」「自他共栄」は、設立時顧問として参画した治兵衛の縁戚で講道館の創始者嘉納治五郎が柔道の精神として唱えたものである。

将棋駒の生産で知られる山形県天童市には、出羽桜という山形県を代表する酒造メーカーが設立した美術館がある。三代目の仲野清次郎が蒐集してきた陶磁器、工芸品等を展示するために、一九八八年に清次郎の旧宅を利用して開館した「出羽桜美術館」である。旧宅は明治末に建てられた伝統的日本家屋で、一見美術館とは思えない佇まいであるが、古韓国・新羅・高麗・李朝期の陶磁器と工芸品が主に収蔵されている。

醸造元はその店や蔵による景観で地域に貢献するだけでなく、こうして美術館や私立学校を設立することで、街の「核」を作り出している。登録有形文化財はその功績を可視化する役割を果たしているといえよう。

出羽桜美術館旧仲野家住宅主屋

近代の醸造——ワインとビール

登録有形文化財のリストを眺めていると、「葡萄酒貯蔵庫（龍憲セラー）」「岩乃原葡萄園第一號石蔵」「カタシモワインフード貯蔵庫」といったワインに関連する施設の登録があることが確認できる。世界遺産の分野でも、「サン＝テミリオン地域」「ブルゴーニュ地方のブドウ栽培地域クリマ」「シャンパーニュの丘陵・家屋・地下貯蔵庫群」（以上フランス）、「ピエモンテの葡萄畑の景観」（イタリア）、「アルト・ドウロのワイン生産地域」「ピーコ島のブドウ栽培の景観」（以上ポルトガル）、「ラヴォー地区のブドウ畑」（スイス）、「トカイワイン産地の歴史的・文化的景観」（ハンガリー）と、ワイン産業に直接関係するものだけでも八件が登録されているが、明治初期に日本にもたらされたワイン産業の遺構がこうして文化財に登録されて残っており、その足跡を辿ることができる。

ワインといえば、我が国最大の産地は甲州、つまり山梨県だがその中でもとりわけワイナリーが集中するのは旧勝沼町を抱える甲州市。そのワイナリー銀座の一角に「**龍憲セラー**」はある。一八七七年、甲州から二人の若者がワイン製造を学ぶためにフランス・シャンパーニュ地方のトロワに留学した。そのうちの一人、土屋龍憲（一八五九～一九四〇）が帰国後、ワインの貯蔵施設として半地下式の煉瓦造りのワインセラーを建設した。前室と主室からなり、すべて赤煉瓦で覆われた主室は奥行き一一メートルとかなり広く、空気孔が設けられている。当初は日本酒の蔵で貯蔵していたが、うまくワインが熟成せず、試行錯誤の末に辿り着いたのがこの半地下のセラーであった。普段は非公開で外から覗くしかないが、イベント時などで内部に入れることがある。(3)

龍憲セラー

「**岩乃原葡萄園第一號石蔵**」は、豪雪地帯として知られる新潟県上越市の郊外にある。

新潟がワインの産地だとはなかなかイメージしにくいが、この地方の大地主であった川上家の六代目当主善兵衛は、豪雪や洪水でコメが思うように作れないことから何とか別の作物を導入したいと悩んでいた。明治初期のことである。そんなとき、

岩乃原葡萄園第一號石蔵

石蔵の内部

川上家と親交のあった勝海舟にブドウ酒を振る舞われ、荒れた土地でもブドウが栽培できることを知って、一八九〇年に岩の原葡萄園を開設した。寒冷地に適したブドウがなかなか見つからない中、品種改良を重ね、マスカット・ベーリーAなど独自の品種を開発、それらは国産ワインの主力品種として今も栽培されている。開設から五年後に醸造所兼貯蔵庫として建てられたのが登録有形文化財となっている「第一號石蔵」である。斜面を利用し凝灰岩で二層の蔵を築き、地下水の冷気で蔵の中の湿度や温度を調節する仕組みで、今も貯蔵に実際に使用されている。この葡萄園は、地元の小学校の実習や障害者の就労モデル事業に利用されるなど、地域との連携を深めている。一二五年を超える歴史を伝える石蔵が残され国の文化財となっていることがこの施設の価値を高めているといえる。

三つめの「**カタシモワインフード貯蔵庫**」は、大阪府柏原市の住宅街の中にある。このワイナリーの創業は大正時代。現当主の曽祖父が始めたブドウ作りが軌道に乗り一九一四年、ワイン醸造に成功、カタシモ洋酒製造所[4]が設立された。以降今日まで柏原の地でワイン造りを続けている。大都市大阪の近郊に生まれたこの〝河内ワイン〟、今ではこのカタシモワイナリーを筆頭に河内地方に七社のワイナリーが誕生している。登録有形文化財となった貯蔵庫は、大正期に造られた木造の柱と梁、コンクリート製の床と外壁を持つ混構造の建物で、道路からもよく見える。

幾度かのブームにより日本のワイン生産は今や全国に広がり、地場のワインもあちこちで見られる。明治以降の近代の一五〇年は、飲酒文化も大きく変え、産業構造にも変化をもたらした。その変化の先駆けのひとつ、日本のワイン製造の黎明期の施設が文化財として残り、その醸造元や周辺で今もワイン造りが盛んに行われていることに、西洋からの技術の移入から絶え間ない工夫と努力で自国の風土に合わせて改良していく日本人の特質が垣間見える。

カタシモワインフード貯蔵庫

ビールを造る赤煉瓦——門司と半田

登録有形文化財の中に、今や日本人の飲酒文化に最も浸透しているといってよいビールの工場が二か所ある。ビールもいうまでもなく幕末の開国とともに日本に入ってきたものだが、今では「とりあえずビール」という言葉が定着するほど日本人に身近な飲み物になった。

旧サッポロビール九州工場醸造棟

半田赤レンガ建物

そのうちのひとつは、北九州市門司区にある「**旧サッポロビール九州工場**」の四棟の建物。実際に醸造をしていた工場も残されており、これらは門司赤煉瓦プレイスという複合観光施設に生まれ変わり、一般に公開されている。もともと一九一三年に地元の実業家が神戸の商社鈴木商店の援助を受けて創業した「帝国麦酒」の工場であったが、のち何度も社名変更が行われ、最終的には「サッポロビール」の九州工場として稼働を続けた。二〇〇〇年に工場の大分県日田市への移転に伴い施設は閉鎖されたが、その後資料館や交流館として一般開放されることになった。施設の周辺は、ほかにも様々な工場が集中する地帯であったが、工場の移転や廃業で、それらを統合する形での再開発が今も続いている。北九州市そのものが工業の街からの脱皮を図っているが、サッポロビール工場の再生はその象徴として地域によく知られた事業となっている。門司では、かつての九州の鉄道の玄関であった門司港駅に隣接する九州鉄道の本社の建物がやはり登録有形文化財となって「九州鉄道記念館」として再生されるなど、かつての産業遺産を核とした新しいまちづくりが進んでいる。

ビール工場に赤煉瓦がよく使われていたもうひとつの実例が愛知県の半田市にある。こちらは、明治後期に日本の五大ビールの一つに数えられていたカブトビールの工場である。一部五階建て、世界遺産富岡製糸場と同じ木骨煉瓦造りで、巨大な工場の遺構である。設計は基本設計がサッポロビール九州工場と同じドイツ・ゲルマニア社、実施設計が国会議事堂などの設計で知られる妻木頼《より》黄《なか》、施工が清水組（現、清水建設）という当時一流の企業と人材の手で造られた建物である。長らく閉鎖されたままであったが、醸造の街半田の新たなシンボルとして二〇一五年に「**半田赤レンガ建物**」としてよみがえった。

自分たちの住む地域の産業の歴史を見つめ直す機運が全国的に高まる中、登録有形文化財の制度により、知名度が上がり地域の人が関心を持つことで保存や活用に新たな道が開ける実例として、もっと知られてよい施設群であろう。

注

（1）江戸時代の街道で、宿場間の距離が長い場合や、峠越えなどの難路の場合に、休憩できるよう宿場と宿場の間に自然発生的に成立した町を指す。
（2）江戸初期に信州で製造が始まり、現在も日本を代表する薬用酒。
（3）山梨県には他にワイン醸造施設として「**ルミエール旧地下発酵槽**」（笛吹市）がある。
（4）「カタシモ」はこの付近の地名で、近くの近鉄大阪線に「堅下」駅がある。

◆コラム5　各都道府県の「登録第一号」

明倫小学校本館

登録有形文化財には、都道府県ごとに通し番号が振られていること、愛知の第一号は岡崎の八丁味噌、北海道の第一号は札幌控訴院であることは本文でも述べたが、各都道府県の第一号を見ると、確かにその都道府県を代表する著名な建築が選ばれているケースが多い。文化庁の当時の関係者に聞くと、やはり第一号にはそれにふさわしいものをリストアップしてもらった経緯があるという。全都道府県の登録有形文化財第一号は別表の通りである。

神奈川県の第一号は、ミナト横浜で、船員や市民からキング、クイーン、ジャックの愛称で親しまれる横浜三塔のうちの「キング」の愛称を持つ「**神奈川県庁本庁舎**」が登録されているし、群馬県でもやはり「**群馬県庁本庁舎**」が登録されている。神奈川県のほうは県庁としても現役だが、群馬のほうは隣に群馬県一の高層建築となる新庁舎が建てられたため、今は通称「昭和庁舎」として、特別展示室、会議室、消費生活センターなどが入る別館として現在の本庁舎をサポートする役割を果たしている。味気ない本庁舎よりも昭和庁舎のほうが県庁としての威厳がよく保たれているのが中に入ると感じられる。静岡県では、「**静岡市役所本館**」も栄光のNo.1である。

山口県では、長州藩の藩校の名前を受け継ぐ山口県随一の名門

都道府県	名称	備考
北海道	札幌市資料館（旧札幌控訴院）	
青森	佐滝本店	
岩手	小岩井農場本部事務所	抹消→重文
宮城	髙橋家住宅主屋	
秋田	両関酒造本館	
山形	旧風間家住宅	抹消→重文
福島	向瀧玄関	
茨城	水戸商業高校旧本館玄関	
栃木	真岡市久保講堂（旧真岡小学校久保講堂）	
群馬	群馬県庁本庁舎	
埼玉	あさひ銀行川越支店（旧八十五銀行本店本館）	
千葉	千葉市民ギャラリー・いなげ（旧神谷伝兵衛稲毛別荘）	
東京	東京大学大講堂（安田講堂）	
神奈川	神奈川県庁本庁舎	
新潟	新津記念館	
富山	高岡商工会議所伏木支所（旧伏木銀行）	
石川	金沢市立玉川図書館別館（旧専売公社 C-1 号工場）	
福井	小浜聖ルカ教会	
山梨	甲府法人会館（旧甲府商工会議所）	
長野	山崎歯科医院	抹消
岐阜	名和昆虫博物館	
静岡	静岡市役所本館	
愛知	八丁味噌本社事務所	
三重	上野市上水道水源地送水機関室	
滋賀	黒壁ガラス館本館（旧第百三十銀行長浜支店）	
京都	南座	
大阪	旧小西家住宅主屋	抹消→重文
兵庫	木水家住宅主屋	
奈良	南都銀行本店	
和歌山	井上家住宅	
鳥取	協同組合倉吉大店会（旧第三銀行倉吉支店）	
島根	益田市立歴史民俗資料館（旧美濃郡役所）	
岡山	楠戸家住宅主屋	抹消→重文
広島	日本はきもの博物館コーヒーハウス（旧マルヤマ商店事務所）	
山口	明倫小学校本館	
徳島	徳島市水道局佐古配水場ポンプ場	
香川	丸亀高校記念館（旧香川県立高松尋常中学校丸亀分校本館）	
愛媛	宇和島市立歴史資料館（旧宇和島警察署）	
高知	畠中家住宅（野良時計）主屋	
福岡	筑後川昇開橋	抹消→重文
佐賀	筑後川昇開橋	抹消→重文
長崎	宮地嶽八幡神社陶器製鳥居	
熊本	早野ビル	
大分	大分銀行赤レンガ館（旧二十三銀行本店・旧府内会館）	
宮崎	黒北発電所	
鹿児島	鹿児島県立博物館考古資料館	
沖縄	潮平ガー	

小学校といってよい萩市の「明倫小学校本館」、香川県ではこちらも名門旧制中学の流れを汲む、香川を代表する高校、丸亀高校の校舎である「丸亀高校記念館（旧香川県立高松尋常中学校丸亀分校本館）」が「0001」のプレートをもらっている。

また、地方色が色濃く出ているものとしては、前述の味噌王国愛知県の「八丁味噌本社事務所」、秋田の酒どころ湯沢市にある老舗酒造メーカーの建造物である「両関酒造本館」、高知県では安芸市のシンボルとなっている野良時計が組み込まれた「畠中家住宅主屋」などがある。

岩手県、長野県など七府県では、残念ながらせっかく「ナンバーワン」のプレートをもらっているのに、その登録有形文化財はすでに抹消されている。そのうちの六件は重要文化財への〝昇格〟によってである。日本で最も有名な牧場のひとつ、小岩井農場の本部事務所は岩手県のNo.1だったが、二〇一六年に小岩井農場の九件の登録有形文化財にそれ以外の建物も加えて二一の施設が一気に重要文化財となった。

また、国鉄佐賀線が筑後川を渡る際に橋脚を降ろす仕組みになっていた「筑後川昇開橋」は、福岡・佐賀両県に跨がるもので、プレートにも、「第40・41－0001」と両県の都道府県番号が振られていたが、こちらも重要文化財の指定に伴い抹消されている。

一方、長野県松本市の市街地にあった「山崎歯科医院」は、赤煉瓦の美しい建物であったが、二〇一一年六月の地震で大きく損壊、市民による保存の署名と募金が行われて多くの浄財が集まったにもかかわらず、最終的には取り壊されることになってしまい、二〇一五年四月に抹消されている。「背番号1」が完全に永久欠番となってしまったのである。

「一番」には、私が思い入れの深い登録物件もある。青森県三戸町の「佐滝本店」である。私の「佐滝」という姓は珍しく、自分と家族以外にはめったにお目にかからないので、その名前を登録有形文化財のリストに見つけたときは小躍りしたが、ホームページで確認してみると、佐藤瀧次郎氏が一八八六年に開いた雑貨店であることがわかった。百貨店の「伊勢丹」が伊勢屋丹治呉服店から短縮されたのと同様、「佐滝」も佐藤瀧次郎の短縮形で姓ではなかったのである。三戸町の中心商店街の一角にある大正後期のコンクリート造の建物で、敷地の奥には「佐滝別邸」や「佐滝土蔵」もある。初訪問のときにはご主人がいらして、こちらの名字を告げると驚くとともに喜んでいただけた。

佐滝本店

第八章　地域とともに生きる鉄道

登録有形文化財の特徴は、ビルや家屋などの建造物だけでなく、土木構造物も対象となっている点である。水道施設や堰堤については別途触れたいが、こうした土木構造物で私たちの生活に身近なものといえば、鉄道であろう。鉄橋にトンネル、プラットホームに待合室。登録有形文化財はその初期から駅舎など鉄道に関係した登録も多かった（「南海電鉄諏訪ノ森駅」、「南海電鉄浜寺公園駅」は第一二回の登録）が、近年では私鉄、あるいは国鉄・JRを引き継いだ第三セクターの鉄道会社が路線全体の駅舎や鉄道施設を一体として登録有形文化財にする「一括登録」のケースが増えている。

二〇一七年七月の時点で、鉄道会社の施設が一体で登録有形文化財となっている例は、東から、「わたらせ渓谷鐵道」（栃木県・群馬県）、「小湊鉄道」（千葉県）、「天竜浜名湖鉄道」（静岡県）、「若桜鉄道」（鳥取県）、「くま川鉄道」（熊本県）の五例である。一括とまではいえないが、複数の資産が登録有形文化財となっている例としては、現役の鉄道では「上毛電鉄」（群馬県）、「東武鉄道」（栃木県など）、「南海電鉄」（大阪府、和歌山県）、「和歌山電鐵」（和歌山県）、「えちぜん鉄道」（福井県）、「北条鉄道」（兵庫県）、「松浦鉄道」（長崎県）などがあるし、すでに廃線になっている線区では「旧国鉄士幌線」（北海道）、「同宮原線」（熊本県）なども ある。個別の駅舎などの登録まで含めればかなりの鉄道資産が登録有形文化財となっている。

一括登録されているところは、どこも沿線人口の減少や並行する道路整備の進展などで経営的には苦しいところが多く、一方で学生や高齢者など地域住民の貴重な足となっていて、鉄道ファンや歴史ファンが訪問し鉄道を利用することで、なんとか乗客の減少に歯止めをかけようと躍起になっている。そして、更新がままならず古くなってきている駅舎などを、その古さを逆手にとって歴史的な資産としての価値を高めることにより、路線の魅力をも高めようとしている。そんな鉄路の文化財をまとめておきたい。

銅を運んだわたらせ渓谷鐵道

「わたらせ渓谷鐵道」は、一九一一年に足尾銅山の貨物輸送を目的とした足尾鉄道として、下新《しもしん》田《でん》(現、桐生市)〜大間々(現、みどり市)間で最初に開通した私有鉄道である。一九一四年に足尾まで開通、一九一八年には国鉄に買収され、桐生〜足尾間が国有化された。旅客輸送は桐生〜間藤間、精錬所に続く先端部分は貨物輸送のみの営業である。輸送の中心だった足尾銅山は一九七三年に閉山、足尾町の人口も急速に減少する中で、国鉄の民営化によりJR足尾線となったものの、その二年後には第三セクターのわたらせ渓谷鐵道に運行が引き継がれた。全長四四・一キロメートル、その名の通り、ほぼ全線が渡良瀬川の上流に沿って走る風光明媚な路線である。始発の桐生市は人口一〇万人を数える群馬県東部の中心都市のひとつだが、沿線のみどり市、県境を超えた栃木県日光市足尾町は過疎化が進み、沿線人口は減少の一途を辿っている。また、足尾からは日足峠を越えて、世界遺産「日光の社寺」のほか、中禅寺湖や鬼怒川温泉など、関東を代表する観光地までそう遠くないが、足尾〜日光間を結ぶ市営バスは一日六往復にすぎず、日光〜足尾〜桐生・赤城へと周遊する公共交通による観光ルートが確立しているとはいいがたい。経営的には非常に苦しい状況であるといってよい。

鉄道会社では、沿線の景観をPRし、トロッコ列車を運行したり、駅舎に温泉を併設するなどの経営努力をして観光客を誘致しているが、それでもおりにふれ存廃が取りざたされる状況が続いている。

わたらせ渓谷鐵道　神戸駅

わたらせ渓谷鐵道
足尾駅貨物上屋及びプラットホーム

この鉄道の施設群が登録有形文化財となったのは二〇一一年。登録された三八の施設のうち、山がちな路線のため橋梁が一三件、トンネルが八件と半数以上を占める。駅舎やプラットホームでは、「足尾」、「通洞《つうどう》」、「上神梅《かみかんばい》」、「沢《そう》入《り》」、「神戸《ごうど》」、「大間々」の六駅が有形文化財に登録された。趣のある駅ばかりだが、中でも神戸駅は典型的なローカル線の駅舎の佇まいがよく残っており、ドラマ「ナツコイ」(二〇〇八年、毎日放送)、映画「天使の恋」(二〇〇九年)などでもロケ地となっている。また、足尾駅は駅舎の「**本屋**」、「**上下のプラットホーム**」のほか、「**貨物上屋及びプラットホーム**」、「**手小荷物保管庫**」、「**危険品庫**」も登録されており、貨物の輸送が主力だった足尾線の歴史を物語る貴重な遺構である。

こうした鉄道の文化財は、橋梁やトンネルは道路からは近づけない場合が多く、鉄道に乗って車窓を見ながら文化財を確認する一方で、駅舎などはきちんと下車してその佇まいを味わうというように、一括して登録された文化財をすべて堪能するにはそれなりの時間がかかる。運転本数も少ないところが多いので、車やタクシーと鉄道を組み合わせて施設全体の価値を見ていくことが必要だ。

登録有形文化財を前面に売り出す、天竜浜名湖鉄道

静岡県を走るJR東海道線の掛川駅から新所原駅まで、幹線を北に迂回する形で結ぶ「**天竜浜名湖鉄道**」も、国鉄二俣線から第三セクターに転換された路線である。実際、二俣線は、東海道線が浜名湖をいくつもの橋梁で越えなければならず攻撃されやすいことから大幹線の東海道線の迂回ルートとして計画された経緯がある。平野部や丘陵地を時には浜名湖の北岸や西岸をバックに走るのどかな鉄道である。一九九八年とかなり早い時期に、運行の中心となる天竜二俣駅に隣接する機関区の施設が五件登録されたが、二〇一一年一月、全線にわたって駅舎や橋梁、トンネルが一括して登録され、全体で三六件となった。天竜浜名湖鉄道はこの全体の登録時から積極的に登録有形文化

財を観光資源としてＰＲしている。まず登録を記念した入場券のセットを発売、登録物件を紹介する冊子も作成した。

天竜浜名湖鉄道の登録有形文化財の最大の見どころは、現在も稼働する「**機関車転車台**」と「**機関車扇型車庫**」である。ここでは、ツアーの形で文化財を見ながら、転車台で機関車が向きを変える「転車」の実演を行っている。金～月曜日と祝日は一日二回、火～木曜日は一日一回、「転車台&歴史博物館見学ツアー」が行われており、鉄道利用者は大人二〇〇円小人一〇〇円（それ以外は大人三〇〇円小人一五〇円）で参加できる。

天竜浜名湖鉄道　機関車転車台

天竜浜名湖鉄道　文化財列車のポスター

この鉄道のもうひとつの特徴は、登録有形文化財の精神である「保存しながら活用する」を地で行く駅舎の活用である。**遠江一宮駅**では蕎麦屋、**西気賀駅**では本格的な洋食屋、**三ケ日駅**ではカフェ。登録有形文化財ではないが、都筑駅ではパン屋。駅は無人になると、どうしても雰囲気がすさんでしまうし、寂

若桜鉄道　若桜駅

寥感が漂い、地域の核としての機能も失われてしまう。店舗が入ることにより、地域の人も旅行者もある時間をここでともに過ごすことができる。鉄道は単に列車が走っていればいいのではなく、鉄道と住民の結節点である駅がその機能を果たしていることが重要である。駅員ではなくとも、そこに店を商う人がいて、人が集う。そのうえで駅そのものが国の文化財となって、鉄道全体を大切にしよう、その施設を地域のために活用しようという機運が高まれば、駅は地域の顔として輝き続けるだろう。

沿線人口が少ない若桜鉄道の試み

西日本の「鉄道まるごと文化財」の代表は、鳥取県の「若《わか》桜《さ》鉄道」であろう。この鉄道も国鉄時代の赤字ローカル線、若桜線が第三セクターに転用されたものである。岡山と鳥取を結ぶ陰陽連絡線のひとつ、JR因美《いんび》線の郡家《こおげ》駅から分岐して若桜駅までの一九・二キロメートル。沿線の自治体は、人口一万六〇〇〇人ほどの八頭《やず》郡八頭町と三〇〇〇人ほどの同郡若桜町の二つだけ。併せても二万人にも満たないうえ、沿

若桜鉄道　細見川橋梁

線にこれといった有名な観光地もない、経営的には非常に厳しい路線である。運行される列車の多くが県庁所在地である鳥取市の玄関、JR鳥取駅まで乗り入れているとはいえ、運行本数は一日わずか一〇往復。旅客収入は年間一億八〇〇〇万円程度で、存廃が議論されてもおかしくない状況だ。

この若桜鉄道も、わたらせ渓谷鐵道や天竜浜名湖鉄道同様、ほぼ全線の施設が二〇〇八年に登録有形文化財となった。戦前の駅舎やプラットホーム、橋梁はもちろんのこと、終点の若桜駅の少し手前では、ほんの短いトンネルを二つ続けて抜けるが、この小さな施設（文化財名は「**雪覆**」と「**落石覆**」）も登録有形文化財となっているなど、あらゆる施設を文化財で繋いだという感じである。この鉄道も、無人駅の「**丹比・安部**」の両駅の駅舎に美容室を併設して切符を委託販売するなど、駅舎の活性化に力を入れている。終点の「**若桜駅**」の構内は、「**給水塔**」、転轍手[1]が詰めた「**箱番所**」、「**転車台**」、そして積雪地帯らしく落とした雪を水路で流す「**流雪溝**」などの貴重な施設八件が登録されており、三〇〇円の入構券を購入すれば、構内を自由に見て回ることができる。蒸気機関車の運転で観光客や鉄道ファンを呼び込もうという企画も持ち上がっており、二〇一五年にはＳＬとディーゼル機関車を走らせる社会実験が行われ、沿線には一万三〇〇〇人あまりが詰めかけて今後の観光列車の運転に向けて弾みがついた。鉄道会社や地元の二町だけでなく、鳥取県でも予算の中に、「八頭、若桜両町内を対象とし、鳥取県と両町、保護・活用団体等の関係団体で構成される実行委員会を組織し、国登録有形文化財である若桜鉄道を基軸とした文化遺産の活用事業を行うことを目的とした「八頭若桜谷文化遺産魅力発信事業」を織り込んで、鉄道文化財を柱にした地域の活性化を後押ししている。

また、終点若桜駅のある若桜町の中心部は、鳥取と姫路を結ぶ若桜街道沿いに発展した宿場町で、明治時代の大火後に蔵が並ぶ通りと街路の両側に庇《ひさし》を設けた「仮屋」と呼ばれる私道が続く通りが残り、二〇一四年にはそのうちの一軒（「木島家住宅主屋」）が登録有形文化財となった。若桜鉄道の鉄道まるごと文化財の動きに影響される形で、街並みへの関心も高まっている。

名駅舎の数々

明治以降、日本全国で鉄道の敷設が進み、埼玉県の大宮（さいたま市大宮区）や東京都の立川のように、駅の設置が街の発展に大きく寄与し、今も駅が街の中心となっている都市は数知れずある。そして、駅舎も都市の玄関にふさわしい立派なものになったり、あるいは当時の技術やデザインの粋を集めたものになったりし、しかも第二次大戦や戦後の高度成長などで建て替えられて当然だったにもかかわらず、現在まで街の玄関としての優美さを失っていない駅舎も数多い。

その最も代表的な例といえるＪＲ東京駅の「丸の内駅舎」とＪＲ「門司港駅舎」（開業時は私鉄の九州鉄道の門司駅）の二棟が国重要文化財の指定を受けている。ともに、一九一四年の竣工で、東京駅は第二次大戦で焼け落ちたドームを再建、門司港駅も二〇一二年から大掛かりな修復工事が行われ、二〇一八年の工事完了を待っている。

この東西両横綱には及ばずとも、また「鉄道まるごと文化財」の第三セクターや私鉄を除いても、駅舎の登録有形文化財は全国に数多くあり、次第に注目を集めるようになってきている。

水間鉄道　水間駅

島根県の宍道湖沿いを走る一畑電鉄の終点「出雲大社前駅」や大阪府南部を走る水間鉄道の終点「水間駅」のように、前者は出雲大社、後者は水間観音と、有名な寺社の玄関となっている駅が参拝客を歓迎する意味もあってか瀟洒な駅舎を構え、登録有形文化財となっているケースもあれば、南海電鉄のターミナルである難波駅のように鉄道の威厳を示すような存在感を示し、百貨店まで同居した巨大駅舎（登録名は「南海ビル」）の登録もある。すべてを紹介することは到底無理だが、いくつか活用という意味で目を惹くものを挙げておきたい。

無人駅から特急の停車駅へ

その中でも登録有形文化財への登録により多くの鉄道ファンや旅好きに知られるようになった代表例が、熊本県と一部宮崎県をかすめて鹿児島県に至るJR肥薩線の「嘉例川駅」であろう。肥薩線は、水俣、出水、川内を通るかつての鹿児島本線（九州新幹線開業後は、大部分が第三セクター化）よりも早く、熊本と鹿児島を結ぶ幹線として建設された。しかし、海側の路線の開業で本線の座を譲りローカル線に転落、特に人吉以南ではかつて走っていた急行列車も廃止され、取り残されたような路線へと凋落した。ところが、国鉄が民営化され、鉄道の活性化に取り組むJR九州では、九州新幹線の鹿児島開業を機に、鹿児島と肥薩線を結ぶ観光列車を運転するようになり、モノクロ映画にぴったりのこれぞ国鉄のローカル線駅の典型ともいえる駅をクローズアップし、無人駅で乗降客も少なかったその駅に特急列車をしばらく停車させて、駅舎そのものを楽しんでもらうような作戦に乗り出した。

JR 肥薩線嘉例川駅

写真にある駅舎がその嘉例川駅。一九〇三年にこの区間が開業したときに建てられた駅舎がほぼその当時のままで残っているきわめて珍しい駅である。二〇〇四年、鹿児島中央駅から肥薩線の吉松駅まで不定期の特急列車「はやとの風」の運行が開始され、無人駅の嘉例川駅にも列車が停まるようになった。嘉例川駅が登録有形文化財となった二〇〇六年には、「はやとの風」は定期列車に昇格、しかもこの駅では駅舎を見て回れるよう五分間の停車時間が設けられた。さらに、下車する乗客を当て込んで地元の業者が土日祝日限定で駅弁を販売するようになった。この「百年の物語かれい川」は、九州駅弁グランプリで三年連続で一位になるほどの人気を博し、鉄道を利用せずマイカーの利用者までわざわざこの駅弁を買いに嘉例川駅に立ち寄るようになっている。

幹線から転落したローカル線の無人駅がその古い佇まいがゆえに特急の停車駅となり、駅弁人気とも相俟ってメディアで頻繁に取り上げられ、今や九州ではその名を知らない人はいないという駅に〝再生〟した。駅舎の活性化という意味では、これほど劇的な成功例はないといってもよいだろう。

「はやとの風」は、嘉例川の先、霧島温泉、そして大隅横川と停車するが、「**大隅横川駅**」も一九〇三年の駅舎がそのまま残っており、登録有形文化財である。

役目を終えた駅舎たち

日本で最初のカラー映画、当時の言葉でいえば「総天然色」映画は、一九五一年に公開された『カルメン故郷に帰る』である。監督は木下恵介。高峰秀子演じるストリッパーのカルメンが出身地の北軽井沢に帰郷する様子を描いたオールロケの松竹作の映画である。彼女が帰郷に使ったのが映画にも登場する草軽《くさかる》電鉄という今は廃止となった鉄道。その名の通り、群馬県の草津温泉と長野県の軽井沢を結んだ軽便鉄道で、一九六二年に全線が廃止となった。今はほぼ同じルートを後継の

旧草軽電鉄北軽井沢駅舎

草軽交通の路線バスが結んでいる。

　この鉄道の痕跡は、廃止後五〇年以上を経て橋脚や路線跡が残っているにすぎないが、奇跡的にカルメンが帰郷の凱旋を果たした駅舎が残っている。群馬県嬬恋村に残る「**北軽井沢駅舎**」である。木造平屋造り、寺院の破風に似たデザインは、長野市の善光寺をモデルにしたともいわれている。欄間には白く「H」の字が並んでいるように見えるが、これはこの駅舎が当時この地に大学村を設けていた法政大学によって寄付されたからである。それまで地蔵川と呼ばれていたこの駅は、軽井沢の北に位置することから、「北軽井沢」と改名され、今ではこの地区の地名にもなった。鉄道は失われたものの、地名の由来を物語る駅舎が地域のシンボルとして残された意味は大きいだろうと想像できる。

　次は、首都圏を走っていた車両を譲り受けて今も走らせていることで知られる長野電鉄。JR長野駅前の地下から出発する列車の終点が志賀高原への玄関となる湯田中駅である。現在の湯田中駅の駅舎のホームを挟んで反対側に、今は使われていない「**湯田中旧駅舎**」が残っており、登録有形文化財となっている。一九二七年に当時の長野電鉄平《ひら》隠《お》線が開通した際に建てられた駅舎で、湯田中駅の初代駅舎ということになる。戦後、山ノ内温泉郷や志賀高原への観光客の増加により駅舎は手狭になり、反対側に鉄筋コンクリートの現駅舎が建てられて機能が移ったが、現在まで残され「楓の館」として交流室、展示室として使われている。

そのほか、富山県南砺市の「**井波町物産展示館**（旧井波駅舎）」、岐阜県美濃市の「**旧名鉄美濃町線美濃駅**」などがすでに廃止となった鉄道の旧駅舎が駅のあったもとの場所で登録有形文化財として命を永らえている駅舎である。井波駅は、一九一五年砺波鉄道の駅として開設され、その後鉄道会社の変遷を重ね、一九七二年加越能鉄道加越線の廃止により、駅も閉じられたが、今も町の物産展示館として使われている。名刹瑞泉寺への玄関口だっただけに、楼閣に千鳥破風がついた寺院風の駅舎である。

旧井波駅舎

こうした歴史的な駅舎が文化財として守られていく一方で、近年になっても地域の顔となってきた駅舎が取り壊されるケースが少なくない。二〇〇六年に取り壊されたJR中央線の国立駅は、今も復元を求める声が強いし、現在都内で最も古い木造駅舎であるJR山手線の原宿駅（現駅舎は一九二四年竣工）は、東京オリンピックまでに取り壊されることになっている。

鉄道の駅はもちろん機能的でなければいけないが、その街

旧北陸線　葉原トンネル
片側交互通行のため信号が設置

に住む多くの人々の思いを背負った施設でもある。登録有形文化財となって今に残る駅舎を見るたびに、その思いは強まる。古都奈良の玄関として長年親しまれた一九三四年建造のＪＲ奈良駅舎は高架化による取り壊しを免れ、現在も市の総合観光案内所として生き延びている。こうした血の通った保存策によりそれぞれの時代を映し出す駅舎などの鉄道施設を少しでも残してもらえたらと思う。

圧巻の旧北陸線のトンネル群

過去の鉄道の遺産として、今は使われなくなった路線の連続したトンネルが残り、道路として使われ続けているユニークな施設が存在する。「**旧国鉄北陸線**」の敦賀～今庄間に残る「**トンネルの施設群**」である。

現在の北陸線は、この区間を長さ一万三八七〇メートルの北陸トンネルで一〇分足らずで駆け抜ける。古代の官道である北陸道の木ノ芽峠の直下を抜けるこのトンネルの開通は一九六二年。現在でも新幹線を除く在来鉄道では日本で最も長い鉄道トンネルである。このトンネルの開通前までは、この区間は明治中頃に建設された、一三ものトンネルで山を越えるルートであった。北陸トンネルの開通後、旧線はほとんどが道路に転用され、撤去された二つを除く一一のトンネル群が登録有形文化財となった。敦賀から今庄までに掘られたトンネルは今でも自動車で通ることができる。単線の狭いトンネルでは車の行き来ができないので、トンネルの両側に信号を設け、交互に青と赤にして片側ずつ車を通しているものもある。また、駅の跡が近くを通る北陸自動車道のパーキングエリアに転用されているところもある。私も自分で運転して全トンネルを通ったことがあるが、もともと鉄道の線路跡に敷かれた道路なので勾配は緩いものの、この間、全く誰にも会わずすれ違う車もなく心細いドライブになった。

この区間では、現在、北陸新幹線を金沢から敦賀まで延伸する工事が始まっており、新たに「新・北陸トンネル」(仮称)の掘削が進んでいる。長さは現在の北陸トンネルよりもさらに長い一九・七キロメートル。今使われている北陸線はおそらく第三セクターとなって存続すると思われるが、これが完成すると、一九世紀、二〇世紀、二一世紀とそれぞれ異なった世紀に造られた鉄道トンネルが三本並行することになる。

技術の進歩により鉄道の高速化とトンネルの長大化が進む中で、明治の人たちが近代化を推し進める過程で鉄道建設に賭けた想いが詰まった旧北陸線トンネル群の佇まいは、技術革新の生き証人というだけでない、さらに強いメッセージを送っているように思う。

最新の鉄道文化財——二〇一六年登録の千葉・小湊鐵道の戦略

都心に近いエリアを走っていながら、沿線の風景も走っている車両もローカル色豊かな風情があることで知られる、千葉県の房総半島を走る「小湊鐵道」。海岸沿いにコンビナートが連なる工業

小湊鐵道　五井機関区

都市市原の玄関、ＪＲ五井駅から一〜二両編成のディーゼルカーが内陸へ向けて走り出す。沿線のほとんどは、昭和の合併で市域が広がった市原市で、終着駅の手前でようやく隣の自治体、大多喜町へ足を踏み入れる。小湊鐵道の名は、外房の安房郡小湊町（現、鴨川市）にある誕生寺への参拝者の輸送を目的に着工されたことに由来するが、上総中野で国鉄木原線（現、いすみ鉄道）に接続した時点で工事が中断し、あたかも、最初から木原線と接続して大原へ抜ける鉄道として建設されたかのように見える。五井〜上総中野間の現在の路線が全通したのは一九二八年。この鉄道も戦前のひなびた駅舎が多かったが、二〇一六年に駅舎や橋梁、トンネル、それに始発駅である五井駅近くの機関区の建造物と上総鶴舞駅の貨物上屋、旧変電所など二二件が登録有形文化財となった。駅舎は正面に庇を突き出して二重の屋根に見える構造のものが多く、同時期に造られたのがわかる。五本が登録された橋梁はすべてトラスがなく、列車が走る姿が丸々見られるのはありがたい。自転車をそのまま車両に積み込めるサイクルトレイン、可愛らしい里山トロッコ号の運行、五井駅での格安な駅弁の販売など、様々な施策に取り組む小湊鐵道だが、「鉄道まるごと文化財」をどう活用していくのか、ユニークな取り組みを期待したい。

駅ナカ婚活に駅ナカ寺院、北条鉄道の生き残り戦略

兵庫県西部にある第三セクターの「北条鉄道」。JR加古川線の粟生《あお》から加西市の北条町まで一三・六キロメートルの短い地方鉄道である。登録有形文化財となっているのは、三駅の四施設だけだが、駅の活用という意味では、全国でも指折りのユニークな駅となっている。

「**法華口駅**」には米粉で作るパン屋さんが併設されているが、駅の名物となっているのはこのパンよりも店長による列車の「お見送り」である。店長の北垣美也子さんはボランティア駅長を兼ねており列車到着ごとにホームで乗客を迎え、列車が出発するときも大きくゆっくりと手を振って列車が見えなくなるまでお見送りをする。全国的に駅のホームに駅員の姿をあまり見かけなくなって久しいだけに、とても新鮮に映る光景だ。

隣の「**播磨下里駅**」は、一転して月に二回「お寺」に変身する。下里庵と名づけられたお寺に、東大阪市の額田寺から僧侶のボランティア駅長がやってきて、読経、清掃、相談、そして御朱印まで応じてくれる。駅が出張寺院となっているのである。

そして三駅目の「**長駅**《おさ》」では、なんと「婚活」が行われている。NPO「婚サポ」のスタッフがボランティア駅長となり、毎週日曜日に「駅ナカ婚活所相談」が行われるのである。登録有形文化財の中で、定期的に婚活が行われているのは、全国広しといえどもここだけであろう。

北条鉄道は、私鉄の播州鉄道の北条支線として一九一五年に開業、戦時中に国鉄に買収されたという歴史を持つ。法華口駅と長駅は開業時に、播磨下里駅はその三年後に建てられた駅舎が今も現役で使われている。それ以外の駅舎はその後に改築されたりして新しくなっているため、当面「鉄道まるごと文化財」とはならないだろうが、関西都市圏に近接するこの鉄道でも存続は大きな課題となっている。実際、同時期に国鉄から第三セクター化された三木鉄道はすでに廃止となっているし、粟生駅で接続する神戸電鉄粟生線も乗客が激減し、存廃の危機に瀕している。北条鉄道では、そのほか「ウサギ駅長」や「子ザル駅長」を登場させたり、様々なイベント列車を運転するなど涙ぐましい努力が続けられている。駅舎やプラットホームが登録有形文化財となることで、そしてその駅舎が地域の核となることで、百年を超す鉄路の歴史が少しでも続くように祈りたいものである。

注

（1）線路のポイントを切り替える転轍機を扱う職名。現在は自動制御になったためほとんど存在しない。宮沢賢治の代表作『銀河鉄道の夜』に、「ほのおのようなくらいぼんやりした**転てつ機**の前のあかりが窓の下を通り…」というくだりがある。

◆コラム6　「登録有形文化財」の観光資源としての注目度

この本を執筆中にたまたま東京と埼玉で路線を展開する西武鉄道の「川越ろまん」という観光パンフレットを手に入れた。その最後のページに写真のような「小江戸国指定登録有形文化財めぐり」というタイトルで、川越市の中心街にある一〇件の登録有形文化財のうち八件を巡るモデルコースが簡単な解説とともに掲載されていて、ちょっと驚いた。

川越は埼玉県最大の観光地といってよく、二〇一六年の入込観光客数は七〇四万人（川越市観光課調べ）と過去最高を記録した。川越藩の城下町であるとともに物資を舟運で江戸に運ぶ商業の街としても栄え、明治以降も埼玉県で最初に市制を施行するなど、埼玉県西部の中心都市として発展している。明治の大火ののち防火のために蔵造りの商家が並んだことや由緒ある神社や寺院も多く、それに加えてＪＲ、東武鉄道、そして西武鉄道が東京と直結していて交通も至便、最近ではインバウンド効果で外国人の姿もきわめて多い大観光都市である。こうした町の生い立ちもあって、市内の中心部に大正から昭和初期にかけて建てられた洋館を中心に登録有形文化財が数多く点在している。埼玉県第一号の登録有形文化財である「旧八十五銀行本店本館」は、今も埼玉りそな銀行の川越支店として営業をしているし、旧釣具店は手打ちそばの店に、太陽軒はちょっと高めの西洋懐石のレストランとして、観光客も立ち寄れる文化財となっている。

〈資料〉西武鉄道発行「川越ろまん」から抜粋　© 西武鉄道

第二章で詳述したように、〝登録〟されるべき登録有形文化財が「国指定」と書かれているのはご愛敬だが、街並み歩きのコース紹介で登録有形文化財だけを巡るコースが紹介されていることからしても、少しずつ注目度が高まっているといってよいのかもしれない。同じ西武鉄道沿線の観光地である秩父市も街歩きでいくつもの登録有形文化財を見て歩ける都市である。「川越ろまん」と同じ体裁の情報誌「秩父ろまん」には残念ながら登録有形文化財の記述は全くないが、ガイドブックに大きく取り上げられる観光スポットではなくとも、いくつもの登録文化財を見て歩くことでトータルとして街の歴史や魅力を知ってもらう、そんな取り組みがもっともっと観光に携わる人たちの間の意識に浸透していけばと思う。

第九章　学び舎を保存する

暮らしや日常に密着しているという意味では、「学校」という分野は、最も多くの人になじみ深い施設群といってよいだろう。誰もが必ず学校へは通っている、あるいは通ったことがあるはずである。就学前の幼稚園や保育園も含めれば、小学校、中学校、高校、大学、そして一部の特殊な学校まで、登録有形文化財は実に多くの学校の校舎や校門、講堂、図書館などをその範囲に含んでいる。例えば、旧帝大を例に挙げれば、九州大学を除く六つの帝国大学で、建物のどれかが登録されている。そしてまだ多くの施設が現役で学生や児童の学び舎であり続けているのもこの分野の特徴だ。

日本に学制が敷かれてからまもなく一五〇年。教育の近代化により日本の発展に寄与してきたこの分野の登録有形文化財を概観してみたい。

木造校舎の想い出

歴史のある学校ということで私たちが思い浮かべるのは、長い長い板敷の廊下に面して教室が並ぶ小学校の木造校舎ではないだろうか？　学校の分野の文化財は実は「指定文化財」の分野でもかなりあって、「旧開智学校」（長野県松本市）、「旧遷喬《せんきょう》尋常小学校校舎」（岡山県真庭市）、「橋本市立

旧鮎川小学校

高野口小学校」（和歌山県橋本市）などが国重要文化財の指定を受けている。これらはメディアや雑誌で紹介される機会も多く、旧開智学校などは松本市の観光名所のひとつとしてよく知られている。

これらほどは有名ではないにせよ、ノスタルジーを掻き立てる素晴らしい登録有形文化財となっている全国の校舎にこれまで多数お目にかかってきた。

その中でもトップクラスの校舎が秋田県由利本荘市を走る第三セクターの由利高原鉄道の沿線にある。この列車からよく見える「**旧鮎川小学校**」である。線路の真横に大きく看板が出ていて、車窓を眺めていればいやでも目に入る。そしてその先に目を移すと、焦げ茶色の平屋の校舎が三棟並行して並び、さらにその隣に少し大きめの講堂が並んでいるのが見える。まさに壮観である。登録名としては、「**旧鮎川小学校北校舎棟**」「**同中央校舎棟**」「**同南校舎棟**」「**同屋内運動場**」の四件である。

これらの校舎群の建築年代は一九五三〜五四年。廃校は二〇〇四年である。地元の良材を使い、どっしりとした重量感にあふれており、中でも目を惹くのが屋内運動場の外観である。細かく格子が入った窓枠はすべて白く縁どられ、外のグラウンドに面した妻面は白い窓枠が最上部まで突き抜け、垂直方向に視線が誘われる。クリスマスを挟んで一一月から翌年の一月まで二か月間は電飾が施され、由利高原鉄道の車内からもライトアップされた姿を間近に楽しむことができる。

鮎川小学校は前身の学校が一八七四年に開校、一八九三年に鮎川尋常小学校となり、一九五四年に現在の場所に移転した。登録有形文化財となった校舎群はそのときに建てられたものである。児童数の減少で二〇〇四年に閉校されると、地域の人の想い出が詰まった校舎を今後も活用していきたいと地域住民や卒業生が中心となって「鮎の風実行委員会」を設立、冬のイルミネーションも実行委員会が実施している。また、校舎を舞台に見学会やミニコンサート、講演会を行うなど、住民が学校に親しみ続けられるような取り組みをしている。さらに、二〇一八年にはこの校舎を活用して「木のおもちゃ美術館」(仮称)[1]が開業する予定で、地元産の木を使ったおもちゃや大型の遊具を置くだけでなく、市内の林業関係者や支援団体の活動の場としても活用していく方針が示されている。小学校の校舎が再び地域のコミュニティの中心となる可能性の高いプランとして今後の動きを注目したい。

学校の重要施設「奉安殿」

学校の登録有形文化財のリストを眺めていると、ときどき目にするのが「奉安殿」という文字である。第二次大戦後には教育現場から姿を消したこの建物は、戦前は学校の中でもきわめて重要な施設であった。というのも、奉安殿の中には、天皇・皇后の写真、つまり「御真影《ごしんえい》」と「教育勅語」が収められていたからである。この前を通り過ぎるときは、職員も児童生徒も全員が立ち止まり服装を正して最敬礼を求められるほど、神聖な建物だったのである。

愛知県一宮市には「旧起《おこし》第二尋常小学校奉安殿」という登録有形文化財がある。とはいえ、小学校の敷地ではなく三條神社の境内にあり、しかも伝統的な神社建築の建物なので、一見すると神社の付属施設のようであるが、実は今も神社の隣にある三条小学校の前身である起第二尋常高等小学校にあったものである。各学校に配布された教育勅語の謄本と御真

旧起第二尋常小学校奉安殿

影は当初は校長室の奉安庫などに収められていたが、より安全かつ厳重に収蔵できるよう、独立した耐火建築が求められるようになった。一八九八年には、長野県で上田尋常高等小学校の校舎が焼失した際、御真影も燃えてしまい、校長が責任を感じて自殺したというできごとがあったことも、独立した奉安殿の建設や奉安殿の耐火化、木造の校舎から離れた場所への奉安殿の移設などへと繋がったと考えられる。ちなみに自殺した校長は、作家久米正雄の父由太郎で、久米の短編作品『父の死』は、その事件がモチーフとなっている。

その後、昭和一〇年代には朝鮮半島や台湾も含むほぼすべての学校にこの奉安殿が設置されたが、

終戦後はＧＨＱの指令で撤去された。しかし、各地にはその指令を潜り抜けひっそりと神社などに移されて、あたかも元から神社の施設であったかのように溶け込んで今に残った一宮市の奉安殿のような例が見られる。私は、横須賀のアメリカ海軍総司令部の中で、奉安殿が今に残されているのを見たことがあるが、ここは戦前は横須賀鎮守府が置かれた場所で、敷地内に海軍の各種学校が設置された時期もあるので、ここにも奉安殿が置かれたのだろう。起第二尋常小学校の奉安殿は、一九二九年に学校の後援会の寄付で建てられたもので、壁や天井は鉄筋コンクリート製の耐火構造になっている。

奉安殿はすでに明治時代には造られていて、登録有形文化財でもその時期のものがあるが、それはまだ木造であった。群馬県玉村町の玉村八幡宮末社の「**国魂神社**」の木造の社殿（一九一〇年建造）は、一九四六年に旧玉村尋常高等小学校から移築された奉安殿で、完全に神社への転用である。

奉安殿の登録有形文化財は、ほかにも「**誓元寺光雲殿（旧常磐尋常高等小学校奉安殿）**」（三重県四日市市）、「**旧大草尋常高等小学校奉安殿**」（広島県三原市）に残るほか、鹿児島県の奄美群島に八件が残されている。奄美大島に四件、加計呂麻島に三件、徳之島に一件で、一件を除いていずれも現役の小学校の中にある。奄美の小学校に多くの奉安殿が残っている理由は不明だが、終戦から一九五三年まで米軍に占領されていたことでかえって奉安殿の撤去が本土ほど徹底されなかったのかもしれない。同様に米軍に占領されていた沖縄は、沖縄戦で徹底的に建物が破壊されてそもそも奉安殿があまり残らなかったので、姿を消しているのかもしれない。ただしこれは筆者の推察にすぎない。

栃木高校図書館

旧制中学の伝統を受け継ぐ現役の高校建築

　小学校の校舎が比較的多く登録有形文化財となっている一方で、現在の中学校の校舎（私立の中高一貫校は除く）の登録はほとんどといってよいほどない。一方で、「旧制中学校」、現在の高校の校舎で登録有形文化財となっているものはかなり多い。そんな名建築の数々を見てみたい。

　北関東には、旧制中学の伝統を引き継ぐ学校の登録が多い。旧制栃木中学は、本館、現在の**栃木高校**「**記念館**」のほか「**記念図書館**」と「**講堂**」が登録されている。栃木中学は、宇都宮に設置された栃木県尋常中学校の分校として設置された。一八九六年に建てられた本館の建物は、地域を代表する中学としてはかなり小ぶりである。指定文化財等データベースの解説文には「木造二階建、寄棟造・桟瓦葺、外壁下見板張ペンキ塗とした全体に質素な形式」と書かれているが、「分校」であったせいか、周囲を圧するようなものものしさはない。

　むしろ、本館よりはもっと小ぶりであるが、図書館のほうがおしゃれで目を惹く建物だ。建設が一九一四年と新しいせいもあるが、玄関回りの装飾や色遣いは洗練された面白さがある。

　この「栃木分校」の本校に当たるのが、現在の宇都宮高校、一八七九年の栃木中学校の設置まで遡れる栃木県最古の中学校である。一八九三年に現在地に移転したのと同時に建てられた「**宇都宮**

宇都宮高校旧本館

高校旧本館」が登録有形文化財となっている。現在は、学校の教育に関する資料を展示する記念館（滝の原会館）として公開されている。正面にドーマー屋根を設け、縦長の窓が高さを強調している。使用されているのは、今では特別史跡、特別天然記念物となっている日光杉並木の木材ということで、地域の文化に寄り添った建物となっている。当時の旧制中学は、ほんの一握りの人しか進学できない超エリート校であった。入学者にとって白亜の建物は、さぞ眩しく輝いていたことだろう。

埼玉・深谷に建つ「巍峨壮麗」の二階楼

戦前には旧制中学のほかに、多くの実業学校が存在した。現在の工業高校や商業高校など、普通科以外の高校に当たる学校である。これらの学校の有形文化財への登録も多く、北関東では埼玉県深谷市の「**埼玉県立深谷商業高等学校記念館**」が白眉であろう。一九二一年に町立深谷商業学校として開校した同校は、翌年現在地に移転、さらに翌年には「県立商業学校」と改称された。埼玉県では初の県立の商業学校と

埼玉県立深谷商業高等学校記念館

なったわけである。当時の県都浦和から遠い深谷に商業学校ができたのは、この地出身の著名な経済人の助力があったからだ。その名は、日本資本主義の父ともいわれる渋沢栄一。彼はこの校舎ができてすぐに学校で講演し、そのおり彼の座右の銘である「至誠」、「士魂商才」と揮毫。その書は今も学校に残り、この二つの言葉が深谷商業の校訓となっている。彼が真新しい校舎で講演をしたであろう本館が、登録有形文化財となっている現、記念館である。宇都宮高校や栃木高校の本館と比べても圧倒的な大きさで、和洋折衷のルネサンス様式の校舎はたいへん優美である。学校の校歌の二番に「巍《ぎ》峨《が》壮麗の二層楼」という歌詞があるが、「巍峨」という高々と聳えるさまを表す難しい漢語が使われているのは、まさにこの校舎を見た印象を謳っているのであろう。近年は老朽化が進んでいたが、二〇一一年から復原工事が施され、開業時の鮮やかな色彩に戻された。復原前は一九九四年の工事により白一色の塗色だったが、上面塗膜を落とすと緑色の塗料が確認され、最終的には下見板は萌黄色、窓枠は緑色、屋根鉄板は深緑色で復原することとし、今見られる創建当時と推定される校舎が甦ったのである。地域のシンボルとして、また記念館として学校の歴史を展示する施設に利用されるだけでなく、コラム2に記述したように、連続テレビ小説などドラマのロケ地にも使われるなど、復原により大正

小牧高校正門門柱

期の校舎が再び輝きを取り戻している。

校門のバラエティ

校舎は老朽化や学生数の増加への対応などで建て替えが進むが、機能的に新築の必要性がない校門だけが古いまま残されて、その校門、あるいは正門だけが登録有形文化財なっているケースが各地にある。「市立港中学校門柱（旧花園橋親柱）」（横浜市中区）、「旧鹿児島県立尋常中学校門」（鹿児島市）、「宇都宮白楊高校正門」（宇都宮市）などをリストから拾うことができる。

二〇一七年三月の答申では、現役の愛知県の高校のうち「旭丘高校正門門柱」、「小牧高校正門門柱」など、実に一三校もの門柱だけが一気に登録有形文化財に名を連ねた。どの学校も門柱以外の登録有形文化財はなく、学校内で門柱だけが登録有形文化財というケースである。ただし、岡崎高校（旧愛知県立第二中学校）だけは、第二尋常中学校時代の講堂がすでに登録有形文化財となっているので、学校としては二件目の登録（ただし、所在地は岡崎高校の現在地とは離れている）ということになる。各高校の前身の学校は、旧制中学校、女学校、実業学校など様々だが、一九〇三年頃から一九三八年にかけて建てられた門柱は少しずつ様式が変わっており、じっくり見ると興味深い。

このように一斉に登録されたのには理由がある。二〇一五年に愛知県の文化財保護室が一九四八年以前に開校した五四の県立高校の歴史的建造物のうち工作物の調査を行い、二〇件を越す門柱の存在が確認された。そのうちの一三校の門柱が今回一括して登録されたのである。中でも大正末期から昭和の初めにかけて造られた七校の門は、いずれも主門柱二本と脇門柱二本の計四本で構成されていること、また柱身がブロックを積み重ねたようなデザインになっていることなど鉄筋コンクリート造であることも併せて共通の仕様であることが確認されている。これは愛知県で中等学校が相次いで新設された時期に重なり、県が共通の仕様で門の建設を進めた可能性が感じられる各門の相似である。校舎の文化財は、それが現役の場合、ふらっと学校を訪ねても中を見せてもらえるケースは多くないが、門柱であれば敷地の外からもじっくり見ることができる。愛知県の調査で一気に一三もの門柱の登録有形文化財に結びついたことを考えると、まだまだ文化財関係者には知られていない歴史を物語る門やその他付帯施設が多くの学校に息づいているのかもしれない、そんなことを思わせる今回の登録であった。

大学は登録文化財の宝庫——東京大学の建築物群

小中学校から高校へ、そして大学へ。進学率が五割に達したとはいえ、大学は今も最高学府であり、高校までとは一線を画す存在感を誇る。戦後の新制大学は、帝国大学を含む旧制の大学から、旧制高校、高等専門学校、高等女学校などを包摂する形で生まれたが、戦前からの歴史を誇る多彩な出自の学校には、登録有形文化財も多い。重要文化財の校舎もすでに慶応義塾大学、早稲田大学、同志社大学、神戸女学院大学などに見られるが、ここではこの本のテーマ通り、キャンパスに建つ登録有形文化財に焦点を当てたい。

東京大学安田講堂

まずは、名実ともに日本の大学の頂点にあるといってよい東京大学。文京区本郷・弥生、目黒区駒場、そして千葉県の柏市などに主要なキャンパスがあるが、東京帝国大学としての歴史を刻み、赤門や安田講堂などがある東大の中心本郷と、旧制第一高校（それ以前は、駒場農学校）のキャンパスが戦後、東大教養学部のキャンパスとなった駒場から見ておこう。

その東大のシンボル、赤門は、「旧加賀屋敷御守殿門」という正式名称で国重要文化財となっているが、もうひとつのシンボル安田講堂は「東京大学大講堂（安田講堂）」の名で登録有形文化財に登録されている。東京の登録有形文化財の第一号であり、登録プレートにも0001番の文字がある（各都道府県のナンバーワンについてはコラム5参照）。建設は関東大震災後の一九二五年。真ん中に聳える塔を強調するゴシック様式でありながら、背面のホールはドイツの表現主義の特徴が見られる。鉄筋コンクリート造だが、赤茶色のタイルが全面に貼ってあり、一見煉瓦造りにも見える。一九六八年から六九年にかけての東大紛争で、学生たちが講堂を占拠、それを排除しようとした機動隊との間で攻防戦が繰り広げられたため、安田講堂は学生運動のシンボルともなった。紛争の終結後もしばらくはほとんど使われず、紛争の九年後に入学した私も、四年間の大学生活で安田講堂に入ったのは入学直後の健康診断のときだけである。安田財閥の創始者である安田善次郎が寄付し、東大の象徴ともいうべき建物が新入生の健康診断くらいにしか使われていなかったことに、当時も寂しく感じたものである。一九九〇年に大改修が施され、翌年からは卒業式や学位記授与式が講堂内で行われるようになり、ようやく威厳を取り戻した感がある。

東京大学野球場

本郷キャンパスには、そのほか、赤門よりも少し北寄りにある「正門」（設計は伊東忠太）と「門衛所」、「工学部」と「法学部」などの校舎が登録されている。校舎群はいずれも昭和初期に建造されたスクラッチタイルが貼られた焦げ茶色の重厚な建物で、非登録の校舎も含め、キャンパス全体にアカデミックな雰囲気をもたらしている。

農学部が入る隣の弥生キャンパスには、ユニークな文化財が一件ある。**野球場の「観覧席、ダッグアウト及びフェンス」**が登録有形文化財となっているのだ。東京六大学のチームの中では、圧倒的に弱い東大野球部だが、一九三七年に造られたこの施設は、全国の登録有形文化財一万一千件で、たったひとつ野球場の施設として登録されていることは、万年最下位の成績とは別にもっと知られてよいだろう。

一方、駒場キャンパスのほうは、これもキャンパスのシンボルである時計台のある**「一号館（旧制一高本館）」**が登録有形文化財である。真ん中に塔を仰ぐゴシック建築は、安田講堂より八年遅れで建設されたものとはいえよく似ている。どちらも基本設計は東大総長を務めた内田祥三である。こちらのほうは中に教室がたくさんあり、学生時代にはここで多くの授業を受けた。駒場キャンパスにはほかにも「一〇一号館」「九〇〇番教室（講堂）」「駒場博物館（以前は書庫、閲覧室）」などの戦前の建物があるが、現時点では文化財登録とはなっていない。また、駒場キャンパスに近い先端科学技術研究センターの十三号館も、スクラッチタイルで覆われた昭和初期の建物で登録文化財である。かつての**「東京帝国大学航空研究所本館」**として建てられたものである。

旧制一高本館

京都大学の多彩な建築群

学生の街、京都。洛中に点在する戦前からの大学のキャンパスには、様々な来歴を持った登録有形文化財が多いが、まずは京都大学を見てみよう。本部のある吉田キャンパスには、京大のシンボルともいえるこちらも時計台を持つ校舎がある。安田講堂と同じ一九二五年の建造で、今は百周年時計台記念館と呼ばれているが、文化財登録はされていない。

京都市内にある「**京都大学**」の名称のついた登録有形文化財は全部で一〇件あるが、そのうち吉田キャンパスにあるのは、「**総合人間学部正門**」「**同門衛所**」「**本部構内正門**」「**文学部陳列館**」「**尊攘堂**」の五件で、残りの五件は別の場所にある。

京都大学尊攘堂

尊攘堂は、校舎が並ぶキャンパスにあって一見大学内の建物にそぐわない明治の香りがする擬洋風建築で、丸い窓や玄関ポーチなどが異彩を放っている。尊攘堂の名は、松下村塾で学び明治維新後は内務大臣や枢密顧問官などを務めた子爵品川弥二郎が明治維新で尊攘の功があった人々を記念して建てた建物に由来する。品川の死後、松陰の遺墨などを収めるためにキャンパス内に建てられたのがこの尊攘堂である。現在は、文化財総合センターの資料室として埋蔵文化財の展示などに使われている。通常は非公開だが、研究センターの事務室に連絡すれば内部を見学することは可能だ。

近くにある「京都大学楽友会館」は、白壁に赤っぽい屋根瓦が映えるスパニッシュスタイルの建物で、京大創立二五周年を記念して同窓会館として一九二五年に建造されたものである。さらに、農学部に近い北白川の住宅街にある「人文科学研究所附属漢字情報研究センター」という長い名前の施設があるが、こちらも一見してスパニッシュスタイルとわかる建物である。設計の一人が第四章で紹介した武田五一。もともと東方文化学院の京都研究所として建てられたものだが、〝東方〟文化とは縁遠いスタイルで、規模も大きく塔屋もついているので、とても目立つ建物である。現在は、東アジア人文情報学研究センターと名前が変わり、漢字文献のデジタル化やIT技術を取り込んだ人文情報学の研究拠点となっている。中で研究されている内容は技術の急激な進展で変わっても、建物だけは九〇年近い歳月を経て周囲に溶け込みながら存在を主張し続けている、そんな風格が感じられる建物である。

京都大学人文科学研究所附属漢字情報研究センター

また、そのほか、以前は、京都大学所有の「清風荘」という建造物群も登録有形文化財であったが、二〇一二年に国重要文化財となった。江戸時代までは京都の公家である徳大寺家の下屋敷であったが、明治末期に二度首相を務めた西園寺公望(2)の別邸として整備されることになり、数寄屋風の近代和風住宅が一九一二年に完成した。一九四四年に京都大学に譲られ、以降、京大の迎賓館的な役割を果たし続けた。建物を取り囲む庭園は、作庭の名手七代小川治兵衛の手によるものでこちらは国の名勝である。一般には非公開なのが残念である。

京都にはほかにも、同志社大、同志社女子大、平安女学院大、大谷大などに登録有形文化財が目白押しである。「**同志社大学**」は、創立当時の建物が国重要文化財に指定されるなど、京大以上に風格のある建物が並ぶが、宣教師の自邸である「**フレンドピースハウス**」や図書館本館として建てられた煉瓦造りの「**啓明館本館**」など、味わいのある洋館がキャンパス全体の雰囲気を和らげている。「**平安女学院**」の「**明治館**」「**昭和館**」の二棟の建物も、和テイストの京都の町にあって、前者はクイーン・アン・リバイバル様式[3]、後者は鉄筋コンクリート造の上半分に煉瓦を貼った独特のスタイルで、京の町にハイカラな風を送り続けている。

平安女学院昭和館

旧帝大の登録文化財

見事なポプラ並木やクラーク博士像があることで知られる「**北海道大学**」も文化財の宝庫だ。札幌駅の近くにある本部キャンパスには、農学部の第二農場にある事務所や牛舎など九施設が国の重要文化財となっていて見ごたえがあるが、もう一棟目を惹く美しく優美な建物がある。こちらが登録有形文化財の「**古河記念講堂**」である。まだ東北帝国大学農科大学だった時代の一九〇九年に建てられた真ん中に小さな塔を乗せたマンサード屋根が特徴の左右対称の二階建て洋風建築である。足尾銅山などを経営した古河財閥の寄贈によるもので、林学教室として使われるために、窓などに「林」の字がデザインのモチーフとなっている。

北海道大学古河記念講堂

古河記念講堂の正面玄関

本部キャンパスでは、前身の札幌農学校時代の建物三棟も登録有形文化財である。赤煉瓦造りに窓が多く取り付けられた「**図書館書庫**」、木造平屋だが二基の塔屋がついた「**図書館読書室**」、上げ下げするガラス窓が左右対称に配される「**昆虫及養蚕学教室**」など、規模は古河記念講堂に比べてはるかに小さいがどれも個性的な建物である。北大は昭和初期のスクラッチタイルに覆われたいわゆる帝大スタイルの建物も多いので、木造や赤煉瓦の建物は札幌農学校時代の素朴な雰囲気をキャンパスに与えるアクセントになっているように見える。また、北大はJRの駅を挟んだ南側に付属植物園と博物館を持っているが、こちらも博物館の本館など四棟は国重要文化財だが、本部キャンパスから移築した「**動植物教室**」が植物園の庁舎として使われており、登録有形文化財である。

「**大阪大学**」では、旧制浪速高校時代の校舎として建てられた「**共通教育本館**」、医学部付属病院の分院として建てられた「**待兼山修学館**」の二件が登録されている。「**名古屋大学**」では旧県立病院及び県立の医学専門学校時代の**門**と**外塀**が現在の医学部附属病院の門に転用されているのと、後述する戦後の建築である「**豊田講堂**」のみが登録されている。「**東北大学**」は、旧帝大時代の「**図書館閲覧室**」など五件に二〇一七年七月、登録の答申が出された。九州大学だけは、今のところ、キャンパス内に登録有形文化財は一棟もない。

大阪大学共通教育本館

キャンパスから遠く離れた施設

前項で北大の札幌市内のキャンパス・植物園内の文化財について触れたが、北大はほかにも苫小牧、二風谷の道内二か所の研究機関の施設が登録有形文化財になっている。さらに北海道から遠く離れた紀伊半島の山の中に、さらに一棟登録有形文化財の研究室を持っている。場所は、和歌山県古座川町。本州最南端の自治体串本町の中心部から清流で知られる古座川とその支流平井川に沿って、国道とはいえ途中行き違いも困難な細い山道を延々一時間ほど走ってようやく辿り着けるほど遠い。もし北大のある札幌市から来ようと思ったら、羽田空港で南紀白浜空港行きの航空便に乗り継ぎ、空港から車で一時間半ほど山道を走破してようやく辿り着ける場所にある。木造二階建て、

北海道大学和歌山研究林本館

一見すると町村役場の庁舎のような趣のあるH型の平面を持つ下見板張りの建物で、両翼部は妻面を見せる造りになっている。声をかけたら研究員の方に中を見せていただくことができた。登録有形文化財の名称は「**北海道大学和歌山研究林本館**」である。どうして北大の研究施設が紀伊半島の山深き地にあるかといえば、農学部で暖帯林に関する研究・教育施設が必要だったからである。周辺に宿泊施設はなく、この本館自体に研究者や学生は寝泊まりすることになるため、本館に接続する形で裏に宿泊棟がある。講義室の床はスダジイ、浴槽はコウヤマキ、階段はケヤキなど研究林の木材を使って建てられたと考えられるこの建物、林業の研究施設にふさわしい造りといえよう。貴重な動植物の標本も所蔵しており、

京都大学理学部附属地球熱学研究施設

京都大学理学研究科附属地球熱学研究施設
火山研究センター本館

それらも見せてもらうことができた。日本の霊長類研究の礎を築いた京大の今西錦司博士が宿泊した際の「宿帳」も残されている。

こうした「フィールド＝研究対象」に近い施設は、第五章で紹介した信州大学の研究施設となっている上高地の旧養魚施設のように多くの大学で見られるが、先述した京都大学は九州に二つの登録有形文化財の物件を研究施設として有している。別府市にある**「京都大学理学部附属地球熱学研究施設」**と熊本県南阿蘇村にある**「京都大学理学研究科附属地球熱学研究施設火山研究センター（旧京都帝国大学阿蘇火山研究所）本館」**である。

別府市の施設は、市街地の高台に建つ赤煉瓦二階建ての建物で、真ん中に聳える塔のほか、白い石貼りの部分と赤煉瓦のコントラストがとても美しい。別府といえば日本一の湧出量を誇る温泉として知られ、日本最大の地熱地域でもある。またここから西には、九重、阿蘇、島原にかけて二〇〇キロメートルの地溝状の構造が見られ、地球熱学の研究の拠点としては最適の場所であるとして、一九二四年に研究施設が開かれ、そのまま建物が残されているのだ。毎年秋に一般向けに施設内が公開されている。

また、この施設の分館的な意味合いで、火山活動が今も盛んな阿蘇に一九二八年に火山の研究施設が開所した。それが旧京都帝大の阿蘇火山研究所で、別府の施設よりも五年遅れて建てられた。こちらは中央部が塔のようになった鉄筋コンクリートの六階建てで、外壁に傾斜がついていたり、直径の太い柱が使われるなど、一見すると戦後の現代的な建物に見えるものの、実際は昭和初期の遊び心のあるデザインや意匠にあふれた建物である。ただ、残念なことに二〇一六年の熊本地震により、建物や敷地に亀裂が多数入り、二〇一七年夏現在は、阿蘇市の小学校に研究機能を移転している。

地方の国立大学の文化財

旧帝大ではない戦前の大学や高等専門学校、あるいは旧制高校の建物で現在に受け継がれているものにも、私たちは登録有形文化財として出会うことができる。

「長崎大学」の前身のひとつは、長崎高等商業学校であるが、当時の建物が三件登録有形文化財となっている。そのうち、商業学校の研究館として赤煉瓦で建てられたのが現在の「瓊林会館《けいりん》」である。瓊林会は、長崎高商や長崎大学経済学部の同窓会を基盤とした公益活動組織で、「瓊」の字は、長崎の古名「瓊《たま》之浦」から採られている。同じキャンパス内には、高商時代の倉庫と石造りの

長崎大学瓊林会館

新潟大学旭町学術資料展示館

橋が併せて登録されている。

「**新潟大学**」には、旧師範学校時代の登録有形文化財がある。「**旭町学術資料展示館**（旧新潟師範学校記念館）」という名称で、一九二九年に鉄筋コンクリートで建てられた比較的小ぶりの建物である。もともと教室などを配置する校舎ではなく、児童博物館として建てられたもので、現在は、新潟大学の資料を一般に展示する施設に転用されている。また、新潟大学の医学部の煉瓦造りの正門は、両側に伸びる塀と併せて、「**新潟大学医学部**（旧新潟医学専門学校）**表門及び煉瓦塀**」として登録されている。

松江にある島根大学には、ちょっと変わった施設が残されている。大学のキャンパスとは別の住宅街の中にある一般の民家で、旧制高校時代の外国人教師の住まいとして建てられたものである。「**島根大学旧奥谷宿舎**（旧制松江高等学校外国人宿舎）」というのが登録有形文化財としての名称である。二階正面が大きく張り出し、その下に玄関ポーチを備える洋風建築で、一九二四年の竣工である。第二次世界大戦前は、旧制高校の教師、戦後は島根大学の英語教師らが実際に暮らしていた。松江で外国人といえば、ラフカディオ・ハーンが思い浮かぶが、この宿舎に住んだ教師の中には、「第二の小泉八雲」として慕われ多くの教え子に薫陶を授けたフリッツ・カルシュ博士も含まれる。(4) その後も大学教職員宿舎として利用されていたが、現在は大学のサテライトミュージアムとして一般公開され、展示やイベントを行う施設に活用されている。敷居が高い大学の施設がこうして住宅街の中にあって市民に開かれているのは、地域と大学を繋ぐ架け橋として活用される理想的な事例といえるだろう。

島根大学旧奥谷校舎

ユニークな校舎たち

これまで見てきたのは、比較的オーソドックスな学校らしい文化財といえるが、外観、景観という視点でより特徴的なものをいくつか挙げてみたい。この写真の「円形校舎」は、三重県朝日町にあるその名も「**朝日小学校円形校舎**」という登録文化財である。円形校舎は一九五〇年代に全国で造られた様式で、考案者はこの朝日小学校の建築も担当したほか全国各地で円形校舎を設計した坂本鹿名夫である。円形にすると、廊下や壁が少なくて済むため建設コストが下がるほか、

朝日小学校円形校舎

狭い土地を有効活用できることや全方向から風が入って風通し・日当たりともに良いことなどから全国で一〇〇棟以上が建てられた。しかし、老朽化を迎える年代に入り、相次いで解体されており、今も見られるのは、大阪の清風学園などわずかになっている。

全国にはミッション系の学校が数多くあるが、これらの学校には教会や礼拝堂がつきものだ。同志社大学今出川キャンパスにある礼拝堂のように国重要文化財となっているものもあるが、登録有形文化財では、東京女子大学の講堂及び礼拝堂、九州学院の講堂及び礼拝堂、礼拝堂の名はついていないが、礼拝堂として使われるノートルダム清心女子大学ノートルダムホール東棟などがある。

杉並区にキャンパスがある「**東京女子大学**」は、本館をはじめ七棟の建物が登録有形文化財となっており、その全てが第四章で述べたアントニン・レーモンドによる設計である。正門の左右対称の「**本館**」も美しいが、正門を入ってすぐ右にある「**講堂・礼拝堂**」は、特筆に値する建築である。この特に礼拝堂内部の幾何学的な細かい窓のような色ガラスは息をのむほどの素晴らしさである。この教会にはモデルがあって、パリ郊外のル・ランシーという町に、フランス人建築家オーギュスト・ペレが建てたノートルダム教会にきわめて似ている。コンクリートの打ちっぱなしの中の全面の色ガラスはモダニズム教会建築の傑作であり、レーモンドはためらわずにこの建築をすでに日中戦争が始まって息苦しくなりつつあった日本に導入した。相当なインパクトをここに集う人々に与えたことだろう。女子大の施設で自由な出入りはできないが、時折開かれるコンサートや大学祭などの折には訪れることができる。

戦後の講堂建築で登録有形文化財となっているのが、名古屋大学の中心的な施設である「**豊田講堂**」だ。一九六〇年の建築でこちらもコンクリートの打ちっぱなし。設計はテレビ朝日本社や幕張メッセなどの作品で知られる槇文彦。名古屋大学はかなり広い敷地に平面的に校舎が散らばり、しかもキャンパス内を一般の道路が通っていて正門らしきものもない。そんな中、豊田講堂は三階という低層ではあるが、いわば門の役割を果たすべくキャンパスの中心で存在感を放っている。トヨタの名は、もちろん寄付をした地元のトヨタ自動車から採られているが、前身の豊

東京女子大学本館

名古屋大学豊田講堂

田自動織機を設立した豊田佐吉の名に因んでいるので、企業名の「トヨタ」ではなく、「とよだ」と読ませている。

幼稚園、保育園とそのほかの学園施設

学校のくくりに入れていいかどうか迷ったが、就学前に子供たちが集う場という意味では、機能が近い幼稚園、あるいは保育園にある登録有形文化財の建物にも触れておきたい。

幼稚園として建てられたものの今は別の用途に使われているものに、「**倉敷市歴史民俗資料館**」がある。オリジナルは一九一五年というから大正四年に建てられた旧倉敷幼稚園の園舎である。木造平屋建てで桜の紋章の下のアーチ状の玄関を入った奥に遊戯室として使われた柱が一切ない八角形の棟が接続している。子どもたちが安全に走り回れるために支柱を使わないようにしたのは、当時としては画期的な配慮である。八角棟の天井は花弁状に折り上げてあり、放射状に八分割されている、とてもハイカラな造りである。

倉敷市歴史民俗資料館

同じ倉敷市では、「**若竹の園保育園**」の施設も「**事務室棟**」、「**幼児保育南棟**」の二棟が登録。こちらは同じ大正時代でも木造平屋スレート葺きで屋根のフォルムもシンプル。そして今も現役の保育園として使われている。

東京都国立市には、「滝乃川学園本館」という登録有形文化財がある。滝乃川学園は、石井亮一、筆子夫妻により創設された日本最古の知的障害児者のための福祉施設である。一八九一年に起きた濃尾大震災による孤児を救おうとしたのが学園の始まりで、滝乃川の名は、当初施設が置かれた北豊島郡滝野川村（現、北区滝野川）に由来する。この本館は、一九二八年に建てられたもので、随所に障害児者への配慮がされているのが大きな特徴である。階段は一段一段が低くゴム張りがされている。廊下は災害時の避難を想定して広めにとってある。白い壁に赤い屋根、そしてドーマー窓の上は青く塗られており、明るい雰囲気を出そうとしたのが読み取れる。三代目の理事長を渋沢栄一が務めているほか、皇族の来訪も多く、明治期に輸入されたアップライトピアノは、行啓された美智子皇后陛下が弾かれたことも学園の誇りとなっている。現在一階は創設者の石井夫妻の記念館となっているほか、二階の講堂では様々なイベントが開かれている。近所の人は園内が近道になるので朝晩敷地内を通っているなど開かれた園でもあり、事前に申し出れば記念館の見学も含め、内部を見て歩くことができる。こうした施設の建物が登録有形文化財となり、関心のある人が見に来ることで、間接的に学園そのものへの理解も深まる。記念館として公開されているのは、活用という意味でも好ましい事例であろう。

滝乃川学園本館

注

（1）東京・四谷にある「東京おもちゃ美術館」が監修を予定している。

（2）西園寺は、徳大寺家出身で公純の次男、二歳で西園寺家へ養子に入り、のちに家督を継いだ。

（3）一八世紀前半アン女王の時代にイギリスで生まれた地味で伝統的な「クイーン・アン様式」を復古させたもの。

（4）ギリシャ生まれの作家、日本研究家。一八五〇～一九〇四。四〇歳で来日、島根県尋常師範学校（現、島根大学）などの英語教師となる。小泉セツと結婚し、小泉八雲と名乗る。

◆コラム7　学校に設けられた茶室

お茶は、中国から日本に持ち込まれたものだが、その後我が国では、茶の湯としての伝統が確立し、戦国時代から江戸期にかけては武家を中心に発展、明治以降も政治家や実業家らがその世界を受け継いだ。その茶の湯の「場」である茶室は、江戸期にも近代に入っても全国で無数にといってよいほど建てられた。国宝に指定されている茶室も、待庵（京都府大山崎町）、密庵《みったん》（京都市北区）、如庵（愛知県犬山市）と三件を数えるが、登録有形文化財にも茶室や茶室の付属施設である「待合」などが併せて一〇〇件ほどもある。

そんな登録有形文化財の茶室には、学校の中に設けられたものもある。福岡市にある仏教系の中高一貫女子校である筑紫女学園に二棟の茶室と待合が一件、そして長野県飯綱町には小学校に設けられた茶室がある。どちらも、別の場所から移築されたものではなく、最初から学校の中に茶室として設けられたものである。

全国高校女子駅伝の優勝経験もあるなど運動部の活動が盛んな一方、進学実績も目覚ましい「筑紫女学園」は、浄土真宗本願寺派系の学校で、福岡の中心部に校舎がある。周りにはマンションなどが立ち並ぶ敷地に、一九四〇年に建てられた「**洗心庵**」と一九五五年に建てられた「**香風亭**」がある。洗心庵は軽快な外観の中に六畳の水屋と四畳半の茶室が配され、周囲に樹木が植えられているせいか学校の中にいるとは思えない落ち着いた佇まいである。学校創立三〇年と創立者で初代校長の水月哲英の古稀を祝って建てられたもので、香風亭と併せて今も茶道部の活動に使われている現役の施設である。

一方、黒姫山や戸隠山などの北信五岳を望む飯綱町の「**三水《さみず》第一小学校**」にも、構内に「**茶室**」が設けられている。歌人であり茶人でもあったこの小学校の前身、三水学校の第八代校長白鳥義千代が学校で茶道講習会を開くようになり、その教育的効果を知った当時の三水村長が学校に寄進したのがこの茶室である。完成は一九四二年、以来この学校の子供たちの礼法の時間などに利用され、今も授業として児童全員が茶道の基本を習うほか、茶道クラブの児童もここで活動している。また、地域住民もこの茶室を利用するなど、小学校に茶室があることで、ここが地域活動の拠点のような役割を果たしている。

筑紫女学園洗心庵

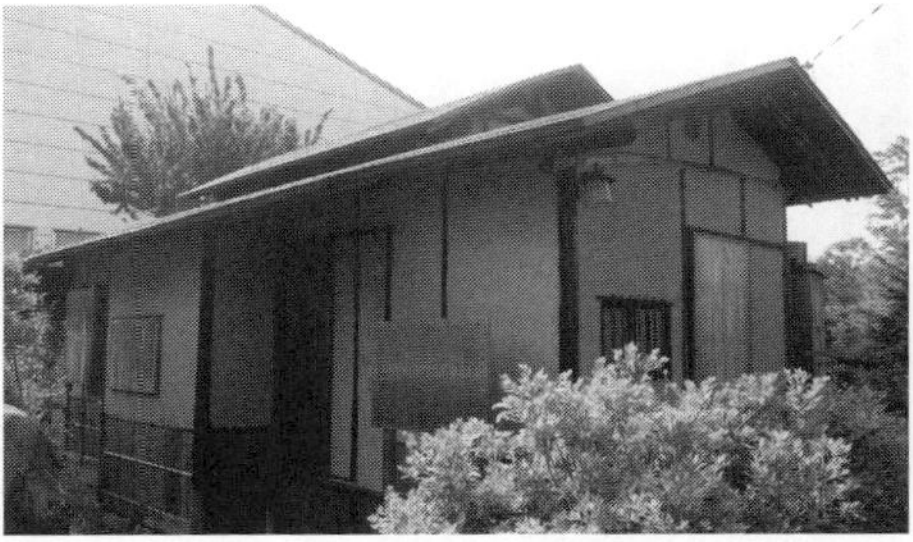

三水第一小学校茶室

筑紫女学園の茶室も三水第一小

学校の茶室も一般に公開されているわけではないが、あらかじめ電話で見学したい旨を伝えたら、快く中まで見せていただけた。

畳が次第に住居から消え、正座をすることも抹茶を点てる機会も失われつつある中で、伝統文化を学ぶ場が校内の文化財登録の施設で確保されている両校は、先人の慧眼の恩恵を見事に受け継いでいるように感じた。

第十章　生糸を支えた建築群

日本の近代化を支えた蚕糸業

登録有形文化財は、民家や学校、あるいは日本酒、味噌、醤油などの日本古来の醸造業の遺構などを多く登録してきた一方で、明治以降の産業の近代化の歩みもよくとどめているという一面もある。幕末の開国後に外国人の力を借りて進んだ技術を取り入れることにより、日本は近代化を推進してきた。その分野は多岐にわたるが、幕末から明治、大正を経て昭和に入ってからも戦前までは、我が国の最大の輸出品で、これがなければ大砲や軍艦を買う資金も、高価な機械を買い入れる資金も調達できなかった、つまり日本の重化学工業や軍需産業の発展・充実を一貫して支えてきたのは、繭から生糸を作る「絹」にかかわる産業であった。

絹織物は、西陣や羽二重、紬などの名前を持ち出すまでもなく、日本の伝統的な産業のように思えるが、江戸時代の中頃までは、日本では生糸の供給は国内だけでは全く賄えず、必要な生糸のほとんどを中国からの輸入に頼っていた。その購入代金として、石見銀山や佐渡金銀山の銀が中国へ、さらに中国と貿易をしていたヨーロッパ諸国へと大量に流れていた。銀の流出を食い止める策として、徳川幕府は各地で養蚕を奨励し、江戸中期以降は次第に国産の繭で国内の生糸需要を満たせるようになってきた。こうして、生糸生産国となった日本は、一九世紀の半ばに開国を迎えた。おりしもヨーロッパの絹織物産地では蚕の伝染病の蔓延により生糸の供給不足に陥っていたため、日本の生糸が飛ぶように輸出された。とはいえ、細々と家内制手工業で生産された生糸は品質も不揃いで、最初はもてはやされたものの、次第に買い叩かれるようになった。開国したものの生糸とお茶くらいしか海外に売るものがなかったため、明治政府は危機感を強め、良質の生糸の生産のために、官営で製糸場を開くことにした。それが、二〇一四年に世界遺産に登録された群馬県の富岡製糸場である。

生糸の生産には、良質な繭を作る蚕の卵（蚕種）を生産する農家、蚕を飼って繭を作らせる農家、繭を集めて生糸にする製糸家、それを海外に輸出するための輸送や貿易にかかわる業者、そしてもちろん、国内で生糸を織物にする業者など、様々な人がかかわっている。そして、この養蚕・製糸・絹織物業に関連する歴史遺産が数多く登録有形文化財となっている。

登録有形文化財がひとつの産業にどのくらい深くかかわっているかの事例として、この章では養蚕と製糸をあわせた「蚕糸業」の文化財を見ていきたい。

バラエティ豊かな養蚕農家

蚕を飼育して繭を生産する養蚕農家。大量の蚕を飼うためには、広い空間が必要である。また、蚕は気温や湿度の管理が難しく、一晩ぐっと冷え込んだ際に蚕を温める手段を取らなければ、翌朝には飼育していたすべての蚕が全滅するということも珍しくなく、目を離すことができない繊細な生き物であった。「蚕」の字が、「天」と「虫」に分解できるのは、美しい生糸は天からの贈り物という意味と同時に、飼育するのに天候に左右される人智の及ばない虫、という意味も含まれている。したがって、蚕をできるだけ間近で飼育できるように、人が住む母屋と同じ棟で蚕を飼育するのが一般的であった。そのため、民家といえば平屋がほとんどだった農村で、蚕を飼うスペースを確保するため、総二階の民家が登場するなど、養蚕に特化したいわゆる「養蚕仕様の民家」が江戸後期から明治にかけて各地に登場するようになった。世界遺産として知られる「白川郷と五箇山の合掌造り」があれほど巨大な民家となったのも、大家族であったこともあるが、二階以上は主に養蚕のためのスペースとして使われたからである。

小茂田家住宅主屋

この写真は、伊勢崎市にある明治初期建造の「**小茂田家住宅主屋**」、特徴は屋根の上に乗る三基の「櫓」であろう。この「櫓」は、「天窓」や「越屋根」など呼び方は地域で差があるが、蚕を飼うスペースの温度や湿度を管理するためのものである。櫓には空気を抜くための窓があって、開け閉めができる。群馬県は、富岡製糸場が立地したことでもわかるように、幕末にはすでに有力な生糸産地のひとつであった。さらに、伊勢崎市には富岡製糸場とともに世界遺産となった田島弥平旧宅という養蚕民家（実際は、蚕の卵を生産する蚕種製造農家）があり、弥平は当時の最先端の養蚕技術を編み出し、その実現のために屋根に櫓を置く巨大な民家を自宅の主屋に

佐藤家住宅主屋

採用した。のちに養蚕民家のモデルとなった模範農家である。小茂田家は利根川を挟んで田島家とは対岸に位置するが、直線距離で三キロメートルほどと近く、このエリアには蚕種を生産する大きな農家が集中した。小茂田家も繭を生産して出荷する普通の養蚕農家ではなく、蚕種・養蚕の先駆的指導者で長沼組という蚕種製造の結社を興した小茂田藤橘が、養蚕技術の伝習所「親仁館」として活用した建物である。小茂田家の敷地には、ほかにも蚕の飼育や蚕種の貯蔵だけに特化した蚕室が残っており、こちらも井戸や蔵と並んで登録有形文化財となっている。

こちらは、甲州ワインの産地として知られる甲州市勝沼にある民家「**佐藤家住宅主屋**」で、屋根の真ん中部分が高く持ち上がっている「突き上げ屋根」となっている養蚕民家である。特徴ある屋根は、飼育空間の確保と採光のための工夫で、甲州市一帯で発達した様式である。佐藤家住宅は江戸後期の建造である。

この写真の住宅も越屋根が乗った典型的な養蚕民家であるが、こちらは兵庫県北部、豊岡市の郊外にある「**赤木家住宅**

赤木家住宅主屋

主屋」である。一八七〇年の建造で二階建てだが、一部は三階になっており、そこが蚕室として使われた。兵庫県北部の但馬地方も山がちで養蚕が盛んな地方の一つであった。創業当時の富岡製糸場にまとまって工女を派遣していた地域でもある。ちなみに赤木家は、生涯をかけて砂防事業に取り組み「砂防の父」と呼ばれた赤木正雄の生家で、二〇一三年、敷地の中のやはり登録有形文化財となっている作業場を氏の業績を伝える展示館として整備、一般公開をしている。主屋やこの作業場を含め赤木家は一五棟の建物が登録有形文化財となっているが、円山川の氾濫が繰り返された場所にあるため、石垣で敷地全体を高くしてある。赤木が砂防の道に歩んだことと水害と戦った土地柄の生まれであることにはそれなりの関連があるのではないかと思わせる立地である。

各地に残る製糸工場や製糸家の邸宅

栃木県野木町に残る登録有形文化財、「旧新井製糸所」。事務室として使われた和風の住宅とその横に二棟縦に並んで建つ蔵の三棟が登録されている。一番目を惹くのが二階建ての

旧新井製糸所煉瓦蔵・漆喰蔵

藤村製絲西蔵

「**煉瓦蔵**」である。桁行一五メートルと規模が大きく、屋根の下の鉢巻は三層の蛇腹となっている。煉瓦は同じ町内にある下野《しもつけ》煉化製造会社製で、こちらのホフマン窯は今も残っている。

高知県奈半利《なはり》町には比較的規模の大きな製糸会社であった「**藤村製絲**」の工場跡に、「**西蔵**」と「**石塀**」だけが登録有形文化財となって残されている。二〇〇五年まで製糸業を営み、閉鎖後も施設はほぼそっくり残されていたが、二〇一四年には倉庫と東蔵が失われてしまった。跡地は藤村製絲記念館として関連資料を展示して、かろうじてこの地に製糸業が栄えたことを物語っている。高知県の漆喰の主屋や蔵は、雨が壁を下まで伝わないよう、「水切り瓦」と呼ばれる横に長い装飾のようなしつらえをしているものが多いが、藤村製絲の蔵もまさに典型的な土佐の水切り瓦が壁を覆っている。ちなみに現在、国内で規模の大きな機械製糸の工場は、長らく組合立として操業し、二〇一七年からは株式会社化された「碓氷製糸」（群馬県安中市）と、今は機械部品などが主力となった

旧角館製糸工場

ものの操糸機を備えて製糸を行っている松岡株式会社（山形県酒田市）の二社だけになってしまっている。

武家屋敷の残る観光地として人気のある秋田県の角館には、市街地のはずれに製糸工場の遺構（「旧角館製糸工場」）が今も残されていて、登録有形文化財となっている。木造平屋の細長い建物で、養蚕民家のような越屋根がついているが、これは採光と換気を目的としたものである。一九一二年の建築で、その後二度移築されて現在の地に移された。下半分は焦げ茶色の下見板張りだが、上部は全面に窓ガラスが入っていて、採光に優れていたことがしのばれる。内部には小屋組みのトラスが残されている。ちなみに角館製糸合資会社は地元資本で一八九八年に創業した製糸会社である。しかし、早くも一九一八年には工場は閉鎖され、その後は経営者の米蔵として使われたり、農協の倉庫としても使われた。現在も創業者の子孫が所有し倉庫として使われているが、さらなる活用方法が模索されている。

埼玉県入間市には、地元資本の大手の製糸業者が建てた迎賓館が良好な保存状態で残っている。「旧石川組製糸西洋館」

旧石川組製糸西洋館

の本館と別館が登録有形文化財である。石川組は一八九三年、入間市でわずか二〇釜の座繰り[1]で製糸業をスタートさせたが、翌年には繰糸器械を導入し規模を拡大、日清・日露戦争による好景気に乗って埼玉県だけで六工場、そのほか福島、愛知、三重にも進出、全国でも指折りの製糸会社に成長した。当時の生糸は主にアメリカに輸出されたため、石川組はニューヨークにも事務所を構えていた。西洋館は、創始者の石川幾太郎が取引先のアメリカの貿易商を招いてもてなす施設として一九二一年に建設したものである。木造二階建てで、外壁には化粧煉瓦[2]が用いられ左右非対称、屋根の一部はマンサードの折れ屋根になっているなど、軽快感に富んだ造りになっている。二〇室ある部屋の天井や床も部屋ごとに特徴があり、海外から取り寄せた調度品とも相俟って、賓客をもてなそうという思いが詰まった洋館である。

石川組はこの地域に武蔵野鉄道（現在の西武池袋線）を敷設したり、幾太郎がキリスト教を信仰したことから、今も残る武蔵豊岡教会を第四章で紹介したヴォーリズに依頼して建てたうえで地域に寄付するなど、地域の産業・文化の振興にも力を尽くした。不況や人工繊維の開発で石川組は一九三七年には解散してしまうが、一度GHQに接収されたのちも、石川家で洋館を受け継ぎ、現在は入間市が管理をし、年に何度か一般に公開している。

埼玉県には蚕糸県のイメージは一般には薄いかもしれないが、現在の高崎線沿線には大宮から神保原まで駅付近に多くの県外資本の大規模な製糸工場が林立したことや、銘仙の産地で繭の集散地でもあった秩父で、養蚕の豊作への感謝を示す祭り、すなわち秩父夜祭が今も盛大に行われていることなどを見ると、実は全国でも指折りの養蚕県だったことがわかる。石川組の洋館は、その最盛期のよき時代を象徴する建物として、今も輝きを放っている。

旧農林省蚕糸試験場新庄支場

繭や生糸にかかわる公的機関

生糸は幕末から戦前まで一貫して最大の輸出品だったことから、全国に蚕糸の技術を高めるための国の研究機関や検査所などが設置された。その遺構のうち登録有形文化財となっている施設が三か所ある。

そのうち最も規模が大きく保存状態がよいのが山形県新庄市にある「**旧農林省蚕糸試験場新庄支場**」で、九棟の施設と表門及び塀の一〇件が登録されている。新庄市の郊外に閉鎖された往時のまま施設が丸ごとほぼそっくり残されているその規模にまずは圧倒される。蚕を飼育する蚕室や蚕種を保存する冷蔵室、さらには宿直室や便所までが残されているのである。現在は、市のエコロジーガーデン「原蚕の杜」として

旧農林省蚕糸試験場日野桑園第一蚕室

施設の一部で定期的に農産物の販売が行われたり、カフェが開かれたり、アート作品の展示に使われるなど、市民に開放されている。

こうした試験場は全国に造られたが、その建物の多くは失われ、蚕糸業が地域の経済を支えていた記憶も失われようとしている。そんな中、新庄の蚕糸試験場ほどではないにせよ、試験場に関連した建物がかろうじて一棟保存されているところが東京都内にある。日野市の「**旧農林省蚕糸試験場日野桑園第一蚕室**」である。こちらは杉並区にあった農商務省の原蚕種製造所に桑の葉を供給する役割を担うために設置された桑園で、一九三二年に建造された鉄筋コンクリートの蚕室が一棟だけ残っている。周囲にはまだ雑木林がかろうじて残るもののすぐ脇には日野市の文化施設が迫ってきているなど、建物の存続も風前の灯火だったが、地元の有志の尽力により保存されることとなり、二〇一七年三月に登録有形文化財への答申が発表された。屋根にはやはり越屋根が乗り、ここにも蚕糸業の施設があったことをかろうじて物語っている。

東京には、やはり多摩地区の昭島市に石川組同様、大規模な機械製糸を営んだ西川製糸の経営者の別邸の蔵が「**西川家旧別邸蔵**」として登録有形文化財となっている。西川家の主屋は、小金井市の東京たてもの園に移築されているが、蔵だけが西川家の敷地で東京にも大規模な製糸業があったことを伝えている。

また、愛知県豊田市には「**旧愛知県蚕業取締所第九支所**」の事務所と門が市の近代の産業とくらし発見館として残されている。蚕業取締所は、蚕糸業法の施行により全国各地に設置された蚕種や繭の検査や品種改良などを行った公的な施設で、豊田市のこの施設は一九五五年に取締所が閉鎖された後、市立図書館などに利用され、現在に至っている。シンプルな建物だが、全国各地にあったこうした施設もほとんど残っていないので、蚕糸業が盛んであったことを示す貴重なモニュメントとなっている。

旧愛知県蚕業取締所第九支所

絹織物の産地に残る遺構

「東の桐生、西の西陣」と謳われた絹織物の街、群馬県の桐生。今も市内に多くの鋸屋根の織物工場が残るが、まだ現役で使われている工場、他の用途に転用された工場など、実に多くの建物が登録有形文化財として残されている。観光施設として見学が可能な「織物参考館・紫《ゆかり》」は、「**森秀織物**」として残された一〇棟の登録有形文化財が利用されているし、やはり一〇棟の建物が登録されている「**後藤織物**」も見学を受け付けている。

また、重厚な煉瓦造りの鋸屋根がいやでも目立つ「**金谷レース工業株式会社鋸屋根工場**」は、地元で人気のベーカリーとしてその内部をそのまま活かして今も街の生活に溶け込んでいる。さらに重厚な石造りの鋸屋根工場の遺構も多く、「**旧飯塚織物工場**」は、おしゃれな美容室に、「**旧堀祐織物工場**」はクラシックカーの博物館として公開されているなど、多様な利用法で今も街のアクセントになっている。

さらに、「**織物会館**」や「**桐生倶楽部**」など、業界団体の事務所や親睦の施設なども登録されているほか、織物技術に関する研究・教育機関として設置された「**桐生高等染織学校**」（現在の群馬大学工学部）の本館・講堂なども登録有形文化財として残されているなど、街中が織物に関する登録有形文化財であふれる街となっている。

旧堀祐織物工場（美容室アッシュキリュウ）

繭を真綿にして紡ぐ「紬」の産地として知られる茨城県結城市の市街地にも結城紬に関連した登録有形文化財が目につく。明治後期に創業し、製造問屋として結城紬を生産販売している「**奥順**」は、店舗や土蔵が登録有形文化財だが、その一部を資料館として公開している。そのほかにも紬問屋の店舗や店蔵が登録有形文化財となっており、シルクで成り立つ街であることが伝わってくる。

絹織物では福井県も羽二重の生産などで有名だが、大野市には織物検査場として建設された織物工業組合（平成大野屋本店）の洋館と二階蔵がやはり絹産業の遺構といってよいだろう。なお、織物組合の関係では、東京都青梅市にも「青梅織物工業協同組合」の遺構が四棟、登録有形文化財となっている。こちらはすべて絹織物ではなく、綿との混織だったり、綿のみの織物もあるが、絹も使われていた。

蚕糸業に間接的にかかわっている施設

北甘変電所

日本の蚕糸業の歴史を今にとどめる最もわかりやすく著名な施設は、二〇一四年に世界遺産に登録された富岡製糸場であることは論を俟たない。この官営の大規模な製糸場は、創業時にはまだ電気が通っておらず、工場内を明るくするために側面に大きなガラス窓がはめ込まれ、工女の手元に自然の光が入るように工夫されていた。富岡製糸場に電気が引かれたのは案外遅く、一九二〇年まで創業から五〇年近くも待たなくてはならなかった。この電化にかかわる施設が製糸場からそう遠くない富岡市の郊外に残されている。当時の北甘楽《かんら》郡から名前を採った「北甘《ほっかん》変電所」という名の登録有形文化財である。完成は一九一九年、西毛電気株式会社の一ノ宮変電所として建設された。この完成により、富岡町ほか二六か町村、八四二二戸へ電力が供給され、製糸場にもようやく電灯がともるようになった。

鉄筋コンクリート二階建ての変電所で、ドイツ風のスタッコ仕上げの外壁に縦長窓・半円窓が多数配置された変化に富んだ外観となっている。東京電力の施設となった今も現役で、変電機器を修理するための部屋や大型機器を搬入するための台車レール、ループ状の階段などを、年に数回の一般公開時に見ることができる。電気が次第に地方へと広がっていく足跡をとどめている点でも貴重な遺産である。

変電所が製糸場の電化に結びついているように、明治から昭和初期にかけて造られた施設の中には、一見蚕糸業に全く関係がないように見えて、深く繋がっているものがほかにもある。

旧飯田測候所庁舎

長野県飯田市にある「旧飯田測候所庁舎」。一九二二年に伊那地方の気象観測拠点として竣工し翌年の一月から観測を開始し、二〇〇二年に市内の別の場所に移転するまで八〇年にわたって稼働していた施設である。測候所の開設にあたっては地元の養蚕農家の強い要望があった。大正時代に日本一の機械製糸の町となった信州岡谷、その岡谷から流れ出す天竜川に沿った伊那谷でも製糸業が盛んになり、農家の多くは養蚕を生業とするようになった。信州のような寒冷地では、突然霜が降りるような寒さが来ると、温度管理を怠れば蚕が全滅しかねない。そのため、養蚕農家にとって天気予報はきわめて重要な、生活に直結する情報であった。この地域のきめ細かな気象情報を伝えてほしい、そうした強い願いが測候所の開設を後押ししたのである。ちなみに一九二五年に東京で始まったラジオ放送は地方の放送局の開設に伴い各地へ広まっていったが、長野県のラジオ放送で最初に放送された地域向けのローカル番組は、やはり養蚕農家向けの天気情報であった。当時、長野県にいかに養蚕農家が多かったか、彼らが切実に気象情報を必要としていたかがわかるエピソードである。

飯田測候所は正面中央の玄関の上を切妻破風とし、屋根には小さな塔を乗せた大正モダンあふれる左右非対称の木造平屋建築で、一九世紀末にウイーンで始まったセセッション様式で建てられている。現在、測候所に接してのちに建てられたコンクリート造の事務棟の上に観測用の測風塔があるが、創建当時の写真を見ると、測候所の本体に組み込まれた優美な木造の塔が映っており、竣工当時、きわめて美しい建物であったことがわかる。敷地内のソメイヨシノの大木は、一九五三年から桜の開花宣言の判断となる標準木として使われてきた。移転した測候所は現在は無人となり、今は伊那地方の正式な「開花宣言」も行われなくなってしまった。

測候所の敷地と建物は国から飯田市に移管され、二〇一四年からは市民活動、環境活動の拠点として新たな役割を担っている。また、館内には測候所時代の観測機器や資料の展示もあり、無料で見学できる。役割を終えた第二の人生でも、地域にとって欠かせない施設となっているのは、登録有形文化財の精神が十分活かされている例といってよいであろう。隆盛をきわめた伊那谷の蚕糸業もほぼ消滅し、その栄華の様子は、飯田市より少し北にある駒ケ根市のシルクミュージアムの展示でしのぶことができる。

注

（1）座ったまま手回しで繭糸を繰って生糸にする作業のこと。

（2）屋根の勾配が上部は緩く、軒に近い方で折れ曲がった二段になった屋根。腰折れ屋根ともいう。

第十一章　宗教施設——神社仏閣教会のバラエティ

近代以降に建てられた施設の登録が多い登録有形文化財には、江戸期の建物もかなり含まれているが、その多くは民家と並んで神社と寺院が多い。神社も寺院も、定期的に遷宮をする伊勢神宮などを除けば、そう簡単には建て替えをしないし、鎮守の森や墓地などによって市街地にあっても火事の延焼を免れやすいこともあってか、数百年の風雪を耐えてきた建物が多い。一方、数は少ないが鉄筋コンクリート造や石造りの近代的な寺社もある。

さらに、明治以降はキリスト教の禁令も解かれ、各地に教会が多く建設されてきた。日本の文化財といえば、まず思い浮かぶ神社と寺院ではあるが、登録有形文化財から見た神社仏閣教会などの宗教施設をここでは紹介したい。

近江神宮と吉野神宮

神社の多くは起源を辿ればはるかな古代へと遡れるが、前述の京都・東本願寺のように明治時代に入って境内の建造物を全面的に再建したケースもあるし、同じく京都の平安神宮のように長い歴史を有していそうに見えて、実は神社の創建自体が明治以降という、神社としては新しいところもかなりある。第四章で建築界の巨人、伊藤忠太が設計にかかわったものが彌彦神社、宮崎神宮など

近江神宮

いくつもあるということに触れたが、こうした「近代寺社」の代表例が滋賀県大津市の「近江神宮」であろう。一か所当たりの件数の多さでも、四〇件と群を抜くボリュームである。[1]

近江神宮の創建は、一九四〇年。ちょうど皇紀二六〇〇年、太平洋戦争に突入する直前の戦時色の濃い時期のことである。近江大津宮に遷都し滋賀県民からの崇敬が篤い天智天皇を祀る神社の設立を願う声が高まったことを受けて、旧近江宮の跡地に建てられた。

比叡山から連なる山塊の斜面を利用して六万坪の用地が神社に充てられ、「本殿」や内外の「拝殿」だけでなく、「鳥居」、「手水舎」、「社務所」、「神楽殿」、「参集所」などの建物や本殿周辺の回廊や「透塀」[2]など、創建時の様々な施設が一九九八年に一括して登録有形文化財となっている。天智天皇が漏刻と鐘鼓によって初めて時を知らせたという『日本書紀』に書かれた故事から、六月一〇日の時の記念日に合わせた行事が毎年行われ、境内には時計館宝物館という時計に関する博物館もある。

また、小倉百人一首の巻頭に天智天皇御製の歌があることから、近江神宮は百人一首かるたの聖地ともなり、競技かるたの日本一を競う名人位・クイーン位決定戦やかるたの甲子園とも呼ばれる全国高等学校かるた選手権が開かれるなど、新興神社の経営戦略が見事に的中、今や大津市の最大の観光地のひとつとなっている。かるたに賭ける高校生群像を描いた漫画『ちはやふる』は映画化され、さらにはその映画と同名の主題歌をテクノポップユニットPerfume（パフューム）が歌って大ヒットしたことで、ちはやふる＝かるた＝近江神宮という連想ゲームが成立し、この神宮に注目が集まることに繋がっている。

同じ近畿地方、桜の名所で世界遺産にもなっている吉野山の入口に境内を構える「**吉野神宮**」も明治に入って創建された神社である。もともと後醍醐天皇の像を祀っていた金峯山寺の僧坊、吉水院が明治維新後の神仏分離令で後醍醐天皇を祭神とする神社となっていたところ、明治政府は新たに後醍醐天皇を祀る神社の創建を決定、一八九二年に吉野宮として鎮座したのが吉野神宮の前身である。その後一九一八年に現社名に改称、その後境内が拡張され、新たに本殿や拝殿が竣工した。総檜造り、当時の神社への力の入れようがよく伝わってくる。境内には建武の中興に貢献した天皇の臣下を祀る摂社も置かれ、そのうちの「**三社殿**」と摂社の「**拝殿**」も含め、二六件の建物が登録有形文化財となっている。

吉野神宮

こうしてみると、明治以降の国家神道の浸透の中、過去の天皇を祀る神社の整備が各地で進んでいたことが、登録有形文化財の広がりから読み取れる。そういえば、博覧会のパビリオンであった施設が桓武天皇と孝謙天皇を祀る平安神宮に置き換わったことも、その流れの中に位置づければ決して不思議なことではないように思える。

總持寺香積台

二つの總持寺

こうした神社の新設に引きかえ、明治に入って廃仏毀釈などにより寺院のほうの衰退は著しいものがあったが、それでも古来からの寺院が様々な理由で大規模な修復や移転などで、神社同様、伽藍の多くが登録有形文化財となったケースも少なくない。その代表例を「總持寺」に見たい。

横浜市鶴見区。ＪＲの鶴見駅の北側に巨大な伽藍を構えるのが、曹洞宗大本山の「**總持寺**」である。福井県の永平寺と並ぶ曹洞宗の二大本山で、宗派の代表である管長はこの両本山から二年交替で就任することになっている。

この總持寺は、鎌倉時代に日本にもたらされた禅宗の代表的な宗派の大本山であるにもかかわらず歴史は新しく、この地に伽藍が置かれたのは、一九一一年と明治も末のことであった。というのも、もともとの總持寺は石川県の能登半島のその名も寺院の存在を示す「門前町」（現、輪島市）にあったものが一八九八年に全焼。寺院丸ごと鶴見に移り、新たに大伽藍が一から創建されたのである。伽藍の中心に聳える「仏殿」（大雄宝殿）や庫裏にあたる「香積台《こうしゃくだい》」をはじめ、広い境内に点在する一六棟が登録有形文化財である。仏殿の前方に唐破風をつけた四脚門である「向唐門《むかいからもん》」は能登時代からの勅使門としての役割を果たす造りで存在感を放っているし、東西の殿堂をつなぎ外苑と内苑を分ける「百間廊下」は長さが一六四メートルあり、ここを僧侶が法衣で行き交ったり、雑巾がけをするさまを垣間見ると、禅宗道場であることが実感できる。

一方、火事で焼失した能登半島の總持寺のほうも大正期に復興し、「總持寺祖院」として七堂伽藍が再建され、一七の建造物が登録有形文化財となった。ふたつの總持寺は、ともに明治以降の新築、もしくは再興のため、社寺建築として比較的新しいことから指定文化財には至らず、登録有形文化財として保存活用されているのである。

なお、大阪府茨木市の阪急京都線に総持寺駅があるが、こちらは真言宗の総持寺の最寄り駅で、登録有形文化財に登録されている建造物は今のところない。

新宗教の台頭

明治以前の旧来の仏教や神道に対し、明治以降に始まった宗教を大括りに新宗教と呼ぶが、こうした宗教の施設にも、登録有形文化財に登録されているものがある。

出口なおとその娘婿の出口王仁三郎を祖とする「大本《おおもと》」は、発祥の地である京都府綾部市に梅松苑と名付けられた祭祀の中心地を持つ。この敷地の中に、高さ二三メートル、七八九畳敷の銅板葺きの屋根に覆われた巨大な建物「みろく殿」がある。一九五三年に建てられた施設の中心となる神

大本みろく殿

玉水教会会堂

殿である。今は敷地内に新たな本殿にあたる建物ができて、教団の中心施設の座は譲ったが、春秋の祖霊大祭、万霊大祭などの祈りの場として使用されている。初めて訪れたときには、新宗教ということで、敷地内には勝手に立ち入れないかと心配したが、特に堅固な門があるわけでもなく誰でも市民は自由に境内に入ることができるし、広く開け放たれたみろく殿にも上がることができた。木造にしか見えない建物ではあるが、外観を木材で化粧した鉄筋コンクリート造の建物である。

岡山県には金光教《こんこうきょう》の本部があり、一時は自治体名にもなったが、金光町は今は平成の大合併で浅口市の一部となっている。金光教本部内の建物には建造物の登録物件はないが、本部前にある金光教の出版部門である「**金光教徒社**」の三棟の建物が登録されている。また、金光教が教師育成のために設立した学問所を起源とする「**金光学園中学・高校**」のキャンパスには、創立一〇年後の一九〇四年に造られた講堂が現存し、現在は「記念講堂」となっている。半円形の屋根窓があり、下見板張で仕上げた洋風の外観だが、天井は二重の折り上げ格天井としてあるなど、和洋折衷の貴重な遺構である。

また、金光教が各地に設けた教会のうち、大阪市西区にある「玉水教会会堂」が登録有形文化財となっている。地下鉄肥後橋駅近くの町中に、入母屋造りの大屋根に千鳥破風が二つついた堂々たる和風建築が建てられている。一九三五年に建てられた、寺院のような神社のような不思議な建築である。

さらに、やはり新宗教のひとつである天理教では、天理市の本部には登録有形文化財の建物はないが、大阪府柏原市の「天理教北阪分教会」に、四件の登録有形文化財がある。個人宅を天理教の分教会にしたものだが、中でも教職舎として使われる建物は、二階建ての上に八角形の塔屋がついた特徴ある建物である。

宗教団体が持つ教育の場

前項で金光教の教団が設立した学校について触れたが、こうした宗教関係の教育機関の文化財を三つ見ておきたい。

教育機関には金光学園に限らず、一時期高校野球の強豪として知られたＰＬ教団のＰＬ学園や、学校名だけではわかりづらいが曹洞宗の設立による駒澤大学、あるいは全国にあるミッション系の学校も含めれば、宗教と教育機関は深い関係にある。その中でもとりわけ学校と宗教が深く結び

高野山大学図書館

ついている例が、大学では真言宗の総本山高野山にある高野山大学と、伊勢神宮の内宮近くにある皇學館大學である。

「**高野山大学**」は、文字通り高野山の壇上伽藍の一角にあり、一九二九年に建てられた大学の「**図書館**」が登録有形文化財である。一八八六年に真言宗の大学林として設立され、高野山大学の名称になったのが一九〇七年、学科は長らく文学部密教学科のみであったが、二〇一五年に人間学科が設置された。とはいえ、やはり真言宗色がきわめて濃い大学である。図書館は、鉄筋コンクリート造の三階建て、壇上では初めての洋風建築であった。施工は清水建設の前身である清水組、設計は第四章で詳述した武田五一である。アーチ状をなす玄関は優美であるし、内部の階段の手すりや彫刻もきわめて精緻である。建物の価値とは直接関係はないが、図書館の蔵書には国重要文化財の「大日経」や「金剛頂経」など重要な古典籍が目白押しである。

三重県伊勢市の「**皇學館大學**」は、現在は私立大学だが、戦前は官立の神宮皇學館であった。戦後、国家神道の推進機関のひとつであったとして解散したが、皇學館の関係者により一九六二年に私立大学として再興されたものである。このキャンパスに神宮皇學館時代の本館が大学の「**記念館**」として保存され、登録有形文化財となっている。貴賓室や館長室などが入った木造平屋建ての建物で、唐破風のついた入母屋造りの純和風の様式である。

三つめは、大阪府高槻市にある「行信教校講堂棟」と「行信教校専精会館」である。行信教校は、浄土真宗本願寺派（西本願寺系）の僧侶を養成する専門教育機関で、一年制の学院部と二年制の教校部があり、毎年それぞれ三〇人ずつの学生を募集している。一八八二年に本願寺の寺内町であった大阪・富田の地（現、高槻市）に創立され、四年後に現在地に移されている。二棟の登録有形文化財の建物は、一九三一年の建設で、一見すると何の変哲もないアパートのように見えるが、講堂棟の入口が唐破風の玄関となっているので戦前の建物だと推察できる。中を案内してもらったが、三六畳の格天井となっている専精会館の二階の講義室も和室であり、やはり一般の学校とは大きく異なっている。入学資格に特に僧侶の子弟でなければならないとは書かれていないが、授業はすべて正座で聞かなければならないことを考えると、私などはそれだけでギブアップしてしまいそうだ。

皇學館大學記念館

風変わりな寺院建造物

寺院としては異形の造りといってもよかった築地本願寺は、

第四章で触れたように、登録有形文化財から国重要文化財となったため、登録有形文化財のリストからは姿を消したが、ほかにも寺院の登録文化財の中には、類似作品を見出すのが難しい特色のある建造物を見出すことができる。

秋田県由利本荘市の郊外にある「長谷寺《ちょうこくじ》」では、本堂よりもはるかに高い、二〇メートルを超す「大仏殿」が登録有形文化財となっている。二層の構造で、一層があまりに高いので、一瞬多宝塔のようにも見えるこの建造物、実は内部にその名の通り巨大な仏像を収めている。地元で赤田の大仏と慣れ親しまれている十一面観世音菩薩立像である。第二層の正面には開け閉めできる扉がついているが、これは奈良・東大寺の大仏殿と同様、仏像のお顔を拝むための観相窓となっている。大仏殿はもともと一七九四年に完成したものだが、明治時代の大火で焼失、一八九三年に再建されている。内部は巨大な仏像を収めているため吹き抜けであり、天井は格天井になっていて三六枚の鳥の絵が描かれている。和風なのに軽快感を感じさせるのは、屋根の反りが洋装の女性を想像させるからだろうか。

長谷寺大仏殿

加藤清正が築城した熊本城の城下町熊本。地元で清正公《せいしょこ》さんと親しまれる彼の菩提寺には、寺院の門らしからぬ真っ白な鉄筋コンクリートの門が入口を守っている。「本妙寺仁王門」は、一九二〇年に、建築業で財を成した小倉（現、北九州市）の実業家小林徳一郎の寄進で建てられたもので、本妙寺の総門の役割を果たしてきた。劣化が目立ってきたため撤去の話もあったが、二〇一〇年に補修工事をし、翌一一年に登録有形文化財となった。ところが、二〇一六年四月の熊本地震で被災、崩壊は免れたが、その下の通行は一年以上経っても禁止となっている。清正公が築いた熊本城の被害は仁王門よりもひどく、修復に何十年もかかるような甚大な被害となったことは映像で全国に知られたが、熊本の市民にとっては本妙寺の修復も待ち焦がれることだろう。石造建築の宝庫ともいえる熊本県の「石造り」の建物のひとつとして、何とか踏みとどまって命を永らえてほしいものである。

本妙寺仁王門

新潟市内には「**木揚場教会**」という名の登録有形文化財がある。「教会」とあるのでキリスト教の施設かと考えてしまうが、浄土真宗大谷派の説教施設である。とはいえ、建物の前に建つと、お寺らしさはほとんどなく、前が寄棟、後ろが入母屋の屋根を直行させたような造りで、それだけでも珍しいのに、玄関部分は四本の列柱が建ち、入口の上には半円形の窓があって、完全に洋風である。内部の漆喰の装飾もお寺というよりは西洋建築のようで、名前だけでなく、建築様式も寺院の施設とは思えない造りになっている。「木揚場」というのは、明治末期に焼失した（四〇頁参照）東本願寺の再建のために用材を京都へ送る献木の集積地となった場所のことで、そこがのちに説教場となった。もともとは和風の建物だったが、明治の新潟大火で焼けたのち若者の信者獲得を意識して洋風を取り入れたとされている。京都の東本願寺と思わぬつながりを持つ「教会」は、今ではちょっとしたコンサートなどが開かれ、市民に門戸を開いている。東本願寺の歴史を知るうえでも貴重な遺構である。

木揚場教会

美しいキリスト教会群

前項では、キリスト教の施設と見まがう文化財を紹介したが、登録有形文化財には、明治以降に相次いで各地で建てられたキリスト教の教会や礼拝堂群も多く含まれている。その中から、登録有形文化財らしい特徴のある教会をいくつか見ておこう。

栃木県の宇都宮市に、二基の登録有形文化財の教会がある。「**カトリック松が峰教会**」と「**日本聖公会宇都宮聖公教会礼拝堂**」。ローマカトリックと英国国教会、それぞれ全く別の宗派の教会だが、どちらも建設資材に宇都宮の特産である大谷石が使われているのが共通した特色である。

松が峰教会は、正面に双塔を構える本格的なロマネスク様式の聖堂である。正面にある二方向から上がる階段が格式を高めている。外観は荘重な大谷石が全面を覆っているが、実は鉄筋コンクリート造。大谷石は構造には影響しない美装のために使われているのである。建設は昭和に入ってからしばらく経った一九三二年。すでに鉄筋コンクリートが様々な建築に使われていたころである。市内にこれといった建築のモニュメントが見当たらない宇都宮で、松が峰教会は地域のランドマークとなっているほどの存在感を有している。

もう一棟の宇都宮聖公教会は、一九九八年の登録時はこの名称だったが、今は聖ヨハネ教会と呼ばれている。こちらの教会も外壁のみが大谷石で、構造は鉄筋コンクリート造である。一九三二年に建設された聖公会の礼拝堂で、塔屋がアクセントになっている。礼拝堂の内部は木材を斜めに組み合わせて広い空間を作るシザーズトラスとなっており、素朴ながら力強さを感じさせる造りになっている。

カトリック松が峰教会

名古屋市の中心部にもかなり規模の大きな教会がある。**「名古屋カテドラル聖ペトロ聖パウロ大聖堂」**は、カトリック名古屋教区の司教座聖堂となっている重要な教会で、高さ五〇メートルの双塔を持つゴシック様式の建物である。建設は一九六一年と比較的新しく、築五四年で登録有形文化財となっている。地元では所在地の旧町名から「カトリック布池教会」と呼ばれている。尖塔の部分が透かし彫りになっていたり、祭壇や側壁にはドイツ・イタリアから輸入した鮮やかなステンドグラスが使用されているなど、名古屋のカトリックの中心的な聖堂にふさわしい構えである。

馬込教会

名古屋カテドラル
聖ペトロ聖パウロ大聖堂

長崎湾の入口に建つ教会

長崎県は、我が国唯一の教会の国宝建築である大浦天主堂をはじめ、二〇一八年の世界遺産登録を目指す「長崎と天草地方の潜伏キリシタン関連遺産群」に含まれるもの、そしてもちろんそれ以外にも多くのキリスト教の教会があるが、登録有形文化財となっている教会は一件のみである。その「**馬込教会**」（長崎市伊王島）は、近年九州本土と橋で繋がった伊王島の南部、小高い丘の上に建つ規模の大きな鉄筋コンクリート造の教会だ。徳川幕府の禁教政策により弾圧を受けた近在のキリシタンは、この島に逃れ、ひっそりと信仰を守ってきた。明治になって禁教が解かれると、島の北と南に一棟ずつ聖堂[3]が建てられた。一八九〇年に赤煉瓦の本格的な教会が馬込教会として建てられたが、落雷や台風で被災、現在の聖堂は一九三一年に建てられたものである。伊王島は島民の半数以上がカトリックの信者で、かつては単独の自治体だったので、自治体単位では日本一カトリック教徒の割合が高い島だといわれていた。中央に尖塔が一本聳えるゴシック様式で、正面に大きく「天主堂」の文字が刻まれている。今では橋の開通により車で簡単に教会を間近に仰ぐことができるが、高島や軍艦島への船は、伊王島大橋の下をくぐるので、その船上からも教会の姿を確認することができる。

和風の礼拝堂

前項で紹介したのは、いかにもキリスト教会らしい典型的な洋風の建築ばかりであったが、寺院に和洋折衷の登録有形文化財があるように、教会建築でも和風といってもおかしくないような登録有形文化財を挙げることができる。

スミス記念堂

滋賀県彦根市の市街地に「**スミス記念堂**（旧須美壽記念禮拝堂）」という施設がある。外観はほぼ和風建築だが、よく見ると、梁や扉にブドウや十字架などの文様が刻まれており、寺院ではなくキリスト教会であることがわかる。

これは、彦根高等商業学校（現在の滋賀大学）の英語教師であったパーシー・アルメリン・スミスが両親への感謝の念と日米両国の平和交流を願って地元の大工に依頼して建てた礼拝堂で、二〇〇〇年には道路の拡張に伴い、所有者の日本聖公会により取り壊されることが決まった。しかし、市民有志の保存活動により、市が提供した別の場所に移築され、現在は保存活動を展開した市民が設立したＮＰＯの手で運営されている。

建築様式が貴重だというだけでなく、保存されて今に至る道のりにも様々なストーリーが秘められていて、建物が地域の歴史と人々の思いを背負っていることがよくわかる典型的な登録有形文化財といってよいだろう。

なお、同じ近畿地方の奈良市にも、日本の寺院建築そのままの教会、「日本聖公会奈良基督教会堂」と付属の幼稚園がともに登録有形文化財であったが、二〇一五年に双方とも国の重要文化財に変更されている。

注

（1）『日本書紀』に記述された初代天皇とされる神武天皇の即位年と比定される紀元前六六〇年を初年と考える記年法。戦前、特に昭和に入ってからは多く使用され、一九四〇年の紀元二六〇〇年には国を挙げての記念行事が行われた。

（2）枡から漏れ落ちる水の量で時間を計るわが国最初の時計。古代のエジプトや中国でも使用され、天智帝による採用以降、平安朝末期まで全国の国府などに置かれ時間を知らせた。

（3）島にあったもう一つの聖堂（「**大明寺聖パウロ教会堂**」）は、博物館明治村に移築され登録有形文化財となっている。

◆コラム8　登録有形文化財の能舞台

登録有形文化財は、江戸期の建造物もあることから、日本の伝統芸能とも相性が良い。歌舞伎では、東京・東銀座の「歌舞伎座」は、一世代前の建物は登録有形文化財であったが、取り壊しにより抹消された。一方、鴨川河畔に建つ京都の南座は、登録有形文化財として今も関西の歌舞伎の殿堂であり続けている。能舞台では、屋外にある神社のものが**「住吉神社能舞台」**（大阪府豊中市）、**「泊神社能舞台」**（兵庫県加古川市）、**「中村神社拝殿（旧金沢城二の丸能舞台）」**（金沢市）と三件登録されているほか、室内のいわゆる能楽堂が四件登録されている。

東京に**「代々木能舞台」（「敷舞台及び座敷」「舞台・橋掛・鏡の間」**の二件が登録）、**「矢来能楽堂」**の二施設三件、大阪市に**「山本能楽堂及び能舞台」、「大槻能楽堂能舞台」**（ともに中央区）の二件である。

そのうち、比較的最近登録された「大槻能楽堂」を除く三つの能楽堂で、能と狂言を鑑賞した。

大阪の中心部にある「山本能楽堂」は一九五〇年に建てられた木造三階建ての建物である。入口だけ見ると民家のようだが、奥には広い舞台が設えられている。ここでは、さまざまな上方伝統芸能の中から四つを選んで、初心者でも楽しめるように、ハイライト部分を上演する「初心者のための上方伝統芸能ナイト」という催しが定期的に行われている。必ずメニューに入っている能のほか、狂言、落語、講談、上方舞、お座敷遊びなどから毎回異なる出し物を選んでそのさわりを上演する。通には物足りないが、建物の見学が目的ならこちらのプログラムのほうが楽しめそうだ。外国人の姿も目立ったが、日本文化を肌で知る場として、日本人にとっても貴重な体験ができるユニークな試みだ。二〇一六年からは能の演目を現代演劇と併せて上演する「能×現代演劇」というプログラムも始まった。

一方、東京の二つの能楽堂、渋谷区代々木にある「代々木能舞台」と、新宿区矢来《やらい》町の「矢来能楽堂」では、そういったお試しコースはなく、本場の能と狂言が堪能できる。

山本能楽堂

矢来能楽堂は、神楽坂界隈、新潮社本社のすぐ近くの住宅街の中にある。矢来観世家・観世九皐会《きゅうこうかい》の本拠地として活動の拠点となっているが、もともと神田にあった観世家の能楽堂は関東大震災で焼失し、矢来町で復興するも今度は空襲で再び焼失、一九五二年に再建されたのが、現在の舞台である。

舞台にかかる屋根は寄席棟造りでやや天井が高め、見所《けんじょ》は正面、脇正面、中正面は椅子席だが、正面・脇正面後方に座敷もあって、和洋折衷になっている。三〇〇人が入れる大きな観客席である。

私が観賞したのは、宇治川の合戦で敗れた源頼政の亡霊が登場する「頼政」と、藤原不比等の子、房前《ふささき》が讃岐の志度の浦で、海《あ》士《ま》となって現れた自らの母の語りを聞くという「海士」、二つの能の間に、狂言「仏師」などが入る四時間もの長丁場である。舞台芸術の鑑賞には、その舞台空間そのものにも気分が大きく影響される。能は、ほかの舞台芸術に比べて客席と舞台が近く、同じ空間を共有している感覚が強い。演者の思いがストレートに伝わってくるような能楽堂の空間を楽しめた四時間であった。

第十二章　水と闘い水を利する――「水道」と「堰堤」

明治維新を迎え、日本は様々な分野で近代化の道を突き進み始めた。学校や鉄道などは、建物や施設が誰の目にもとまるので、近代化のモニュメントとして理解しやすいが、重要であるにもかかわらず、施設が目にとまりにくいので、忘れられがちな施設群がある。その代表といってよいのが「水」をめぐる施設、特に、蛇口を捻れば清潔な水が手に入る「近代水道」の整備にかかわる施設である。

水道の施設は、上水道も下水道も、街の中心部ではあまり見かけないため、一般にはなじみが薄いし、そこから各家庭に配管されている様子も、ほとんどが地面の下なので可視化しづらい。しかし、水道がひとたび止まれば、私たちの生活は一瞬にして立ち行かなくなる。また、その水はダムや貯水池に貯められているが、これも日常の生活ではあまりその恩恵を意識することは難しい。一方で水は一気にあふれてしまえば災害を引き起こす。低地だけでなく、上流の河川に土砂が堆積すれば鉄砲水などで人の生活を脅かす。堰堤と呼ばれる土砂の堆積を防ぐしくみや放水路や閘門などの施設も、いざというときには私たちを災害から守ってくれる。

私たちの安全な暮らしには、良くも悪くも水をコントロールすることが不可欠であり、登録有形文化財は、こうした縁の下の力持ちに対しても、しっかりと目配りをしているように思う。これまでも、横浜や神戸の明治初期の下水道施設や、農業用水の円筒分水を紹介してきたが、この章では水とかかわる文化財とじっくり向き合いたい。

浄水場の施設群

近代水道は、明治以降、都市ごとに次々と産声を上げていった。その順序は当時の都市力を反映しているようで興味深い。

その中でも、市民のためというよりも居留地の外人や出入する船のために水道を必要とした横浜は、やはり水道の面でもかなりの先進地であった。

横浜市の水道関連の登録有形文化財は、保土ヶ谷区の「**西谷浄水場**」に六件、その近くに「**川島町旧配水計量室上屋**」として一件、「**青山水源事務所**」に二件の計九件の施設が登録されている。一九一五年に完成した西谷の六件はいずれも地下にある池の上屋でほぼ同じ形をしている。

登録有形文化財となっている浄水場には、現役の施設とすでに役割を終えた旧浄水場があり、前者は稼働中のため見学に制限があるところが多い。もし上水道に何らかの異物を入れられてしまえば、飲み水が汚染されてしまうため、それを防ぐために一般には自由に入れないところが多いからである。イベント時にだけ公開をするところもあるし、小学生の社会見学などを除けば原則非公開だが電話等でお願いすれば職員の案内で見せてもらえるところもある。

西谷浄水場は一九一五年に開設された浄水場で、鶴見区、神奈川区など市内六区に上水を供給している。事前に水道局に申し込めば、平日限定ではあるが見学が可能だ。上屋は開設と同時に造られた施設で濾過《ろか》池と配水池の上に赤煉瓦造六角形の六基の施設がきれいに並んでいる。ただし、現在では上屋としての機能は失われている。

横浜の近代水道の給水開始は一八八七年で、当時の浄水場は桜木町に近い野毛山に設けられた。現在は閉鎖されて、見学することはできない。その後人口の増加で施設を拡大、西谷浄水場は第二回の拡張で設けられた施設である。

川島町の配水計量室の上屋は、西谷浄水場の下方に位置し、西谷の六基とほぼ同様の造りとなっている。

横浜市西谷浄水場濾過池整水室上屋

さらに、青山水源事務所は、横浜市の中心部から四〇キロメートル以上離れた相模川の支流道志川のほとり（相模原市緑区）にある。横浜には大きな川がなく、上水の取水のために、はるか山梨県境近くまで水源を求めたのである。ここには、西谷浄水場ができる前の野毛と川井の浄水場に送水した時期の取水口と沈殿池の跡が残されている。ここから横浜まで延々と水道管によって水が運ばれている。

同じ神奈川県では、横須賀市にも浄水場の登録有形文化財がある。横須賀は今も海上自衛隊の重要な基地だが、横須賀の水道の発展も当時の海軍と密接に結びついている。市内の走水《はしりみず》水源地は、明治初期、横須賀の海軍基地（戦前は、横須賀鎮守府、その前身は横須賀造船所）が湧水を造船所に引いて水道とするために設けられた施設で、その後一九〇二年に完成した「**走水水源地煉瓦造貯水池**」が登録有形文化財となっている。日清戦争後の軍備拡大に伴い、走水水源地の拡張に合わせて造られた施設で、表からは煉瓦造りの箱型の施設しか見えないが、内部にはかまぼこ型の屋根をした貯水槽がある。

また、軍港としての発展に伴って人口が増加し、海軍用の水道から市民に配水するために設けられた「**逸見《へみ》浄水場**」は、濾過池の調整室や配水池の東西の入口など七基の施設が登録有形文化財となっている。一九一九年と大正期の建設なので、すでに鉄筋コンクリートで造られている。現役の浄水場なので自由に入構できないが、市の上下水道局に申し込めば見学は可能だ。

岡山市の水道施設

全国の上水施設の中で、見ごたえのある登録有形文化財があるのが岡山市である。三野《みの》浄水場内に三施設、半田山配水池内に六施設の文化財があるが、浄水場内とは思えない華麗な建物となっているのが、一九〇四年に竣工した「**三野浄水場旧動力室・送水ポンプ室**」である。現在は、水道記念館として公開しているこの施設、煉瓦造り平屋の洋風建築で、正面に瓔珞《ようらく》飾り(1)のついた木造の車寄せを設け、その上には独特の形のブロークンペディメント(2)を掲げ、周囲の窓枠に半円のアーチを配すなど、水道施設としてはきわめて凝った装飾を施した建物である。しかも、敷地内で最も高い位置にあるため、階段で登った先にあり、玄関前にはバルコニー状の張り出しがあって、ここが場内のメイン施設だと無言で語りかけているようである。玄関の上には、「坎徳無窮《かんとくむきゅう》」の文字が誇らしげに刻まれている。水の徳は永遠に変わらず続くというような意味で、浄水場が完成した高揚感が伝わってくるような言葉である。

この三野浄水場から北西に少し離れたところに「**半田山配水池**」がある。浄水場で「上水」となった水を高低差を利用して市内の家庭に送るよう、高台に水を貯めておく施設である。ここにある三基の配水池はすべて円形で、直径二〇・六五メートル、深さ四・五メートル、側面が煉瓦で覆われかなり大きな構造物である。池といっても、半地下構造のため水は直接見ることはできず、通気口やダクトがこの下に水があることを伝えている。こちらの旧事務所は、三野浄水場とは対照的にこぢんまりとした地味な建物であり、逆に配水池の重要性が際立つ。

このほか、甲府市、浜松市、下関市、桐生市など各地の登録有形文化財を持つ上水道の施設は、水の浄化や配水に特化した機能美と、一方で当時、安全で豊富な水の確保に苦労していた市民に恩恵をもたらすある種の誇りを表すかのような重厚な建築が組み合わさった、不思議な空間を今に残している。生活の近代化を伝える文化財群として、現役で稼働しているものも、新設の施設に移り当時の名残をとどめているものも、いつまでも残したい近代化遺産である。

三野浄水場旧動力室・送水ポンプ室

バラエティに富む配水塔

岡山市の半田山の浄水場は、水を各家庭に配るために高台に施設を設けたが、高台に設けられないところは、配水のために塔を建設した。それが各地に残る「配水塔」である。形状も醸し出す雰囲気も様々で、地域ではランドマークとなっているところも多く、それだけに塔の写真を撮り歩く方の話もよく聞く。二〇一五年には、ほぼ同義のずばり『給水塔』(3)というタイトルの写真集も刊行されている。

登録有形文化財の配水塔は全部で八基。そのうち、新幹線の車窓からも確認できるのが、新潟県長岡市の旧中島浄水場の配水塔である。高さ四一・五メートル、上部に大きなバームクーヘンをかぶせたようなタンクが乗り、屋根の部分が赤く塗られた存在感のある塔で、新潟方面に向かう上越新幹線が長岡駅を発車して間もなく左手に見えてくる。登録有形文化財の名称は、単に「**水道タンク**」となっている。鉄筋コンクリート六階建てで、長岡市の中心部には小高い丘もないため、こうした塔が造られた。この地にあった中島浄水場は廃止され、今は水道公園として、この塔の周囲が整備されている。また、旧浄水場の三棟の建物も登録有形文化財となっており、身近に水道施設に接することができる点でも貴重な建築群である。なお、新潟県には燕市にも登録有形文化財「**燕市旧浄水場配水塔**」が残されている。高さは三一メートルと長岡のものに比べて一回り小さく、タンク部分は塔と同じ太さで膨らみがない点も長岡とは趣を異にしている。

配水塔は、東京都内にも一基現存している。中野区の高台にある「**旧野方配水塔**」で、こちらも地元では水道タンクと呼ばれ、最寄りの関東バスの停留所の名前もずばり「水道タンク前」である。

児玉町旧配水塔

水道タンク（長岡市）

多摩川の水を荒玉水道(4)によって引いた水を貯めて配水した施設で高さは三四メートルほどと長岡の水道タンクよりも低いが、直径が一八メートルもありしかも頭頂部はドーム状になっていて、ずんぐりした存在感がある。完成は一九二九年で、一九六六年までの三七年間、中野区一帯に水を送っていたが、配水塔としての機能が停止した後も災害時の給水槽として今も重要な役割を果たしている。

一方、それほど高くなくてひっそりと目立たない小ぶりの配水塔もある。埼玉県本庄市の「児玉町旧配水塔」は高さ一七・五メートルと周囲の建物に囲まれてすぐ目の前まで来ないと存在に気づかないくらいである。しかしよく見ると、入口と階段室が外に飛び出してなめらかな円筒のアクセントとなっており、ドームとその上の小塔が全体に丸みを与え、可愛らしい印象となっている。二〇一四年の大掛かりな改修で扉の色がオリジナル

明治岡本井路

の水色に戻されて、一層キュートになった。内部に入れてもらったことがあるが、水を揚げるポンプの設備がそのまま残っていて、役目を終えて五〇年以上も経っているとは思えないほどであった。

農業用水のバラエティ

水はもちろん飲み水として家庭に引くことも重要であるが、戦前までは国内に多くの農家があったことを思えば、農業用水としての需要もきわめて大きかった。

大分県の登録有形文化財のリストには、都市部ではなく農村地帯に、「井路」という聞きなれない名称の文化財が二件登録されている。「井路」は、九州だけでなく西日本一帯で人工の水路を指す言葉で、登録有形文化財としては、「**若宮井路笹無田石拱橋**《せっこうきょう》」「**明治岡本井路（石垣井路）**」という名称となっている。字だけ見てもどんな構造なのか想像が難しい施設である。ともに山間部の竹田市に所在し、前者は水路が川と道路を跨ぐために設けられた二連のアーチの石橋、後者は台地の尾根上を二四〇メートルにわたって高さ三・五〜五・五メートルの石垣を築いて、水路を通した構造物である。優れた石工を多数輩出した九州には、重要文化財となっている「通潤橋」をはじめとして、水路となっている橋は珍しくないので、石拱橋を見たときにはさして驚かなかったが、石垣井路が延々と曲がりくねりながら今も水を通しているのを見たときは、胸が熱くなった。こんなに苦労してまで水を引かなければならなかったこの一帯の自然の厳しさを今に伝える施設である。

　同じく農業用の水路として、和歌山県には「渡井《とい》」という名を持つ登録有形文化財がある。「とい」と聞くと、「樋」の字が思い浮かぶが、こちらは用水を通す水路橋のことである。「**小田井灌漑用水路龍之渡井**」「**小田井灌漑用水路小庭谷川渡井**」「**小田井灌漑用水路木積川渡井**」の三件で、同じ用水路が三か所で川を渡る際の橋のことである。県の北部、紀の川市とかつらぎ町にまたがるあたりで、いずれも大正時代に架けられた煉瓦造りの小ぶりな橋である。また、茨城県下妻市には鬼怒川から引いた農業用の用水を分水する「**江連《えづれ》用水旧溝宮裏両樋《りょうひ》**」というやはり煉瓦造りの用水の施設がある。

江連用水旧溝宮裏両樋

　人は常に水を欲し、そのために日本中の隅々に水路を通し、水を分け合ってきた。そんな名残が登録有形文化財には確かに息づいている。どんなに文明が進化し、技術革新が進んでも、水を引かなければコメは育たないし人は一日たりとも水なしでは生きられない。そして、水の恵みでは世界でも指折りの豊かさを誇る我が国でも、つい最近までこうして水を求めて叡智を結集していたことをあらためて教えてくれるのがこうした水にまつわる施設なのである。

堰堤で水と闘う

これまでは、水の恵みを生活に活かすための施設を見てきたが、山間地の多い日本では、河川は急流となり、水が土砂を巻き込んで土石流を引き起こして災害に至るケースが繰り返されてきた。一気に土砂が流れ下らないようにせき止めるのが砂防堰堤であり、登録有形文化財の中には百を超す砂防堰堤が含まれている。一つの河川に連続して一〇以上の堰堤が連なるところも珍しくない一方、一基の大規模な堰堤がその役目を果たしているところもある。

大谷川堰堤

徳島県美馬市脇町に、吉野川の支流大谷川《おおたに》に設けられた、地元の人が「デ・レイケの堰堤」と呼ぶ登録有形文化財がある。登録名は、「**大谷川堰堤**」で、デ・レイケは明治政府が雇ったオランダ人治水技術者のヨハニス・デ・レイケに由来する。幅六〇メートルあまりに広がる三段に落ちる大規模な石造りの堰堤では、公園として整備された河原から涼しげに水が落ちる所が見られて、川の恐ろしさを忘れるほど穏やかな光景である。裕福な商家の象徴である卯建《うだつ》が上がることで知られる脇町の市街地からも目と鼻の先で、苦労せずに堰堤を見られる珍しい場所である。

同じデ・レイケの指導による砂防堰堤が岐阜県海津市にもある。揖斐川の支流津屋川に注ぐ谷に造られた「羽根谷砂防堰堤」の二基の登録有形文化財である。一八七三年とかなり早い時期に着工され、一八八八年には完成している。上流の第一堰堤は巨石空積で堤長五二メートル、堤高一二メートル、下流の堰堤は石造巨石堰堤で、堤高は一〇・四メートルと低いが堤長は八五メートルもあり、明治時代の石積みの砂防堰堤としては我が国最大級の規模である。こちらも周囲は公園になっていて、「さぼう遊学館」という学習施設もあり、わかりやすく砂防堰堤の仕組みを解説してくれる。

このように公園と一体となって比較的楽に見学できるる堰堤は、神奈川県秦野市にもあり、県立秦野戸川公園では、一九四一年に完成し、五年後に嵩上げされて二段になった堰堤（「戸川堰堤」）を見ることができる。デ・レイケの建設した明治時代の堰堤から見ると技術的に進歩していることがはっきりとわかる。堰堤は、これまで取り上げた民家や鉄道などの施設とは違い、建築や土木の素人ではその価値が把握しづらい面があるが、それでも一つひとつ見ていくと、石積みの方法や水の流し方がそれぞれ異なり、風土や時代に応じた違いも少しずつわかるようになる。そして、急峻な川が多く土砂との闘いに明け暮れた日本でその技術が発達したこともあって、「砂防」は、「ＴＳＵＮＡＭＩ」同様、「ＳＡＢＯ」という言葉がそのまま英語に入るまでになっていることを知って堰堤を眺めると、その役割もいっそうよく伝わってくる。

登録有形文化財という制度がなければ注目することがなかったかもしれないと思うと、日本の地理的特質を教えてくれる役目を担う制度であることも実感できる。

日光の砂防堰堤群

全国に散在する砂防施設の登録有形文化財がすべて前項で紹介したように市街地に近く公園の中で手軽に見られるものであったらどんなによかったか、としばしば感じる。というのも、実はこうして楽に見学できる堰堤はかなり稀で、多くの堰堤は近くに道路がなくて、藪漕ぎをしなければ辿り着けなかったり、そもそも車が入れる道から延々と一時間以上も歩かないと辿り着けなかったりするということを、これまでいやというほど経験してきた。冬は雪道となることも多いし、逆に夏は草が生い茂って足元がよく見えず、危うく川底に落ちそうになったこともある。

延々と歩いたことで思い出すのは、日光市街地から大谷川《だいや》の支流、稲荷川を遡りながら歩いて巡った堰堤群である。稲荷川は日光連山の女峰山・赤薙山《あかなぎ》から流れ下る長さが一〇キロメートルにも満たない小さな川だが、平均勾配が一〇パーセント近い急流で、かつては街をひとつ押し流すくらいの土石流を繰り返し起こす暴れ川であった。大谷川との合流地点脇の台地に世界遺産「日光の社寺」があり、ここまでは被害が及んでいないのは、神君家康公を祀る神域としてぎりぎりこの台地上なら土石流に襲われないという先人の知恵があったからだと想像できる。

この稲荷川には、二〇基を超す砂防堰堤が造られているが、そのうちの八基が登録有形文化財である。東照宮の裏にあたる滝尾神社脇を通り、しばらく歩くと稲荷川沿いのハイキングコースの看板が現れ、図に従って川沿いに出ると、そこからは延々と上流へと道が続いている。今も砂防工事が続けられているため、作業車が通れるよう広い道となっているが、一般の車両は通行できないため、車を置いて歩くことになる。一〇〇メートルおきくらいに次々と現れる堰堤には、わかりやすい標識がつけられているが、登録有形文化財となっている堰堤は連続しているわけではなく、その間に未登録の堰堤も混じっており、しかも素人が一見しても、登録の堰堤と未登録の堰堤の区別はつけづらい。標識だけが頼りなのである。

登録されている堰堤は、下流から「**稲荷川第六・第四**・第二**・第三・第十砂防堰堤**」「**釜ッ沢下流砂防堰堤**」「**釜ッ沢砂防堰堤**」そして「**小米平砂防堰堤**」となっており、必ずしも下流から数字が順につけられているわけではない。

釜ッ沢砂防堰堤

視野が広がり正面に赤薙山が望めるので不安はないが、人家や店はもちろんのことすれ違う人も稀なので、同行者がいないとかなり心細い。歩き始めから最上流の小米平砂防堰堤まで案内板では一六〇分、比較的速足の私でも二時間はかかった。日光は砂防との闘いだった、という言葉が体感できるという意味では、東照宮や華厳の滝を訪れるだけではわからない日光の神髄に迫れるところなのかもしれない。一人で歩くのはどうも…という方には毎年九月に行われる「日光ツーデーマーチ」というウォークイベントで、この稲荷川の堰堤群を見て歩くコースもあり、自然を満喫しながら文化財群を楽しむことができる。

山形県天童市では、最上川の支流の「**正法寺川**」に二七の「**砂防堰堤**」と二基の「**鉄線蛇籠《じゃかご》水制工**」の合わせて二九件の登録有形文化財がある。蛇籠水制工とは、鉄などで編んだ籠状の袋の中に石を入れて、それを並べて水や土砂の勢いを弱める土木構造物のことである。こちらも日光の稲荷川同様堰堤群の入口に案内板はあるが、訪れたのが夏だったせいか川沿いの道は草に覆われていて、場所によっては堰堤を探すのも近づくのも難しいところが次々と現れる。水量も少なく果たしてこんな小さな川に堰堤が必要なのかと思わされるが、実際にはこの正法寺川で一九一三年に大洪水が起きたため、一九二二年から二七年まで二期に分けて砂防工事が行われた。登録された砂防堰堤や水制工はこの時期に造られたものである。

しかし、これまで紹介したのはまだ気軽に辿り着ける範疇に入る堰堤群である。二〇一二年に登録された石川県の「**甚之助谷砂防堰堤**」群は、標高二七〇二メートルの白山山頂の直下にある。本格的な登山の準備が必要だ。

また、登録有形文化財から重要文化財に「昇格」し、さらには世界遺産を目指すきわめつけの堰堤群が富山県にある。富山平野から見ると屏風のように立ちはだかる立山から一気に流れ下る常願寺川に造られた「白岩砂防堰堤」群である。一九〇六年に富山県が堰堤工事を始めたものの、一九一三年、一九年、二二年と立て続けに大豪雨に見舞われ、建設中の堰堤が破壊されたことから国の直轄工事となり、苦難の工事の末、一九三九年に完成した。初代立山砂防事務所長として工事の指揮を執ったのが、第十章で生家が登録有形文化財となっていることに触れた赤木正雄である。主堰堤の高さは六三メートルと日本一、一九九九年に登録有形文化財となり、二〇〇九年には砂防堰堤として初の重要文化財に指定。現在地元ではこの「立山カルデラの歴史的砂防施設群」を黒部川の発電施設群などと併せ、「立山・黒部〜防災大国日本のモデル—信仰・砂防・発電—」という名称で世界遺産への登録を目指している。平地が少なくほとんどの川が山地から一気に流れ下るという日本独特の地形と闘い続けてきた人々の叡智を世界に認識してほしいという思いからである。富山地方鉄道の終点立山駅前にある立山カルデラ砂防博物館では、砂防施設の概要が理解できるような展示や映像を見ることができる。白岩砂防堰堤の見学は、博物館が富山県とともに主催するバスやトロッコを利用したツアーに申し込めば可能である。

注

（1）寺院や仏像の天蓋などに設けられる装身具。

（2）和建築の破風にあたる切妻の屋根の下の装飾部分をペディメントと呼び、一部が欠けているものがブロークン・ペディメントである。

（3）『給水塔 比留間幹写真集』（リトルモア）二〇一五年。

（4）関東大震災後の東京の急激な人口増加に対処すべく、多摩川の水を世田谷区砧で取水し、中野区北部から板橋区一帯に給水する目的で敷設された水道。現在もその上を一直線に「荒玉水道道路」が通っている。

◆コラム9　文化財のアピールと情報提供のありかた

第二章で登録有形文化財になるとグリーンの登録プレートが授与され、多くの場合、それが建造物や土木構造物に直接、あるいはその周辺に掲示されることに触れたが、これは国の文化財であることと、登録番号しか情報がなく、建物の解説にはなっていないので、見学者には本当は建造物や施設の由来や見どころが書かれた表示があると、理解が深まり、文化財への親しみも増す。しかし、「景観」という観点から

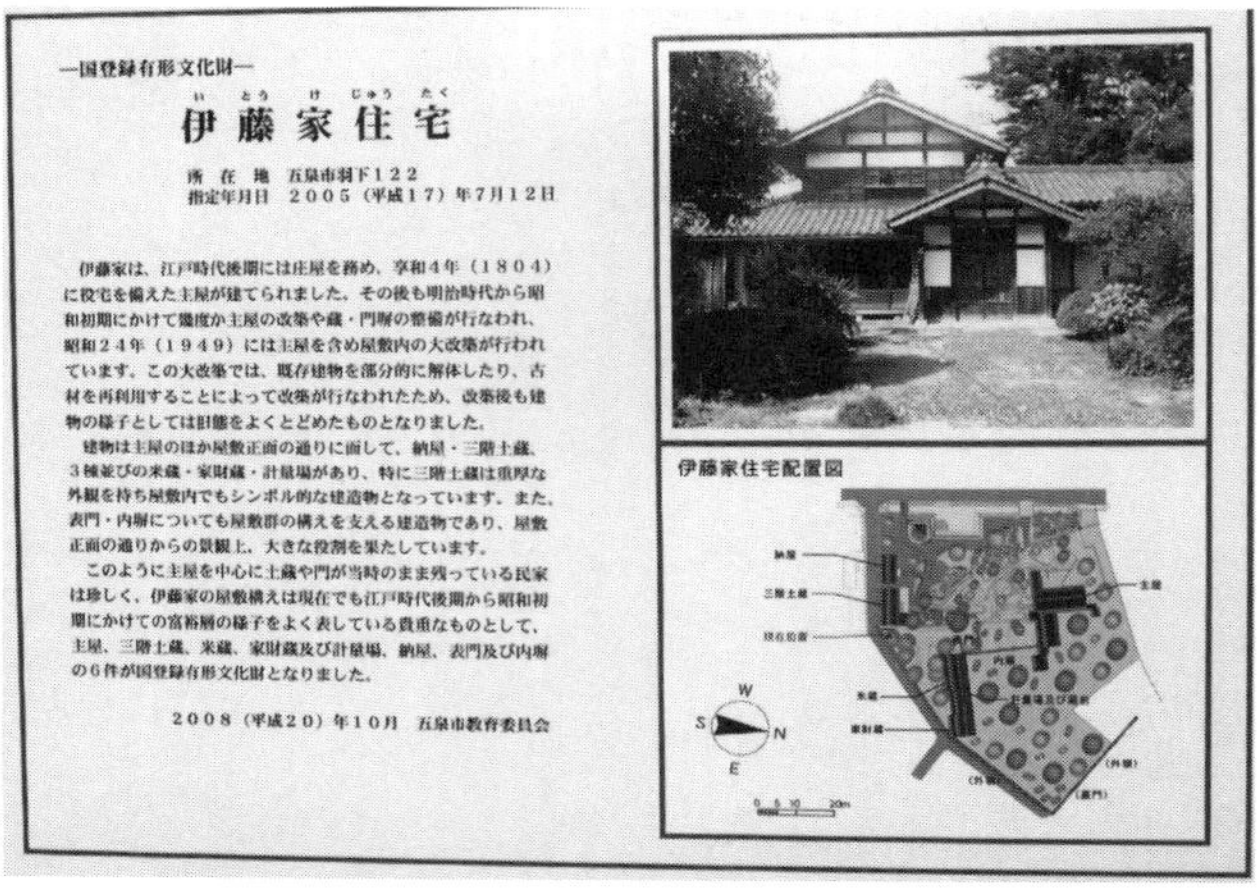

伊藤家住宅に五泉市が掲示した案内板

見ると、歴史的な建造物の前や建物そのものに余分な装飾や看板はできるだけないほうがよいのは自明の理であろう。見学客への利便性と景観との調和をどう図るかは、これが正解というわかりやすい解が簡単には見つからないという意味では、かなりハードルの高い問題である。

新潟県五泉市には五か所に登録有形文化財が点在しているが、その施設の前には市の教育委員会が設置した、わかりやすい解説板がある。建物のいわれや特徴、そして敷地内の見取り図もあるので、どの建物がどういう名前で登録されているのかもきわめてわかりやすい。決して小さな看板ではないが、景観を損ねているという印象はない。

一方で、あまり情報性のない幟《のぼり》、例えば文化財ウイークです、という共通の幟などを文化財建造物の目の前で見かけることがあるが、そのデザインや色遣いは目立つことが優先であるため、建造物の写真を撮ろうと思っても、その幟が邪魔になってモノトーンの建物に原色の幟だけがやけに目立つということにしばしば遭遇する。さりげなく、景観の邪魔をしないで、登録有形文化財であることを来訪者に知らせ、しかもその建物の意味もわかりやすく伝える。そうした配慮が行き届いた登録有形文化財に触れると、所有者やその自治体の担当者の意識の高さが感じられる。

歴史的建造物には、登録プレートのほかにも、経済産業省の近代化産業遺産認定とか、〇〇市景観重要建造物とか、様々なプレートが並んで掲示されているところもよく見かける。時には、プレートだけで、その壁の一角を占めているケースもあり、どれに目をやってよいのかわからなくなる。それだけ重要な建物だということかもしれないが、プレート群のほうが目立ってしまって、肝心の建物の邪魔をしている気がしないでもない。登録有形文化財に限らず歴史的建造物の表示や解説には正解はないのかもしれない。

第十三章　著名人にゆかりのある建物群

第四章で、著名な建築家が建てた建物群が数多く登録有形文化財となっている例をご紹介したが、登録有形文化財となっている民家や施設には、日本人なら誰もが知っている有名人、あるいはある分野では知らぬ人はいないという専門家、あるいは地方の名士にゆかりの深いものが実に多くある。例えば、「旧宇野千代家住宅主屋」（山口県岩国市）、「野上弥生子成城の家」（大分県臼杵市）のように、文化財の正式名称に著名人の名前が含まれているケースも多い。一方で、「遠人村舎」（新潟県三条市）のように著名人との関係が名称だけではわからないものの、大漢和辞典の編纂者として知られる諸橋轍次が実際にその中で編纂を手掛けた建物であるというように、実は著名人の業績と切っても切れない施設だという文化財もある。

その人のファンということではなくとも、知っている人が生まれたり過ごしたりした施設であれば、そうでないものよりは親しみが湧くのも当然で、それが訪問の動機になれば、観光振興や地域振興に一定の効果をもたらすと思われる。この章では、登録有形文化財に見る「有名人芳名帳」を紐解きたい。

樋口一葉と野上弥生子ゆかりの家

先述の宇野千代、野上弥生子らに代表されるように作家や歌人ゆかりの登録有形文化財はかなり多いといってよい。

東京都文京区にある「**旧伊勢屋質店**」には、「**見世**」「**土蔵**」「**座敷棟**」の三件の登録有形文化財があり、店が面している本郷菊坂の景観を引き立てているが、ここは『たけくらべ』や『にごりえ』などの作品で知られる樋口一葉が生活が苦しくなるたびに通った質店として知られている。一葉の住まいは、伊勢屋から菊坂を登って路地を入ったところにあって、歩けばほんの一〜二分の距離である。引っ越しの多かった一葉だが、この菊坂に三年間住まい、日記にも「伊勢屋がもとにはしらねば事たらず」と、頼りにしていたことが記されている。伊勢屋は質店としての営業は一九八二年に終えたのち、一時は所有者による維持が難しく取り壊しも検討されたが、二〇一五年に同じ文京区にキャンパスのある跡見学園女子大学が買い取って、土日を中心に一般公開されるようになった。成人までは苦しい生活を余儀なくされ、わずか二四歳で肺結核で亡くなった薄幸の作家ゆかりの場所が質屋だというのは、いかにもという感じがするが、こうして建物を通して五千円札に描かれた日本を代表する女流作家を偲べるのは、登録有形文化財の効用のひとつかもしれない。

旧伊勢屋質店

大分県臼杵市の「野上弥生子成城の家」は、文字通り、東京・成城にあった弥生子の住まいを故郷の臼杵に移築したものである。明治末期から大正、昭和と長きにわたって第一線で活躍し『秀吉と利休』や『迷路』などの代表作を生んだ野上弥生子は、一八八五年、稲葉氏の城下町であった大分県南部の町臼杵で生まれた。臼杵には九州一の醤油メーカーであるフンドーキン醤油の本社があるが、その創業家である小手川家が弥生子の実家である。その生家、「小手川家住宅」は、城下町の古い商家群の中に今も残されており、こちらも登録有形文化財で、その半分は野上弥生子文学記念館として一般に公開されている。

野上弥栄子成城の家

小手川家住宅（野上弥栄子文学記念館）

一四歳で上京した弥生子が一九二九年に手に入れた成城の住宅は、逝去直前まで過ごした家で、スペイン瓦の屋根に円形の張り出しがついた、昭和初期の東京郊外の伸びやかな雰囲気を映した洋風の住宅である。弥生子の死後五年経った一九八九年に臼杵川の河口に面した現在地に移築された。つまり、弥生子は生家も生涯を過ごした東京の家もともに登録有形文化財として今に残る珍しい作家だといえる。

小手川家は酒造業も営んでおり、野上弥生子記念館の隣の「**小手川酒造主屋**」は、フンドーキン醤油のグループ会社の本店である。漆喰塗りの大壁造りの主屋と、格子が入った町屋の佇まいを残す離れに当たる小手川家住宅は、臼杵の町を代表する美しい景観を作り出している。クリーム色のモルタルに塗られた洋風の外観が隣の和風の生家と好対照をなしている。

歌人・詩人ゆかりの四軒の家

歌会始の撰者を務め、皇族への和歌の指導も行った日本を代表する歌人のひとり、佐佐木信綱の生家は三重県鈴鹿市にある。明治初期に造られた町屋風の「**主屋**」と「**土蔵**」、それに生家に隣接して、「**石薬師文庫閲覧所**」という建物があり、この三棟が登録有形文化財である。石薬師文庫閲覧所は、信綱が還暦となった一九三二年に当時の石薬師村に寄贈した建物で、土蔵にあった伊勢国学などの蔵書を村民が閲覧できるようにした施設である。一〇歳で上京したのちは東京で暮らした信綱だが、故郷への思いは年老いても消えなかったようだ。

佐佐木信綱より少し後の時代に活躍した吉井勇。東京生まれで、その後も基本的には東京や京都で過ごした彼の記念館が東京から遠く離れた高知県の四国山地の懐に建っている。その近代的な記念館の隣に彼が最初の妻と離婚した直後から三年ほど隠棲した住まいが残っている。物部川沿いに彼が建てた茅葺きの民家は「**渓鬼荘**《けいき》」と名付けられ、漂泊の旅の起点ともなった。今は、記念館の分館のような形で彼のここでの生活が再現されている。高知空港から延々と山道を走って一時間近く、川沿いの台地の斜面にそこだけ渋めの花が咲いたように茅葺きの草庵が佇んでいる様は、彼が作詞した劇中歌『ゴンドラの唄』の歌詞である「命短し恋せよ乙女…」の素朴なフレーズと妙に響き合うように思えた。隣の記念館には、彼の歌が数多く展示されており、両方を見ることで、伯爵歌人と呼ばれた彼の多面的な素顔に触れることができる。

この吉井勇らとともに耽美派の拠点となった「パンの会」を結成した詩人・小説家に木下杢《もく》太郎がいる。皮膚科医としても実績を残した一方、多くの詩集を世に出した彼の生家が静岡県伊東市の市街地に今も残り、市の指定文化財となっている。そして、そのすぐ隣に一九〇七年に建てられたどっしりとした商家が「伊東市立木下杢太郎記念館」として一般公開さ

石薬師文庫閲覧所

渓鬼荘

伊東市立木下杢太郎記念館

れている。白いなまこ壁が建物の下の部分を帯のように巻き、黒い板張りの外観と美しいコントラストをなす家である。

さらに、与謝野晶子らとともに『明星』で活躍した女流歌人**山川登美子**の生家が福井県小浜市に保存され、こちらも**「記念館」**として公開されている。小浜藩士の子に生まれ、大阪の女子校からのちには東京に出て活躍したものの、夫に先立たれ、自身も結核を患って実家に戻って療養したがわずか二九歳で夭折した。その彼女の足跡が記念館の建物に刻まれている。主屋に続く離れの奥の間は、亡くなるまで登美子が療養のために布団を敷いて過ごした空間である。

このように、登録有形文化財として残された作家や歌人の生活の場、あるいは仕事の場は、彼らの熱心なファンではなくとも、創作の生みの苦しみのようなものをダイレクトに伝えてくれる貴重な施設であり、ただ小説や歌集を通して感じるよりも多くのことを、訪問者に語ってくれているように思える。

山川登美子記念館では、若い人にはなじみの薄い明治時代の歌人に親しんでもらいたいという思いから、二〇一六年一一月から一二月にかけて、地元小浜市にある若狭高校と連携した企画展「明治と平成のティーンエイジャー」を開催した。高校生が作った短歌の展示のほか、明治と平成の若

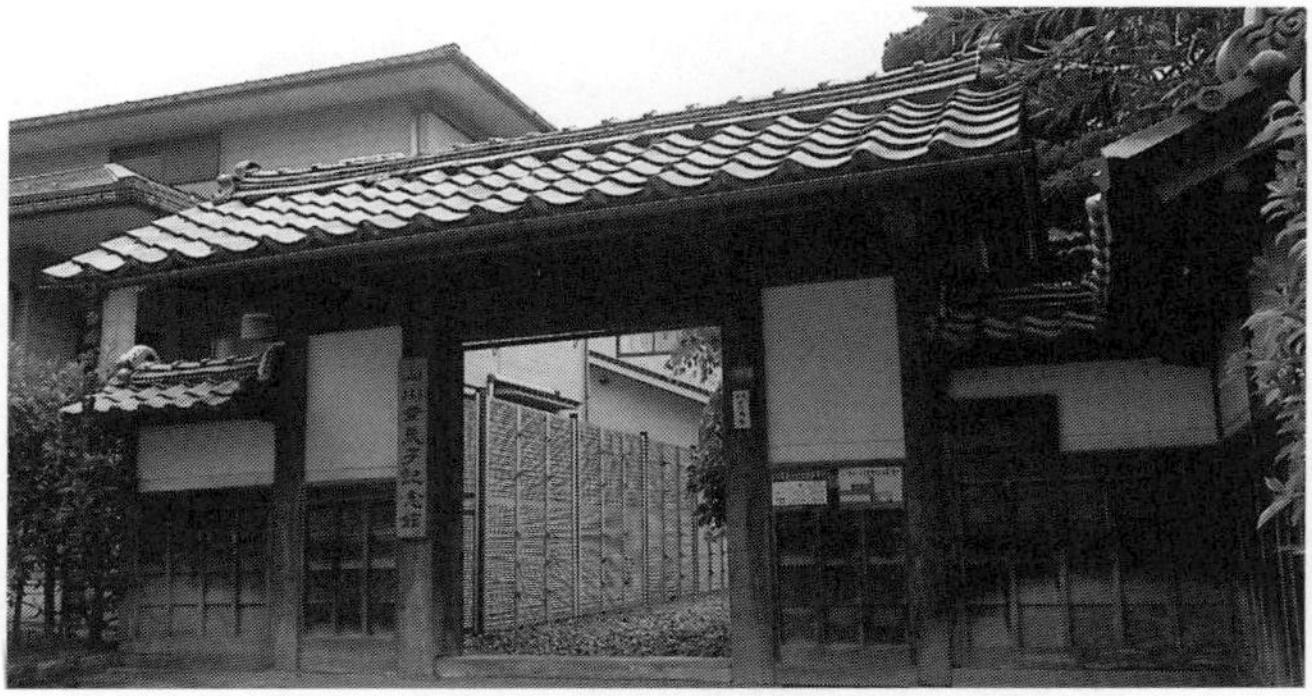

旧山川家住宅（山川登美子記念館）

者の生活環境や時代背景などを比較し紹介することで、企画にかかわった高校生だけでなく、参観者にも短歌と地元出身の歌人を身近に感じてもらう企画であった。

なお、山川登美子記念館は、二〇一五年に公開された映画『海賊と呼ばれた男』のロケ地としても使われた。民族資本の石油会社、出光興産を一代で築き上げた出光佐三の一生を岡田准一が演じた映画の中の、佐三（映画では国岡鐵造）が資金援助をしてくれた恩人に結婚の報告をするシーンで、山川家の表座敷と縁側が登場している。

実業家の旧宅

その出光佐三は、北九州市と福岡市の間にある赤間という町で生を受けた。現在の宗像《むなかた》市である。赤間は、北九州から博多を経由して佐賀県の港町、唐津に至る唐津街道の宿場町として栄えたところで、近年は地域おこしの一環で街道沿いの商家を観光拠点として市外からの客を呼び込もうとしている。この地にある登録有形文化財は、今も現役の「**勝屋酒造店舗兼主屋・煙突**」と「**旧出光家住宅主屋**」である。そう、出光佐三の育った家も登録有形文化財なのである。周囲の町家と比べるとむしろ小さいといってよいほどこぢんまりした白壁と格子に覆われた木造二階建ての町家である。この家の建築は一八九三年で、佐三の生年は一八八五年であるから、小学校に入ったころに建てられた家である。父の商売は藍問屋であった。佐三はここで神戸高等商業学校（現、神戸大学経済学部）に進学するまでを過ごしている。成功した実業家の幼少期の住まいは、その後歩んだ人生の出発点として、見る者に強い感慨をもたらすように思う。

旧出光家住宅主屋

海運で財を成したことで思い浮かぶもうひとりの大物実業家といえば、三菱財閥の創始者である岩崎彌太郎であろう。土佐・井ノ口村（現在の安芸市）の郷士であった岩崎家は、江戸時代中期の寛政期に建てられた茅葺きの民家や明治以降に建てられた蔵など七件が「**岩崎家住宅**」として登録有形文化財に登録されている。主屋は、寄棟造で表と裏がともに桟瓦葺きの庇が出て、アクセントになっている。蔵の瓦には岩崎家の家紋である重ね三階菱が見られ、壁には家紋と土佐山内家の家紋を組み合わせて考案されたスリーダイヤモンド、つまり現在の三菱のシンボルマークが誇らしげに掛かっている。幕末の長崎で土佐藩士らとともに行動する中で、商才と海運の知識を磨き、のちに日本郵船や三菱炭鉱などを設立した彌太郎の原点はこの屋敷にある。庭に残された日本列島を思わせる石組みは、いつか日本中に雄飛しようとの思いを抱いていた若き彌太郎が築いたものであり、その後の活躍を暗示しているように感じられた。

なお、岩崎家ゆかりの他の登録有形文化財として、彌太郎の長男で三菱第三代の総帥となった久彌の別邸「**旧岩崎家末廣別邸主屋・石蔵・東屋**」（千葉県富里市）、彌太郎が箱根に建てた別邸をそのまま庭園内に残す「**吉池旅館別邸**」（神奈川県箱根町）がある。

岩崎家住宅

旧根津家住宅

明治期の東京・横浜で活躍した山梨県出身の実業家たちを甲州商人・甲州財閥などと呼び、近江商人などと並んで有力な企業群を次々と興したことで知られている。その代表者のひとりともいうべき、根津家の邸宅（「**旧根津家住宅**」）も登録有形文化財である。現在の東武鉄道など多くの鉄道会社の経営に参画したことや、東京・青山の根津美術館や旧制武蔵高校（現在の武蔵大学、系列には新制の武蔵中学・高校）を創設したことでも知ら

逸翁美術館（現：小林一三記念館）

れる根津家は、現在の山梨県山梨市で江戸時代から雑穀商や質屋を営む豪商であった。昭和に入ってから建てられた二階の建ちの高い「**主屋**」と「**蔵**」、「**長屋門**」が登録有形文化財である。初代根津嘉一郎[1]が晩年に建てたこの邸宅は、外見は純和風だが、内部には電気の配線が埋められているほか、ボイラー設備、屋内消火栓など昭和初期の最新鋭の設備が導入されていた。

一方、関西の鉄道王といえば、現在の阪急電鉄を創始し、宝塚歌劇団の創設でも知られる小林一三であろう。小林も甲州の出身で三井銀行に勤めたが、三四歳で事業を興すために大阪へ赴任、その後幾多の紆余曲折を経て、電鉄会社を基幹に住宅開発、レジャー施設・百貨店経営など、そして後の私鉄経営のモデルとなる事業を次々と開花させていく。そして阪急電車の沿線である池田に一九三七年に雅俗山荘と名付けた洋館を建て、晩年まで過ごした。洋館は一三の死後、彼が収集した美術品を公開するために彼の号から採った逸翁《いつおう》美術館となり、登録有形文化財としても「**逸翁美術館**」の名称となっている。その後、美術館は近隣に新築されて移ったため、邸宅は翁の生前に近い状態に復元され、二〇一〇年小林一三記念館として再び公開されるようになった。「**主屋**」のほか、江戸期に造られ、雅俗山荘建造に伴って移築されて正門として使われた「**長屋門**」、鉄筋コンクリートの「塀」、二軒の「茶室」の五件の有形文化財を見ることができる。

京都の誇る三人の住まい

無数の神社仏閣を見るだけで何日あっても足りない古都京都。この街にも有名人にゆかりのある建物が登録有形文化財としてひっそりと息づいている。ひと通りの有名寺院をほぼ見尽くして京都通だと自慢したくなる人に、ではこれはどうですか？　とお勧めしたくなるのがこの項で紹介する文化財群である。

観光客の姿が引きも切らない嵐山。その一角に静謐さが今も保たれる貴重な空間が残る。小倉山の麓の斜面に広がる「**大河内山荘**」だ。眼下には嵐山、目を上げれば京洛の市街地と比叡山までが一望できる別天地は、戦前の時代劇スターの一人、大河内傳次郎が建てた別邸である。福岡県出身の大河内は二〇代後半に日活を皮切りに、東宝、大映、東映などに所属しながら、『沓掛《くつかけ》時次郎』『丹下左膳』などの代表作に次々と主演、所属した撮影所がすべて京都にあったため、三〇代で小倉山麓の土地を取得し、時間をかけて庭園を整備していった。主屋にあたる「**大乗閣**」のほか、三件の建造物が登録有形文化財となっていて一般に公開されている。大乗閣

大河内山荘大乗閣

は数寄屋風の書院を中心に寝殿、茶室、民家風の土間と台所を組み合わせた、ほかでは見られない珍しい造りで、山荘の中心的存在である。少し下がったところにある寺院風の持仏堂も、邸宅の中にある建物としてはきわめて珍しい。いつも観光客でごった返す渡月橋や天龍寺からさほど離れていないにもかかわらず、その喧噪が届かないのは、今では大河内傳次郎といっても知る人も少なくなっているからか、あるいは一人千円という入場料が高くて、団体客がほとんど来ないからかなどと想像しながら、洛外の涼しい風を受けるのは至福の時間である。

旧並河靖之邸主屋

次の著名人ゆかりの登録有形文化財は、平安神宮のすぐ近くにある、並河靖之七宝記念館として公開されている建物と庭園である（「旧並河靖之邸」）。明治中期から後期にかけて海外で珍重された日本の美術品に七宝焼がある。その代表的な二人の作家は、ともに名前を「なみかわ」という。東京の濤川惣助《なみかわそうすけ》と京都の並河《なみかわ》靖之である。前者は無線七宝、後者は有線七宝と技法も異なっており、お互いにライバルと自認しながら、切磋琢磨して数々の名品を生み出した。東京の濤川は、現在国宝となって公開されている赤坂迎賓館の花鳥の間などに飾られた七宝の作者として知られるが、京都の並河はパリの万博で作品が多数受賞し、皇室でも愛用されるなど、精緻な技巧が称賛された。彼が住居兼工房として建てたのが現在の記念館である。

直接買い付けに来る外国人のために天井を高くした京町家風の主屋は、庭園から見ると池に浮かんでいるように見える。この庭園は「植治」の通称で作庭家として著名な七代目小川治兵衛の作で、琵琶湖疎水から直接水を引いた初期の個人庭園としても知られている。また、記念館には多くが海外に輸出されて散逸してしまった貴重な並河作品が集められており、所蔵品のうち、作品一四一点、下図類九八九点、道具類五三二点の計一六六二点が「**並河靖之七宝資料**」の名称で後述する美術工芸品の国登録有形文化財に登録されている。建物と作品がともに登録有形文化財となっているのである。

河井寛次郎記念館主屋

三人目の著名人は、陶芸家の河井寛次郎である。彼は自ら自邸を設計し、そこに窯も造って、並河同様、創作と生活の場を共有した。国道一号線となっている五条通から少し入った路地に面して「**主屋**」が建ち、その奥に陶房や窯が残されていて、それらがすべて登録有形文化財である（「**河井寛次郎記念館**」）。主屋は表向きは普通の京町家だが、板敷の広間には囲炉裏を置き、木材は古色仕上げとし、漆塗りの建具を使うなど、空間構成などに独自の視点が盛り込まれ、邸宅全体が見どころである。作品だけでは理解しえない寛次郎の世界観が表れていて興味深いことこの上ない。

京都には、ほかにも作庭家として知られる重森美玲の旧宅（「**重森美玲邸書院・茶室**」）が登録有形文化財となって庭園美術館として公開されているなど、じっくり探せば一日かけても回れないほどの「著名人ゆかりの文化財」を見ることができる。

本能寺信長公御廟所拝殿

織田信長の遺構

戦国時代の覇者となった信長、秀吉、家康は愛知県出身の三英傑として並べられるが、徳川幕府を開いた家康や、天下人として京都や大阪に壮大な城郭や寺院を建てた秀吉に比べ、天下統一の途中で明智光秀の謀反に遭って炎の中に消えた信長ゆかりの文化財は、ほとんどといってよいほど残っていない。しかし、さすがは京都の町の奥深さというべきか、この街では信長ゆかりの登録有形文化財も見出すことができる。

京都の中心となる大通りのひとつ御池通。この通りを挟んで京都市役所の向かいに位置し、寺町通に門を開く形で、信長が命を落としたあの「**本能寺**」がある。もちろん、信長が滞在していた当時の伽藍は焼失したため、この本能寺は、秀吉の命で移転してこの地に再建されたものである。本能寺は幕末の禁門の変でも焼失しており、現在の本堂が建てられたのは昭和に入った一九二八年である。そして、信長にゆかりが深いということでいえば、本堂よりもその南側にある小ぶりな堂宇のほうである。こちらが本堂と表門と併せて登録有形文化財となっている「**本能寺信長公御廟所拝殿**」である。この拝殿の奥に信長の墓があり、本堂以上にこちらに参拝する人の姿が目立っている。今でこそ、周りの建物に押しつぶされそうなくらい狭い本能寺の境内だが、戦国時代には、高い塀と濠に囲まれて今よりもはるかに広い敷地を有していた。さらに当時の住職が天皇と縁戚にあって、天下統一のために天皇家に近づきたかった信長から見て、取り込んでおきたい寺院だったこと、さらには本能寺は種子島に信者が多く、寺を通して鉄砲や火薬を入手しやすかったことなどが、信長がこの寺を手厚く保護し、京都に来るたびに宿泊先としていた理由だといわれている。だからこそ安心しきって、わずかな手勢で泊まってしまったのかもしれない。

建勲神社拝殿

もう一か所、信長ゆかりの場所といえるのは、本能寺の北西、鹿苑寺金閣や大徳寺からもほど近い船岡山の中腹に建つ「**建勲神社**《たけいさお》」である。船岡山は、秀吉が信長の墓地と定めたところで、明治になって明治天皇が信長を祀る神社の創建を下命、信長の子孫の織田家が藩主から知事となった天童藩の江戸屋敷に祀られた神社を一八八〇年に遷座、その後さらに現在地に移築されている。その後に建てられた施設も含め、一一の建造物が登録有形文化財である。

信長の遺構は、清洲城、岐阜城、安土城などいくつも思い浮かぶが、清洲城は模擬天守、岐阜城は復興天守、安土城に至っては城跡は国の特別史跡となっているものの、天守は伊勢市の歴史テーマパークに原寸で再現されたものがある程度で、どれも戦後造られた「観光施設」である。それに比べれば、京都の二か所の信長ゆかりの登録文化財のほうが、まだ彼を偲ぶにはふさわしいような気がしてしまう。京都には秀吉を祀る豊国神社（唐門は国宝）もあるし、南禅寺の塔頭である金地院には家康を祀る東照宮（本殿、拝殿などが国重要文化財）もある。三英傑は奇しくも、天下統一のために彼らがどうしても手に入れたかった京都の地で、仲良く祀られているのである。

南方熊楠と宮沢賢治

日本人の誰もが知る著名人とまではいえないかもしれないが、その業績を見れば、間違いなく日本が生んだ近代の〝知の巨人〟のひとりと呼んでもおかしくないのが、紀州生まれの博物学者、民俗学者の南方熊楠《みなかたくまぐす》（一八六七〜一九四二）である。和歌山市に生まれ、東京を中心に活躍し、後半生は郷里に近い現在の和歌山県田辺市で過ごした熊楠の旧宅が二〇一五年と比較的最近、登録有形文化財となった。登録名「**旧南方家住宅主屋・書斎・土蔵・井戸屋形**」の四棟の建物群である。焼杉板の下見板張で焦げ茶色に彩られた主屋は、明治末期に建てられ、一九一六年に熊楠が手に入れ、晩年までを過ごしたところで、現在は隣接した南方熊楠顕彰館と一体となって彼の業績や人となりを紹介する施設となっている。

熊楠の膨大な業績や著作を見ると、日本や外国どころか宇宙までをも視野に入れていたように思えるが、熊楠よりも三〇年ほど後の時代に生まれたものの三〇代で病没したため活躍した時代は重なっていて、しかも熊楠同様星空の向こうを見ていたような創作界の巨人が東北にいた。詩人、童話作家の宮沢賢治（一八九六～一九三三）である。代表作の『銀河鉄道の夜』や『よだかの星』などは、まさに天空を舞台にしたスケールの大きな童話である。その賢治が晩年に技師として働いたのが、岩手県一関市にある**「旧東北砕石工場」**で、今も登録有形文化財として残されている。この工場は、一九二四年に石灰石を採取・砕石し、土壌改良用の肥料として出荷することを目的として設立された民間の工場である。設立者の鈴木東蔵は、盛岡農林高等学校を卒業し、花巻農学校の教師などを務めた賢治の存在を知り、製品の改良や広報・営業のスタッフとして賢治に勤めてもらうよう依頼した。しかし、ここでの勤務のさなかに体調を崩した賢治はそのまま三七歳の生涯を閉じた。トラスを組んだ小屋組に片流れの屋根をかけただけのきわめて簡素な、味気ないといってもよいくらいの工場の遺構だが、一九七八年に操業を終えたのち、隣に「石と賢治のミュージアム」が開設され、賢治の晩年の心象風景を知る貴重な施設として、大切に守られ続けている。

旧南方家住宅

鍵谷カナと磯崎眠亀——産業を興した人々

鍵谷カナ頌功堂

愛媛県の登録有形文化財のリストに「鍵谷カナ頌功堂」という名称の施設がある。個人名がついてはいるが、この名前だけでそれが誰かを言い当てられるのは地元でもそれほど多くないかもしれない。しかし、「頌功」（＝褒めたたえること）されるくらいだから、地元への功績があった人であろう。

松山市の郊外にあるその頌功堂を訪ねてみると、中国風の八角形の鉄筋コンクリートの東屋の中に、石碑が建てられている。鍵谷カナは、このあたりの地場産品である伊予絣《がすり》(2)の創始者で、碑を建てたのは伊予織物同業組合である。松山絣とも呼ばれるこの地方の絣は、江戸末期に始まってから次第に人気が高まり、久留米絣、備後絣とともに、日本三大絣の一つといわれるようになったばかりでなく、最盛期となった大正のころには、日本で生産される絣の半分ほどを占めるまでになった。鍵谷カナ（一七八二～一八六四）は、一八世紀末に松山の近郊で生まれて農家に嫁いで後、そこで織られていた縞木綿の織物を見て絣を考案、その後、地域に広まって、伊予絣として評判が高まり、さらには全国的なブランドとなった。現在、頌功堂が建てられているのは、彼女の生地の近くの長生寺の境内で、彼女の墓もこの寺にある。また、彼女の胸像が近くの民芸伊予かすり会館に設置されている。その脇には、松山出身の正岡子規が伊予絣の生産が盛んになったこのあたりを訪れて詠んだ句「花木槿《むくげ》家ある限り機の音」の句碑もある。一基の登録有形文化財のおかげで、私たちは一人の女性が考案した地場産業の盛衰を今でも知ることができるのである。

同じ瀬戸内海に面した中国四国エリアに、もうひとつ個人の名前がその名に刻まれた登録有形文化財がある。**「倉敷市立磯崎眠亀《みんき》記念館」**である。白壁で入母屋になった大型の民家で、屋根にカーブのついた「むくり」となっているのが特徴である。

倉敷市立磯崎眠亀記念館

磯崎眠亀（一八三四～一九〇八）は、岡山特産のイグサから筵《むしろ》を織る織機を発明、非常に精巧な花筵である「錦莞筵《きんかんえん》」を完成させ、名を世に広めた実業家である。一八七四年に建てられた彼の自邸は、二階への出入に階段ではなくスロープを作って運搬を楽にしたり、玄関の戸に菱形の桟を取り付け、回転と横滑りによって開閉する仕組みにするなど、創意工夫の好きな眠亀の才知が随所に見られる珍しい民家である。一九八八年からは彼の功績を称える記念館として、市の施設として運営されている。

一時は全国一だった岡山県のイグサ生産とイグサの加工による畳表や筵の生産も、大規模な臨海工業地帯の開発による労働者の第二次産業への流出や中国の安価な製品の流入などで激減し、今では一部の高級品の生産にとどまるが、この記念館はかつてのイグサ王国岡山の面影をかろうじて留める貴重な生き証人となっている。

漢和辞典の泰斗、諸橋轍次が暮らした家

我が国の漢字研究の第一人者といえば、『大漢和辞典』の編者で、都留文科大学の初代学長でもあった諸橋轍次（一八八三～一九八二）であろう。彼は新潟県下田村（現、三条市）に生まれ、東京高等師範学校入学のために上京して以降は、郷里に帰ることなく一〇〇歳で天寿を全うした。彼の生地は現在、三条市立の諸橋轍次記念館となっており、敷地の中には彼の生家と東京・西落合から移築された茶室が移築され、内部を公開している。「遠人村舎」と名付けられたその茶室こそ、彼が大漢和辞典の編纂に没頭した作業場で、登録有形文化財となっている。この名は、中国の詩人陶淵明の『園田の居に帰る』という詩の中の「曖々たり遠人の村　依々たり墟里の煙」から採られている。「遠人の村」は、人里離れた村を意味していて、この茶室で人を遠ざけて辞典の編纂に没頭しようという決意を表していると、村舎の前の説明板に書かれている。造られたのは明治期で、四畳半と三畳の二室のみ。質素で粗末といってもよい小さな建物だが、ここで生み出された漢和辞典は多くの人に愛され、今も使

遠人村舎

われ続けている。

注

（1）現在の根津美術館の館長は初代根津嘉一郎の孫の公一氏、東武鉄道の社長も公一氏の弟の嘉澄氏で、ともに祖父が創立した武蔵高校（新制）を卒業している。

（2）絣は、あらかじめ染め分けた糸を使って文様を織り上げる織物で、明治以降普段着の和服用の反物として多くの日本人が愛用した。

◆コラム10　神谷家住宅と大正林道

登録有形文化財を巡る旅には、観光地として整備されたところではないだけに訪問する苦労がつきまとう。

名古屋市の中心部に「神谷家住宅」という登録有形文化財がある。国指定文化財等データベースで公表されている住所は、第二章で触れた通り、登記の地番で住居表示ではないので、まずそこから場所の特定に手こずるが、このデータベースは地図も表示されるので、それを頼りに現地に行ってみた。ところがこのあたりと思しき場所に行きあたっても、ビルが密集しているばかりでそれらしき建物が見当たらない。登録されている物件は四件あるが、主屋や門といった敷地外からも確認できるようなものではなく、すべて茶室とその付属施設ばかりなので、どうやらビルの奥のどこかに茶室が設けられているようだ。神谷家は、三河武士の流れを汲み、代々続く名古屋裏千家の家柄で、江戸時代に紙問屋を興し、明治に入って当地に居を構えたとのことである。インターネットを検索すると、裏千家の茶道教室をここで開いていると記されているので、入門すればこの文化財にもお目にかかれそうだ。

旧大正林道木屋ヶ内トンネル

ビル街の隙間のようなところに位置する文化財だからこそ探しにくいのであれば、山間地でビルなどないところなら車さえあればアクセスは楽かというと、ことはそう簡単ではない。

高知県に「**旧大正林道**」の名がつく登録有形文化財が四件ある。三件は橋、一件はトンネルである。地図で場所も確認できた。高知空港のレンタカーの営業所で軽自動車を借りて県内の登録有形文化財を見る旅の二日目に県西部の四万十町に入り、大正林道を目指した。林道と名がついているが、実はかつての森林鉄道の軌道跡である。一件はすぐに見つかったが、残りの三件は川沿いに走る国道四三九号線の対岸の軌道跡を走らないと見ることができない。林道への道路を見つけ、三件の文化財のあるところまで車を進ませようとしたが、道路の幅は二・五メートルしかなく、片側は四万十川の支流が流れる絶壁でガードレールもない。退避場所もない道が延々と続いていて、もし対向車が来てもとてもバックなどできないような道である。文化財の橋をひとつクリアし、次に辿り着いたのが「**木屋ヶ内トンネル**」である。その幅を見て絶句した。果たしてこの軽自動車で通れるだろうか？ホームページには幅二・五メートルと書いてあるので、計算上は通過できるが、目の前に穴を開けたトンネルは、侵入を拒絶しているのが伝わってくるほど狭く暗い空間である。文化財の見学という意味ならば、入り口を見ただけで十分で、ここから引き返してもよいのだが、このトンネルの先にもうひとつ文化財の橋があるので、通るしかない。迷っていたら反対側から車が入ってくるのが見えた。出てきたのは軽トラックである。あれが通れるならこちらのレンタカーも大丈夫だろう。意を決してトンネルに突入した。借りたのが軽自動車で本当によかった。息を止めて一定の速度で真っ暗な空間を細心の注意を払いながら通り抜ける。たった一三八メートルのトンネルだが永遠に思えるほど長かった。さらに次の橋まで細い林道跡を走って四件の文化財を全部見ることができた。

伐採した木材を運搬するためにこんな険しい場所に鉄道を敷いた先人に思いをはせることができたのは、四件の旧大正林道の文化財を全部見終わって一息ついたころだった。

第十四章　登録有形文化財に「泊まる」

「保存しながら活用する」というコンセプトで、私たち一般の利用者が最もその恩恵にあずかれるのは、その施設に宿泊することではないだろうか？　泊まるということは、原則として夕方から翌朝まで最低でも半日は滞在することになるし、夕暮れや夜明け前の微妙な光の変化も施設の中で味わえる。食事付きであれば、文化財の中で食事ができるし、オープンスペースや宿泊する部屋だけでなく、宿泊しないと見学できない大広間や特別の間を見せてもらえることもある。

登録有形文化財には、もともと旅館として建てられた施設が多く、今も当時の施設を利用して現役で営業を継続しているところも少なくない。また、かつての旅館を全くリニューアルして最新の設備で宿泊を楽しめるところもある。一方で、普通の民家や町家を改修して、民宿やゲストハウスとして宿泊させてもらえるところも出てきているなど、世の中の宿泊形態の多様化を反映して泊まれる文化財の多様性も広まっている。

登録有形文化財の究極の楽しみ方の一つとして、「登録有形文化財に泊まる」ことが、施設や地域にとって保存や活用という視点でどのような効果と課題があるか、考えてみたい。

清輝楼

日本三景を見る

私自身が最近宿泊した登録有形文化財は、京都府の日本海側、最近では、「海の京都」として観光戦略を推進する丹後地方の中心都市、宮津市の「**清輝楼**」である。海に近い中心街の角地に木造三階建ての堂々たる構えを持つ老舗旅館で、創業は元禄年間というから一七世紀の末、現在の建物は一九〇一年の竣工である。圧巻は一〇五畳の大広間。一二枚の襖絵に囲まれた空間は、上は格天井で覆われ、床柱や違い棚の造作も見惚れるほどである。暗くなってからのチェックインで気づかなかったが、翌朝部屋からは日本三景の天橋立の緑の直線が目に入った。富岡鉄斎、菊池寛、野口雨情らの文人の宿泊も多く、彼らが残した書画も、廊下やそれらを集めた部屋に飾られており、泊まればそれらをゆっくり鑑賞できる。市内に公共の美術館がないこともあって、伝統工芸の展示会がこの建物を使って折々に開かれるなど、旅行者だけでなく、地域の人にとっても貴重な空間になっている。

宮津市内ではもう一軒、清輝楼の開業と時を置かず享保年間に運送業を興し、のちに旅館業に転じた「**茶六本館**」が登

茶六本館

録有形文化財である。通りに面した三階建ての木造旅館で、こちらも天橋立観光の人々で賑わったことだろう。次々と新しい観光地や観光施設が登場して、集客という意味では「日本三景」の威力もかつてほどの力はなく、その三景の中でも首都圏からは最も時間距離が遠い天橋立のお膝元は、観光業の再生を願っていることが旅をしていても伝わってくる。そんな動きを支えるインフラとして、文化財となった老舗旅館はもっともっと前面に出て、地域を牽引していってほしいものである。

外国人向けのホテルとして

明治維新を迎え、外国人も日本を自由に旅行できるようになり、夏の東京や横浜の暑さから逃れるために、今でいうリゾートホテルが主に外国人向けに避暑地に造られるようになった。そのうち、施設の多くが登録有形文化財となっているのが、箱根・宮の下にある「富士屋ホテル」と日光の二社一寺への入口にたたずむ「金谷ホテル」である。

年々注目度が高まる東京箱根間往復大学駅伝競走、通称箱

富士屋ホテル

根駅伝。その中でも、最も注目を集める「山登り・山下り」の五区、六区の中継で必ず映し出されるのが、宮ノ下のT字路の角に特異な建築を見せる「**富士屋ホテル**」である。旅館としての開業は、一八七八年。唐破風の屋根を持つホテルのシンボルともなっている本館の完成は、一八九一年である。敷地内には、その前後に造られた宿泊棟や食堂など、本館も含め併せて七棟が文化財登録されている。一八九三年から二〇年ほどは外国人専用のホテルとなったためか、意匠も内装も、洋風を取り入れながらもジャポニズムの要素も満載の和洋折衷建築である。外観だけは宿泊しなくてもおおよそは見られるが、宿泊すると一日一回夕方に開かれる館内ご案内ツアーに参加し、館内のいたるところに施された彫刻など、三〇分程度で見どころをガイド付きで見学することができる。なお、富士屋と道路を挟んだ向かい側にある御用邸（「**富士屋ホテル菊花荘**」）も登録有形文化財、また箱根町内には、旅館だけでも、「**環翠楼**」、「**福住樓**」、「**塔之澤一の湯本館**」、「**箱根太陽山荘**」など「件数」で数えれば二〇件以上の登録有形文化財がある「温泉文化財王国」であり、その密度は草津や別府、熱海といった老舗旅館街を遥かに上回る日本一の密度となっている。

もうひとつの避暑地型外国人向けリゾートホテルが、日光のホテルの代名詞といってよい「**日光**

金谷ホテル」である。本館は一八九三年と、富士屋ホテルの本館とほぼ同じ時期の建造で、こちらは同じ木造でも鉄板葺きで西洋風の様式である。三階建てだが、これは一九三六年の改築で、地面を掘り下げて新たに一階を造り、旧来の二階建ての建物を二・三階にしたからである。ただし内部は和風の意匠が多くなっている。また敷地の奥には、「竜宮」という愛称のついた銅板葺き純和風の「**観覧亭**」や、観覧亭と渡り廊下で繋がった同様のデザインの「**展望閣**」など、こちらの「和風」を徹底的に意識したかのような建物も登録有形文化財である。二〇一七年の春には、「日光旬旅倶楽部デスティネーションキャンペーン」の特別企画として、「鉢石宿街歩き&日光金谷ホテル館内案内ツアー　登録有形文化財をたずねて」というツアーが行われた。宿泊するかどうかにかかわらず、**旧日光市庁舎**（登録有形文化財）に集合し、もう一軒「**日光物産商会**」という門前の土産物店の登録有形文化財を見た後、ホテル内を見学するツアーである。

日光金谷ホテル

　なお、日光金谷ホテルの近くには、ホテルの開業のきっかけとなった建物が今でも残されている。日光東照宮の雅楽師であった金谷善一郎は一八七〇年、アメリカ人宣教医ヘボン博士[1]が日光を訪れた際に自宅を宿として提供した。博士は善一郎に今後日光は外国人が多く訪れるだろうから、外国人専

金谷カッテージイン

用の宿泊施設を作るように進言、それを受けて善一郎は自宅を改造して、一八七三年に「金谷カッテージイン」を開業した。ここに宿泊した著名人のひとりが、のちに『日本奥地紀行』を著す英国人旅行家のイザベラ・バードである。この書をきっかけに東洋の神秘の国への欧米人の関心は一気に高まった。このカッテージインは、今も同じ場所に残されており、近年、登録有形文化財となっただけでなく、金谷ホテル歴史館として一般公開されるようになった。江戸時代の武家屋敷が日本の外国人専用ホテルのスタートだったことを知ることができる。

ちなみに、この金谷ホテルの創業家と富士屋ホテルの創業家は縁戚関係にある。善一郎の次男正造は、富士屋ホテルの創業者山口仙之介の長女と結婚し、山口家に入婿しているのである。正造は専務となり、今も残る花御殿などを造るなど中心となって活躍、一九四三年には社長に就任したが、翌年逝去している。東京の北と西で多くの外国人を迎え入れた二つの登録有形文化財は、こうして同じ一族の血を引いた者が一時期経営していたことになる。

ホテルへの転身、ホテルからの転身

豊岡市役所南庁舎別館

ホテルとして建てられ今もホテルとして営業している、ある意味順風満帆のホテル人生を歩む建物もあれば、人生になぞらえれば「転職」をして、ホテルとは縁遠かったものが宿泊施設に変わったり、逆にホテルだったところが別の用途に使われるというケースが見られるのも、登録有形文化財らしい柔軟さを示している。

兵庫県の但馬地方の中心都市、豊岡。二〇一三年に新しく建てられた新市庁舎の前には、それまで使われた古い庁舎がそのまま登録有形文化財として残されている。一九二八年に建てられた「旧豊岡町役場庁舎」で、上階のアーチ窓、張り出したコーニス(2)、そして壁面のレリーフ飾りなどが美しいフォルムを作り出している。そして、この庁舎と道路を挟んだ反対側にも、「豊岡市役所」の「南庁舎別館」として使われた西洋建築が残っている。もとは、兵庫県農工銀行の豊岡支店として建てられたもので、建築年代は旧市庁舎より新しいが、そっけないほどシンプルな銀行らしい建築である。この建物は、市役所の別館としての役目も終えて、ホテルやカフェに使われるようになり、二〇一五年からは「オーベルジュ豊岡一九二五」という名で、レストランと宿泊施設を兼ねた施設に生まれ変わった。銀行の建物がホテルになったのである。客室はたった五部屋。建設当時の寄せ木の床が残る部屋など、それぞれ昭和初期の銀行建築の名残を味わえる。オーベルジュのキャッチフレーズは「街中オーベルジュ　兵庫の食〝但馬キュイジーヌ〟&登録有形文化財で過ごす時間」と、文化財を前面に出している。オーベルジュの隣にある昔ながらの銭湯への案内も行うなど、非日常の時間を過ごせるような配慮が行き届いている。

銀行建築の転身例はほかにも様々あるが、豊岡一九二五に近い例として、長野県松本市の「**旧第一勧業銀行松本支店**」の結婚式場・レストランへのリニューアルも注目の活用例だ。ここは宿泊はできないが、同じグループのホテル棟として隣に建てられたホテルと一体で運用されている。

武庫川女子大学甲子園会館

これらとは全く逆に、ホテルとして建てられたのに今は全く別の用途に使われているものがある。兵庫県西宮市にある「**武庫川女子大学甲子園会館**」である。前身は一九三〇年に建てられた甲子園ホテル。国内外の賓客が多数宿泊し、舞踏会の開催も珍しくなかった阪神間の高級社交場としての位置を不動のものにし、西の帝国ホテルとまで呼ばれていた。しかし、戦時中には海軍病院に転用され、戦後は米軍が接収、現在の武庫川学院の手に渡ったのは一九六五年のことであった。設計は二〇世紀を代表するアメリカの建築家フランク・ロイド・ライトに師事した遠藤新。奇抜な外観、個性的な内部の空間、そして和洋両方のデザインを駆使したディテールなど、今見ても斬新な戦前のホテル建築がそっくり保存され、現在も生活環境学部建築学科のキャンパスの施設として使われている。建築を学ぶ学生が遠藤新設計の校舎で、校舎そのものを生きた教科書に勉強しているというわけである。生涯学習の講座も行われているので、受講生はここで講座を受けられるし、事前予約制で個人・団体ともにガイド付きでの見学も受け付けている。

明治村帝国ホテル中央玄関

ちなみに、本家の帝国ホテルも、その一部が移築されて登録有形文化財となっている。博物館明治村の「**明治村帝国ホテル中央玄関**」である。こちらは遠藤新の師匠ライトその人が設計しており、一九二三年九月一日、関東大震災が起きた当日が開業レセプションの日であったことでよく知られる、日本を代表するホテルである。移築された玄関部分は、水平と垂直のラインが強調されつつ複雑に組み合わされているところが、甲子園ホテルによく似ている。こちらもホテルとしての使命を終えて、明治村の数ある建築の中でも、人気の高い施設となっている。

秘湯ブームの申し子

一九八一年、当時の国鉄は、子育てを終えて定年を迎え、ようやく夫婦二人でのんびり旅ができる高齢カップルを対象とした旅のキャンペーンを開始した。ハネムーンをもじって、こうした高齢夫婦の旅を「フルムーン」と名づけ大々的なプロモーションを繰り広げた。この名称は、今でもJRの熟年夫婦向けの特別企画乗車券「フルムーン夫婦グリーンパス」に受け継がれている。このキャンペーンで話題になったのは、上原謙、高峰三枝子というベテラン俳優が素朴な温泉につかるシーンを使ったポスターやCMであった。そしてこの撮影が行われた三国山脈の山懐にある一軒宿は一気に知名度が上がった。群馬県みなかみ町の「**法師温泉長寿館**」である。レ

法師温泉長寿館

トロムード満点の浴室では、浴槽の底に敷き詰められた石の間から湯が湧き出ていて、混浴にもかかわらず老若男女、特に女性に圧倒的な人気を得た。一八九五年に建てられたこの「**大浴場**（**法師乃湯**）」のほか、明治初期の「**本館**」、一九四〇年築の「**別館**」がともに登録有形文化財である。もともとは新潟からやってきた先代がこの地に明治初期に開いてから一四〇年あまり、今も日本を代表する秘湯の宿である。

それより少し遅れて脚光を浴びた秘湯のひとつが秋田県の乳頭温泉郷である。田沢湖の北、田沢

湖高原よりもさらに奥に車を乗り入れ、山間の細い道を縫って辿り着く六つの温泉群の総称である。中でも人気が高いのが写真栄えする乳白色の大きな露天風呂が売りの鶴の湯。秋田新幹線の開業で田沢湖駅まで東京から直通の「こまち」で来られることもあり、人気に衰えは見られない。この「**鶴の湯**」の「**温泉本陣**」が登録有形文化財である。長さが四三メートルもある茅葺の建物は、黒々とした木造の佇まいに湯治場の雰囲気が色濃く漂い、別世界へ連れて来られたような気分になる。これまで何度も訪れていたが、二〇一六年の初冬に出かけたところ、前日から大雪となり、新雪にタイヤを取られながら鶴の湯に辿り着くと、真っ白な地面と屋根の間に温泉の本陣が横たわり、一幅の絵を見るようであった。

鶴の湯温泉本陣

湯治場の雰囲気を残す温泉宿としてはほかに長野県の北アルプス、有明山中腹（といっても標高は一四六二メートル）にある「**中房温泉**」の建物群も味わいがある。さらに山中の一軒宿ということでいえば、新潟県三条市の「**嵐渓荘緑風館**」も、昭和初期に建てられた木造三階建ての建物の真ん中に望楼がさらに高く聳えるという雰囲気満点の旅館であった。これらの宿は立地の素晴らしさはもちろんのこと、木造のひなびた佇まいが非日常の空間にいざない、日本の温泉旅館のよ

嵐渓荘緑風館

旅館いな葉

さを凝縮したもてなしを受けたような気分にさせてくれる。温泉文化と温泉建築文化、両方を味わえるという意味でも、列記した温泉群は貴重な存在である。

再生して新しいタイプの宿に

東京の奥座敷として、JR東京駅からも直通の列車が多数発着する伊豆半島東部の伊東。ここに伝統的な木造の温泉旅館をリニューアルし、外国人向けのゲストハウスとして営業している施設がある。「ケイズハウス」は、東京のほか、箱根、富士、京都などでゲストハウスをチェーン展開する企業だが、松川沿いに大正末期に建てられた風情ある木造旅館を買い取って運営しているのである。登録有形文化財の名称は、以前の旅館の名前である「旅館いな葉」。玄関の前の狭い通りよりも、川の対岸から見たほうが旅館建築の全貌がわかる。三階建ての屋根の上には円形のドームとそれに接続する付属屋があり、その形状から「油差し」といわれているのも、対岸からしかわからない。

実はケイズハウスの隣にもほぼ同時期に造られた木造三階建ての旅館建築（伊東市の指定文化財）があり、こちらも営業を終えて市の観光施設として一般公開している。営業を終えた旅館が誰でも見られる観光施設となるのがよいのか、形態は違えど宿泊施設として存続されるのほうがよいのかは、意見が分かれるところだが、私としては本来の目的である宿泊施設として生き永らえたほうが建物も喜ぶであろうし、地域の歴史を知る上でもベターなような気もする。とはいえ、取り壊されてしまうよりはたとえ観光施設としてでも残されるほうがはるかによい。川沿いに二棟並ぶ大型の旅館群は、伊東の戦前の繁栄ぶりを今に残す素晴らしい景観を支えている。

新井旅館青洲楼

見学ツアーを体験　伊豆修善寺・新井旅館

文化財に「泊まる」楽しみを紹介したこの章で触れておきたいのは、利用者向けの文化財ツアーを行っている宿に泊まった経験である。そうしたツアーを行う宿泊施設はいくつもあるが、私が体験したのは伊豆の名湯、修善寺温泉の老舗「新井旅館」である。修善寺温泉街の中心に位置し、一八七二年の開業以降、第二次大戦中までに次々と建てられた建物一五棟が登録有形文化財となっている。

旅館では、これらの文化財を巡るツアーを一日二回実施、

眠雲閣落合楼応接棟

一回一五人までで大人一五〇〇円、宿泊者は五〇〇円と有料である。この新井旅館、六角形の塔屋が突き出した「青州楼」、建物を繋ぐ「渡りの橋」、天平様式で作られたその名も「天平風呂」など、旅館全体が建築博物館のようである。一六時からの回に参加したのは、宿泊者ばかり一〇人ほど。まずこの宿の館主と親交の深かった安田靫彦や横山大観、今村紫紅、前田青邨ら錚々たる日本画家が残した絵が掛けられた部屋で二〇分ほど宿全体の説明をガイドから受けた後、廊下や階段、渡りの橋などを巡る四〇分ほどのミニツアーである。ツアーでは客室や浴室には入れないので、ツアーのあとは天平風呂に浸かり、宿泊する部屋とは別室の夕食が用意された部屋の造作を見てと、結構そわそわしながら夜まで時間が早く流れていく。食事を終えて再びゆっくりと建物を巡りながら歩けるのは、宿泊者の特権であろう。翌朝チェックアウトする時には、文化財を存分に堪能したという満足感に浸ることができた。

その日、半島を南下して湯ヶ島温泉の登録有形文化財「眠雲閣落合楼」という旅館で飛び込みで案内を乞うたところ、快く内部を案内してもらえた。一〇八畳敷きの大広間がある「紫檀宴会場」やモルタル塗り洗い出し仕上げの外壁に漆喰のレリーフが施された応接棟など、建築の面白さでは新井旅館に引けを取らない見応えのある見学を楽しめた。

「町家」に泊まる

こうした大型旅館のリニューアルの一方で、近年の「町家」ブームを映してか、町家タイプの小さな旅館が登録有形文化財となるケースや、登録有形文化財の小さな民家が宿泊を提供するケースも、京都や奈良をはじめ、各地で見られるようになった。

京都では、烏丸五条に近い「**十四春**《としはる》」という旅館が「京町家の宿」と銘打ってその佇まいを強調しているし、奈良市の中心に町家が広がる「なら町」の一角の「**紀寺の家縁側の町家**」は、取り壊されそうな民家を宿泊施設に改装してよみがえらせた例である。小豆島の醤油の工場が並ぶ一角にある民家を改造し、ひしお料理を売りにする「**島宿真里**」も、町屋風の宿といえるだろう。二〇一七年四月に空き家であった町家をリニューアルして外国人向けのゲストハウスとして開業した「粋世《いなせ》」は、今後登録有形文化財への申請が出される予定である。

紀寺の家縁側の町家

「宿泊」は、外部の人がその街と触れ合うには最も理解が深まる体験である。泊まれば、その施設内で食べるかどうかは別にしてその地域で夕食と朝食、最低二回は食事をとることになるし、その街の余所行きではない普段着の姿を垣間見ることができる。こうして列挙しただけでも、一か月くらい毎日違った登録有形文化財の宿に泊まれるし、すべての施設をピックアップしたら、時間と予算さえ許せば半年くらいは泊まり歩けるだろう。

保護・保存という観点だけ見れば、貴重な文化財に赤の他人を寝泊まりさせるのは、リスクの高い行為ではあるが、だからこそ、その良さと価値のわかる人に泊まってもらい、文化財を大切にする意義やそれが地域と自身との接点になることを身をもって味わう機会にもなる。「登録有形文化財に泊まる」旅は、ある意味、とても贅沢な行為なのかもしれない。

注

（1）アメリカ・ペンシルバニア州出身のジェームス・カーティス・ヘボン。幕末に来日し、横浜で医療・教育に携わる。ヘボン式ローマ字の考案者で明治学院を創設。

（2）建物の最上部にあって壁面より突出した装飾的な水平帯。

〈第三部〉

第三部では、登録有形文化財と地域とのかかわりや、この制度の今後について具体的な例を挙げながら考察する。

制度が誕生して二〇年が経過し少しずつ浸透してきた反面、課題も浮き彫りになってきた。この制度は今後どこへ向かおうとしているのか、考えてみたい。

第十五章　街ぐるみで登録文化財を活用

これまでは、ほぼ一か所の民家、一件の公共建築といったように、単体で登録有形文化財を見てきたが、この章では、地域全体で文化財登録を進めたり、一種のテーマパークとして貴重な民家や施設を集め、それを登録有形文化財として守りながら観光資源としても公開していくという、地域ぐるみで登録有形文化財と向き合う様々な例を見ていきたい。茨城県桜川市真壁や秋田県横手市増田のように、域内の多くの建物を集中的に登録有形文化財とし、その後、エリア全体を文化財と考える重要伝統的建造物群保存地区（重伝建）へと移行した例もあれば、高知県奈半利町や茨城県石岡市、最近では富山県の滑川市のように登録有形文化財の建物を街のあちこちに増やして、全体としての魅力を高めようとしているところもある。少し変わった例だが、域内にあるほぼ同じ機能を持つ建物を一括して登録するケースもある。こうした「群」としての登録の実情を見ておこう。

先駆者茨城・真壁――一〇〇件を超す登録文化財から町ごと重伝建へ

文化財にかかわる人たちで、真壁の名前を知らない人はいないのではないか、というほど、登録有形文化財で地域振興を果たした町として知られたところ、それが茨城県桜川市の真壁地区、平成の合併前は独立した自治体であった旧真壁郡真壁町である。この町には四七か所一〇四件の登録有

西岡本店（桜川市真壁町）

形文化財がある。市街地は真壁藩の陣屋を中心に密集しており、その狭い範囲に登録有形文化財が集まっていて、後述する明治村などに移築して集めたテーマパークを別にすれば、その集中度は全国一、二を争うほどの高さであろう。農家、商家、寺院、旅館、酒造業、書店、鋳造業、製糸業など、多種多様な建物が次々と現れるため、街歩きをしてこれほど面白いところはそうそうない。文化財の建造物には石材加工が盛んな街だけあって、登録プレートを嵌め込んだ石碑に、文化財名と登録年月日が書かれたものが玄関前に設置されていて、誰でもどの建物が登録有形文化財か一目でわかるようになっている。旧家が多く、伝来のひな人形を所有する家が多かったため、二〇〇三年からは桃の節句の前にひな飾りを公開して、ひな人形を愛でながらいつの間にか登録有形文化財巡りができるという工夫も行っている。今でこそ、全国各地の古い街並みなどでのこうしたひな飾りの公開は珍しくはなくなったが、それを登録有形文化財の街並みとセットで行ったことで、真壁の知名度は観光業者や旅好きの人の間で次第に上がっていった。二〇一〇年には、登録有形文化財を含む街の中心部が重要伝統的建造物群保存地区に選定され、点での保存が面への保存に広がった。登録有形文化財を集めて重伝建へという流れは、その後、群馬県桐生市桐生新町、秋田県横手市増田などへと引き継がれている。

その桐生市は、第十章で述べたように絹織物の産地として明治以降栄えた町で、比較的広範囲に、織物工場の鋸屋根をはじめ、商家、織物関連の団体や組合の建物、染色の高等専門学校など、織物の町ならではの建造物が多く、それが登録有形文化財となり、そのうち、最も工場と商家が集中する桐生新町地区に絞って重要伝統的建造物群保存地区となった。

横手市増田は、民家や商家の主屋の奥に屋根をかけた室内の蔵、このあたりでは内蔵《うちぐら》と呼ぶ隠れた豪華な蔵が並ぶ街として、一部の専門家には知られていたが、外からは街の個性が見えにくいため、長らく一般の観光対象となる地域ではなかった。しかし、内蔵及び蔵と一体の主屋や門なども併せて登録有形文化財への登録が進み（現在三四件）、蔵を公開する家も出てきて、次第に知名度が上がってきた。二〇一七年には、中高齢者の旅行愛好者を組織するJR東日本の「大人の休日倶楽部」のテレビコマーシャルの撮影地となり、「外は質素に、中は美しく。それはこの町の生き方そのもののようでした」という吉永小百合のナレーションが首都圏の各家庭にも流れて、増田の知名度は一気に上がった。私も、非公開の蔵も含め、街の主だった内蔵を見て回ったことがあるが、一見普通の商家にしか見えない店の奥に贅を尽くした蔵が息づいている、しかもそれが一つや二つではなく、この家もあの店も……という

横手市増田の街並み

ように連なるのを見て、あらためてこの町の誇りのようなものを強く感じる見聞であったこと思い出す。こちらも登録有形文化財の内蔵が密集する中心部が二〇一三年に重伝建に選定されている。登録有形文化財から重伝建へと移行した典型的な三例であろう。

青森・平川市——一集落に四〇軒の農家蔵が密集

登録有形文化財のリストを見ていると、その集中度とすべて同じ機能を持った建物が揃って登録されている点で、特異な集落の存在が浮かび上がってくる。青森県の津軽平野に位置する平川市金屋地区である。ここには個人の住宅の土蔵のみが四〇件も集中して登録有形文化財となっている。しかも、住所を確認すると、ほとんどが上松元と中松元である。ほかの地域だったら同じ敷地に建つ主屋や表門なども一緒に有形文化財となっているはずなのに、なぜ土蔵だけが登録されているのだろうか?

こんな素朴な疑問を抱えて平川市金屋地区を訪れて、あらかじめ地図で探した訪問地を順番に辿っていくと、確かに土蔵がきわめて存在感を示して、集落のあちこちに点在していることがわかる。金屋地区を含む平成の大合併前の旧尾上町には蔵が三〇〇棟あまりあり、金屋地区には七八軒が集中している。そのうちの四〇棟の蔵が登録有形文化財に登録されているのである。

蔵の多くは白漆喰の壁が目立つ二階建てで、腰回りには人造の石が巻かれ、鉄板葺きの屋根がかかっている。軒下の黒漆喰や窓枠の部分に唐草模様の鏝絵が描かれているものもあり、一軒ずつ見て回っても見飽きない。この地域の農家は、蔵のほかに「つぼ」と呼ばれる庭園を持っているところも多く、地元の学生がガイド役となって一般の参加者に蔵と庭園を見てもらうツアーを開催している。また、冬には蔵を雪洞でライトアップするイベントを開催するなど、地域の資産の活用に取り組んでいる。蔵は昭和の中頃まで建てられ続けたが、今は蔵を新たに建てようとする農家もなければ、仮にそう決めても蔵を建てる職人もいなくなっている。今ある蔵を少しでも後世に伝え続けるしかないのである。

なお、同じ東北に平川市ほどではないが蔵が多く登録有形文化財に登録されている地域がある。宮城県には「板倉」が一一件登録されており、そのうちの六件は気仙沼市に集中している。

佐藤亮家住宅土蔵

小さな街に繁栄の名残——高知・奈半利町

こうした登録有形文化財の集中登録でいち早くまちおこしに繋げた例として、高知県東部の奈半利町がある。高知市から太平洋に沿って東へ東へと向かい、室戸市の手前に位置する人口三四〇〇人あまりの小さな街だが、木材の集散地として、また近隣の商業の中心としても栄え、密集した市街地にバラエティに富んだ登録有形文化財が点在している。三九件の文化財は、民家、商家、寺院、製糸会社など様々で、土佐の風土を反映した高知県独特の水切り瓦を壁に飾る建物も目立つ。これといった観光地はないが、かつて四国の外周を繋ごうと建設される予定だった阿佐西線を第三セクターで引き継いだ土佐くろしお鉄道阿佐線（通称、ごめん・なはり線）の終着駅が奈半利に置かれたこともあって、室戸岬から徳島方面へ向かう観光客や四国遍路を辿る巡礼客が町を通り過ぎるため、登録有形文化財を活用したまちづくりが進められている。一九九九年から活動をしている地域のボランティア団体は、文化財の所有者などがメンバーとなり、街並み歩きをしたいグループにガイドを行っている。私もガイドに案内していただいて、気がつかなければ一瞬で通り過ぎてしまいそうな町に豊かな暮らしが息づいていたことを会の皆さんに教えてもらえた。奈半利では、重伝建を目指すこともなく、今も登録有形文化財を大切に守りながら、地域の潤いを発信し続けている。

　ちなみに、奈半利町の西隣の田野町も、狭い町域に四〇件もの登録有形文化財があり、密集度は奈半利に劣らない。この奈半利町と田野町を含む高知県中芸《ちゅうげい》地域の五町村が二〇一七年、「森林鉄道から日本一のゆずロードへ――ゆずが香り彩る南国土佐・中芸地域の景観と食文化」というストーリーで、「日本遺産」[1]に認定された。奈半利町から川を遡ると、ゆず産品で村おこしをしたことで知られる馬路村に辿り着き、日本を代表する森林鉄道である魚梁瀬《やなせ》森林鉄道もこの上流にあった。奈半利も田野も森林鉄道で運ばれた木材の集散地として栄え、商売に携わった人たちゆかりの建物が多く登録有形文化財となっている。地域の歴史をストーリーとして見つめ直す「日本遺産」の認定も加わって、比較的地味なこの地域に光が当たることで、有形文化財の街並みはいっそう輝くに違いない。

醤油王国、小豆島

一般には、オリーブの島として知られる瀬戸内第三の大きさを誇る小豆島は、これまでも何度か触れたように、登録有形文化財を通して見ると、醤油の島、醸造の島としての顔が大きくクローズアップされる。島の登録有形文化財のリストは、ほぼすべて醤油製造施設、醸造業者の住宅や蔵などで埋まっているといってよい。日本の醤油メーカーには、千葉県に本拠を持つキッコーマン、ヒゲタ、ヤマサのほか、群馬県の正田醤油、兵庫県竜野市のヒガシマル醤油の大手五社で半数以上のシェアを占めるが、小豆島の醤油メーカーは、マルキン醤油が大手に近いくらいであとは中小の醤油工場ばかりである。高松から島に渡りレンタカーを借りて島の登録有形文化財を精力的に走り回ったが、訪れる場所ごとに空気に醤油の香りが漂っていたことが思い出される。

小豆島で醤油づくりが盛んになったのは今から四〇〇年ほど前。大阪城築城に使う石を島に採りに来た武将や石工が持ち込んだ紀州の醤油を見て、島民も醤油を作ってみたいと考え、醤油発祥の地として知られる紀州・湯浅で製法を学び島に帰って作り始めたのが、「醤《ひしお》の島」のスタートである。塩田から良質の塩が採れ、麹の発酵に適した温暖な気候も手伝って、島には一気に醤油蔵が増えた。京や大阪などの大消費地にも船ならすぐに運べるという地理的な好条件もあって、島で作られた醤油は畿内まで運ばれて取り引きされた。明治時代に入ってさらに需要が増え、島の醤油蔵は四〇〇軒を数えたという。今は二〇軒ほどだが、それでも香川県の醤油生産量が我が国で第五位を占めているのは、県の醤油生産の半分以上を小豆島が占めているからである。

そうした知識を頭に入れて、醤油蔵が集中する島の南東部にあたる坂手や苗羽《のうま》、草壁の集落を巡

マルキン醤油発酵蔵

ると、大通り沿いには大手の蔵が、路地の奥には中小のメーカーの醤油蔵が点在し、醤油蔵のオリエンテーリングをしている気分になってくる。蔵の中を見学させてくれるところもあり、今も木桶を使った本醸造にこだわった醤油が作られていることがわかる。

小豆島では最大手の「**マルキン醤油**」では、大正初期の工場を改装した記念館で古い醤油造りの道具などが見られるほか、長大な蔵の連なりを見ることができる。また、「**ヤマロク醤油**」では木桶での醤油作りの現場を予約なしでも見学できる。登録有形文化財でなければ、なんとなく醤油屋が多いなくらいで素通りしていったかもしれないが、文化財を見ながら歩くことで、醤油蔵が民家や山里の風景に溶け込んで風土と一体となって醤の里となっていることが肌で感じられる。

醤の里をもっと知るためには、元の大工の住宅を宿泊施設にした登録有形文化財の「**島宿真里**」に泊まるのもよいかもしれない。七つの部屋の名前は「お」「ひし」「で」「も」「て」「な」「す」で、つまり、「醤油懐石」でおもてなしをする「ひしお料理」が自慢の宿ということである。この経営者の前身も醤油作りをしていたとのこと、登録有形文化財をただ見るだけでなく、味わい泊まることで、小豆島の真髄に迫れそうだ。

登録有形文化財を集めたテーマパーク

日本には、古い建物を集めた野外博物館が各地に点在する。東京の近郊では、小金井市の「江戸東京たてもの園」や川崎市の「日本民家園」などがよく知られているが、この二園には登録有形文化財の建物はない。登録有形文化財が最も多いのは、明治時代の建物を全国から集めたことで知られる愛知県犬山市の博物館明治村である。そのほか、岩手県遠野市の「遠野ふるさと村」、香川県高松市の「四国村」、沖縄県の「おきなわワールド」「琉球村」などに登録有形文化財の建物が集められている。

建造物は、建てられたオリジナルの場所にあってこそ価値があるという考え方もあろうが、移築保存していなかったら失われていたかもしれないと思うと、よくぞ残してくれたという気持ちになるし、一堂に歴史建造物を見られるのは建物好きには率直に楽しい時間となる。その代表として、明治村について触れておこう。

先ほど、「登録有形文化財の建物を集めた」といったが、正確には各地から集めた建物が後に登録有形文化財に登録されたというのが正しい表現であろう。明治村は、第四高等学校（現、金沢大学）の同窓生だった建築家谷口吉郎（明治村初代館長）と実業家土川元夫（当時、名古屋鉄道社長）が高度経済成長の陰で消えゆく名建築を何とか残したいと一九六五年に開館。当時集められた建物はわずか一五件だったが、現在は村内を運行する鉄道車両も含め、六七件もの歴史資産が集められている。そのうち、国重要文化財が一一件一四棟、そして登録有形文化財が五七件と、まるで登録有形文化財博物館といってよい集中度である。「野外」にこだわり、例えば国鉄東海道線の多摩川

明治村六郷川鉄橋

に架けられた「**六郷川鉄橋**」は、村内の池に架けられ、しかも当時の蒸気機関車が橋梁上に置かれており、往時の様子が伝わってくるような展示が心がけられている。創設者の出身校「**第四高等学校**」の「**物理化学教室**」など三棟の施設があるのも、創設の歴史を物語っていて興味深い。今もキャンパス内に多くの登録有形文化財がある「**学習院大学**」からは、「**院長官舎**」が移築されている。「**シアトル日系福音教会**」「**ブラジル移民住宅**」「**ハワイ移民集会所**」といった明治後期に始まる日本の海外移民にかかわる建物を見られるのも明治村ならではだろう。

私は愛知県出身なので、明治村へは小学生のころから遠足や社会見学で何度も足を運んだが、ここに移築された建物の価値は、歳を取れば取るほどその重みがよく理解できるようになった。「**鉄道寮新橋工場**」の天井の力強いトラスや、東京・本郷にあった理髪店で、二階は石川啄木が初めて家族で暮らしたことでも価値が高い「**本郷喜之床**」の町家の伝統と東京のハイカラが融合した木造住宅の佇まいなど、あちこちの建物を見てきたからこそ、これらの建物を興味深く見られるようになったことに、訪れるたびに気づかされる。丸一日、登録有形文化財の見学という行為に遠慮することなくどっぷり浸れ、写真も自由に撮影できる明治村。二人の先学の先見の明があったればこそ、こうして貴重な建物とじっくり対面できる。感謝し尽くしてもし尽くせない野外テーマパークである。

地味だけれどおもしろい四国村

明治村とは規模や集められた建物の数では比較の対象にならないほど少ないものの、見ごたえのある建物が集まっている施設の一つが、源平の古戦場として知られる屋島の麓に位置する香川県高松市の四国村である。二七件の登録有形文化財の中に、「日時計」や「楮蒸し小屋」など、全国の登録有形文化財の中でもここだけにしかない施設がいくつもある。

四国村鍋島燈台退息所

日時計は日本の文化にはあまりなじみのないもので、公園などで見かけることがあるものの、生活に密着した形で設置され今も保存されているのは珍しい。正式名称は、「**四国村クダコ島燈台退息所日時計**」と「**四国村鍋島燈台退息所日時計**」。クダコ島は、松山市沖の瀬戸内海に浮かぶ忽那諸島のひとつ怒和《ぬわ》島の先に浮かぶ無人島で、一九〇三年に灯台が設置された。退息所とは、かつて灯台に職員が配置されていた時期に、職員の住宅となっていた施設で、全国の灯台の自動化・無人化によって退息所も不要となり、今も残っているところはきわめて少ない。鍋島は、香川県坂出市の沖合に浮かぶ塩飽諸島の一つで、本州四国連絡橋が架かる与島と地続きの島。四国村には、このほか淡路島の北端に位置する「江埼灯台」の「旧退息所」と併せて三か所の灯台職員、いわゆる灯台守の住居が保存されている。

日時計は明治の初期、まだ時計が普及していなかった時期に観測のために建てられたもので、二基とも高さは一・二メートル、石造りの円柱の上に円盤が載っていて、上に時計盤が刻まれている構造物である。瀬戸内海の船の行き来を見守った灯台とそこで働いた人たちの生活が偲ばれる、地

豊後水道海事博物館（旧水ノ子島灯台吏員退息所）

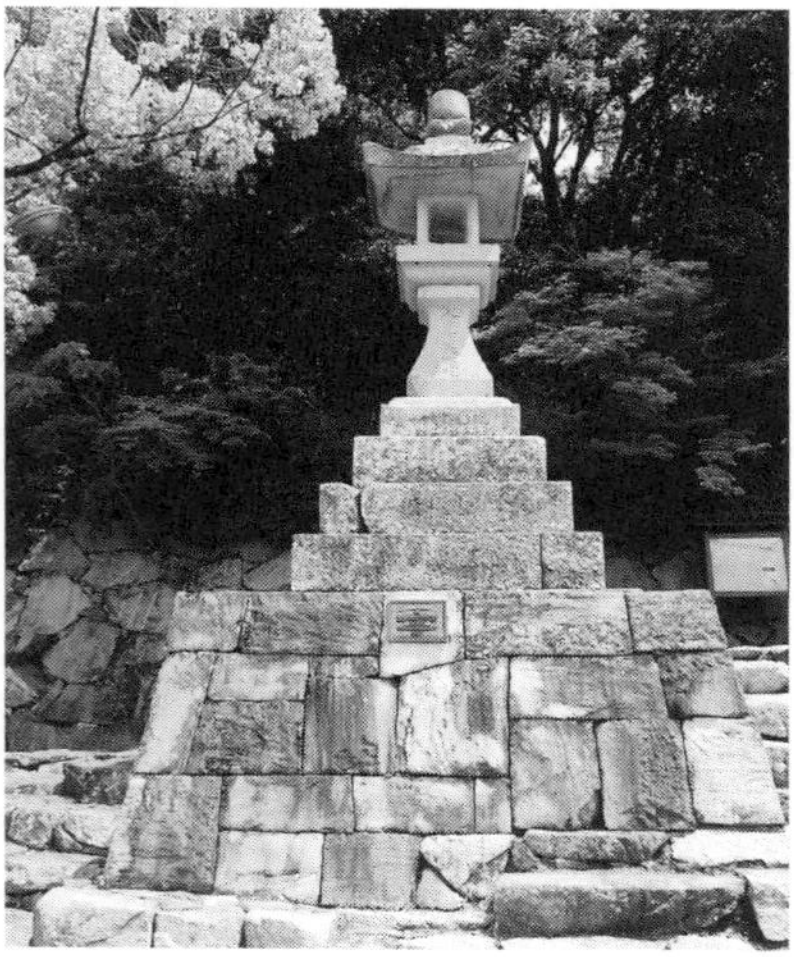
金毘羅石灯籠

味ではあるが貴重な施設である。

なお、灯台に付属する退息所で、今も移築されることなく現地にあって登録有形文化財となっているところとして、島根県の「美保関灯台」、広島県大竹市の「阿多田島灯台」、豊後水道に面した大分県の水ノ子島灯台の三か所が挙げられる。阿多田島は大竹港から一日に五往復しかない船で行かなくてはならないし、「水ノ子島灯台」の「退息所」は、大分県の南端に近い佐伯市から車で旧鶴見町の細長い半島の先端まで延々と車を走らせなければならず、アクセスはかなり不便である。水ノ子島は、岩礁の上に高さ四〇メートルの灯台だけが建つという特異な景観を持つ島で、退息所は九州本土にあり、灯台守はここから船で灯台まで通っていたことで知られる。

余談だが、灯台本体の登録有形文化財は、銚子市の「犬吠埼灯台」や志摩市の「大王埼灯台」などかなり多く、その中には近くまで車で行けず、かなり歩かないと辿り着けないところもある。二〇一七年に登録された福井県敦賀市の「立石岬灯台」は、車を止めてから延々と一五分ほど急な石段を登らなくてはならず、息が切れた。

話が四国村から脱線してしまった。四国村には、土佐和紙の生産工程に欠かせない「楮蒸《こうぞ》し小屋」のほかにも、金毘羅参りの参詣客の足元を照らした「金毘羅石灯籠」（高松市国分寺町から移築）も登録有形文化財として保存されており、登録有形文化財以外の国指定・県指定の建物や民具なども見ていけば、かなりの時間楽しめる野外博物館である。

琉球村旧島袋家住宅主屋

琉球民家を集めて

言葉も食文化も本土とは大きく異なる沖縄。暑い期間が長く、しかも台風の直撃を受ける琉球では、民家も内地とは異なる独特の発達をした。こうした琉球古来の民家は、離島ではまだ見られるものの、沖縄本島ではあまり見られなくなってきている。そうした民家を集めた施設が沖縄にはいくつかある。恩納村《おんなそん》の「琉球村」に七件、南城《なんじょう》市の「おきなわワールド」に五件、「沖縄市立ふるさと園」に三件、「石垣やいま村」、「八重山民俗園」にそれぞれ二件ずつと、沖縄の民家はこうした形で保存されていることがよくわかる。

そのうち最大の琉球村は、本島中部の観光の拠点恩納村にあるテーマパークで、民俗芸能のアトラクションや工芸の体験などができる総合レジャー施設でもある。この施設の広い敷地に沖縄各地から集められた伝統的な民家が点在、そのうち民家の主屋五件、高倉一件、フール一件が登録有形文化財となっている。フールは豚の飼育小屋で、人間の排泄物を豚の餌として与えられるような造りになっている。自然の循環の中に人間と家畜が共存する、沖縄らしいおおらかさが垣間見える施設である。また、沖縄の伝統民家には、主屋の正面に家を目隠しするヒンプンと呼ばれる石の壁があり、琉球村では単独で登録有形文化財となっているものはないが、沖縄県全体では四件のヒンプンが登録されており、琉球の風土をよく表す文化財となっている。風通しのよい木造平屋に赤瓦が乗り、シーサーがアクセントになっているのはどの民家も同じだが、大きさや間取りに若干の違いがある。琉球村の民家で最大の「旧島袋家住宅主屋」は、琉球王府の貢納穀類の秤役を務めた大型の旧家で、本島北部の名護市から移築されたもの。穀物を貯蔵する高倉も併せて移築されて公開されている。これらも文化財というよりはテーマパークのパビリオンのような役割があって、民族衣装に身を包んだ人が古民家で作業をしていたりする。オリジナルの場所で、持ち主が代々住み続けながら見学できるのが理想かもしれないが、特に文化や建築に興味がない一般の観光客もこうしたレジャー施設で沖縄の民家にじかに触れあえるのは、活用という意味では一定の役割を果たしているともいえる。

注

（1）地域の歴史的魅力や特色を通じて我が国の文化・伝統を語るストーリーを、文化庁が「日本遺産（Japan Heritage）」として認定する制度で、二〇一五年に始まった。ストーリーを語る上で不可欠な魅力ある有形・無形の文化財群を地域が主体となって総合的に整備・活用し、国内外に戦略的に発信することにより、地域の活性化を図ることを目的としている。

第十六章　地域づくりの核として

これまで日本列島に散らばる様々な登録有形文化財を通して、この国の文化や風土の多様性を見てきた。非公開でほとんど誰からも知られていない文化財から有料で内部をじっくり見学できる観光施設に近い文化財まで、その存在感は千差万別だが、これまでの章でも触れたように、その文化財が持つ歴史やストーリーを活かして、地域の人たちが集まったり、活用できるような施設が少しずつ一定の存在感を得てきているように感じる。民間の所有から自治体の管理になって公的な空間になったり、宿泊施設となって外部との交流の拠点となるケースもある。国宝や重要文化財のような指定文化財と決定的に違う登録有形文化財の魅力は、崇め奉るものではなくともに過ごす場、語り合う場として利用できる可能性を秘めていることである。

この章では、私自身が最近身近に感じたそうした実例を紹介しつつ、登録有形文化財のあるべき姿を考えてみたい。

リニューアルによって宿場町の核に――旧本庄商業銀行煉瓦倉庫

二〇一七年四月、中山道で最大の宿場町だった本庄宿（埼玉県本庄市）の街道沿いに建つ一棟の登録有形文化財がリニューアルされて一般に公開されるようになった。登録有形文化財の名称は、

旧本庄商業銀行煉瓦倉庫

「ローヤル洋菓子店（旧本庄商業銀行倉庫）」である。本庄は明治維新後、距離的に近い官営富岡製糸場への繭供給の拠点と定められたことから繭市場が拡大、繭を担保として資金を貸す本庄商業銀行が一八九四年に設立され、その担保倉庫として、一八九六年に建てられたのが、煉瓦造り二階建てのこの倉庫である。銀行はのちに変遷を経て埼玉銀行（現、埼玉りそな銀行）の支店となり、さらに店舗の整理で富士瓦斯《がす》紡績の所有となったのちも、所有者が幾度も変わった。一九七七年には地元のローヤル洋菓子店の所有となり、店舗兼製菓工場として市民にも親しまれてきた。

二〇一一年には洋菓子店も閉店となり、施設は本庄市が買い取り、市の中心部にある歴史ある建造物であることから、再生活用のために早稲田大学などに調査を依頼、耐震補強工事などを経て、二〇一七年四月に市民の新たな交流施設として、一階は本庄の街や銀行の歴史の展示スペース、二階は市民が利用できるオープンスペースとして公開されることになった。

リニューアルにあたっては、耐震構造とするため、内部に

2017 年 3 月に行われた煉瓦倉庫リニューアルのお披露目式典（倉庫 2 階にて）

鉄骨の構造物による補強が行われたが、当然オリジナルの構造から見ると、新たな補強材が内部に目に見える形で存在することになり、当初の内部景観を損ねている。設計者はいずれ内部景観を損ねない耐震技術が確立された場合には、補強の構造物が撤去できるよう、取り外し可能な工法を採用している。

本庄市は、中心市街地が明治以降繭の集散地として栄えたのみならず、利根川に近い低地部は蚕種製造の産地として、また旧児玉町にかけての丘陵地は一面の養蚕地帯として蚕糸業が産業の中心だった町である。近年、富岡製糸場と絹産業遺産群の世界遺産登録により蚕糸業の歴史に再び光が当たり始め、近隣の自治体とも連携して蚕糸業の歴史遺産の再活用に力を入れようとしている。そうした地域振興の核として、登録有形文化財が当初の担保倉庫としての使命とは全く異なった役割を担って再び輝き始めようとしている姿は、文化財と地域のあり方を考える好例のひとつであろう。

熊谷家住宅

空き民家を活用する

鳥取市鹿野町。平成の大合併の前、二〇〇四年までは気高郡鹿野町という独立した自治体であった。のちに島根県の津和野に転封した亀井氏の城下町でもあり、近隣の物資の集散地としての歴史から、町の中心街には古い街並みがよく残っている。とはいえ、近年まで登録有形文化財は一切なかったが、二〇一六年、初めて二件の民家が登録有形文化財となった。そのうちの一件が「熊谷家住宅」だが、訪ねてみると住まわれているのは熊谷さんではなく別の方だった。実はこの家の持ち主はすでに神奈川県に転居してしまい、しばらく空き家になっていた。この家に愛着のある持ち主は、市に買い上げてもらえないか話をしてみたがかなわず、故郷に残した空き家の将来を憂いていた。そんなとき、地元で活動するNPOに管理を任せ、NPOはこの家を大切に使ってくれる人を探し、二〇一六年に新たな居住者が入居することになった。この住宅は鹿野にゆかりのある画家による貴重な襖絵があること、一時は地域の人の習い事の場所になっていたことから、鹿野の住民にとっても、大切な住宅であった。登録有形文化財となり、住まう人も入り、二〇一七年四月には、もう一件の登録有形文化財の「原田家住宅」（こちらは取材当時は空き家で、所有者は鳥取市内に居住）など市内のほかの住宅とともに、イベントで住民にも公開された。このＮＰＯでは二〇件を超す空き家を管理し、借りたい人との仲介をしたり、今後も古民家の登録有形文化財を目指す活動をしていくとのことだが（二〇一七年七月には新たに一棟が有形文化財に答申）、こうした活動により、放置すれば空き家になって朽ちていきかねない、地域の歴史と記憶が宿った住宅が残されていく、そのシンボルとして登録有形文化財の制度が活用されていることがよくわかる。熊谷家住宅などの有形文化財への登録は、市民に地域の住宅に価値があることを再確認させるとともに、所有者にとっても先祖が建てた家に国が認める価値があったことで誇りを持たせる効果があったとＮＰＯでは感じている。

尾道の空き家再生プロジェクト

鳥取市鹿野町のＮＰＯが取り組みの参考にした先進例が、同じ中国地方の山陽側、広島県尾道市の「ＮＰＯ法人尾道空き家再生プロジェクト」の取り組みである。

尾道市は、瀬戸内海沿いに細長い街並みが続き、背後の斜面に寺院や民家が続く坂の街として、観光客が多く訪れる風光明媚な都市であるが、ここでも高齢化が進み、歴史ある民家が空き家になるケースが増えていた。そんな街で地域の歴史を伝える空き家を十数軒再生し活用に繋げているのがこの空き家プロジェクトである。このＮＰＯの活動のきっかけとなったのがガウディハウスの愛称で知られる「**和泉家別邸**」（二〇一三年有形文化財に登録）である。斜面の狭い一画に建てられた擬洋風の狭小住宅は、装飾過多で曲線が多用されていることから、スペインの著名な建築家アントニ・ガウディになぞらえて、ガウディハウスと呼ばれるようになったといわれている。長らく空き家だったこの家の価値に気づき、再生へとつなげたことが現在のNPOの立ち上げのきっかけとなっている。その後、このNPOで再生した「**みはらし亭**」と呼ばれる豪商が建てた別荘も登録有形文化財となり、ゲストハウスとして使われている。

この空き家プロジェクトは、今では移住希望者が空きを待っている状態で、人口減少や空洞化に悩む地方都市にとって、その解決策となりうる貴重なモデルケースとして、よく知られるようになった。そして、その動きが尾道にとどまらず、鳥取の鹿野などへも広がっていることを考えると、小さいけれど町の歴史を背負った個人の住宅が実は町を救うことに直結する可能性を秘めていることがわかるのである。

登録有形文化財に住んで地域のお祭りを守る

二〇一六年一一月、山梨県で何件かの登録有形文化財が新たに答申されたが、その中に、「**御西**《おにし》**穂高家住宅**」と「**御北**《おきた》**穂高家住宅**」というまるで兄弟のような民家の名前があった。その名前から、直感的に由緒正しげな家柄だろうと想像できるし、両家で何かの役割を綿々と受け継いだ古家なのではないかと推察できた。所在地を地図で確認すると、甲府盆地の西に聳える櫛形山の中腹、標高八五〇メートルほどのところにある高尾という集落に二軒の家は隣接して建っており、二軒の家の近くには穂見神社という古社が鎮座している。穂見神社は、商売繁盛、資本金授与の神様で、遠方から講を組んで参拝する習慣があったほど賑わいがあった神社のようだ。とすれば、西と北の穂高家はこの神社の宮司か何かを務める家ではないだろうか？

登録の答申が出てから一か月後の一二月末、穂見神社と二つの穂高家がある南アルプス市高尾地区に向かった。南アルプス市の中心街から細い山道を一〇分ほど登ると、小さな集落に出る。その集落を抜けた山の斜面に穂見神社の鳥居があった。石段を登って境内に入ると、拝殿はそれほど大きくないが、敷地に建つ立派な神楽殿に目を奪われた。一八九一年に建てられた入母屋造の東西南北四面には、青龍・朱雀・白虎・玄武の四神の彫刻が彫られていて、圧倒的な存在感がある。神社が一番賑わうのは、ここで神楽が奉納される一一月二二日だとのことである。集落に戻ると、大きな主屋を持つ二軒の家が道路を挟んで隣り合っていた。間違いなく、これが両穂高家だろう。奥の家に声をかけると、家人が姿を現し、登録有形文化財の建物を見て回っているのだがと話すと、敷地の中に案内してもらえた。

ご夫妻で住まわれているが、なんと最近この家に住むようになったとのこと。御主人は、横浜で彫刻の仕事をしてきたが、彫刻に打ち込めるスペースが欲しくてこちらへの移住を決意したという。集落は過疎化と高齢化で穂見神社の神楽の存続が厳しい状況であったため、ご主人は本業の傍ら、地域の方とともに神社と祭の継承に力を注いでいるというお話を伺った。それはやはりこの家が隣の穂高家と並んで、穂見神社を守ってきた家だからだという。そう、ここが登録有形文化財となった「御西穂高家」であったのだ。御西穂高家は、代々、穂見神社の鍵を預かってきた由緒ある家で、主屋は間口が広く、二階の屋根の一部が持ち上がって明かり採りとなっている甲州の養蚕民家の様式となっている。穂見神社の神楽殿と同じ大工が建てたとされており、建築年代も神楽殿同様一八九一年頃と推定されている。

道を挟んだ御北穂高家も外観を見せてもらった。こちらも大型の養蚕民家で、こちらが穂見神社の神主を務めた家柄とのこと、こちらはまだ穂高さんが家を守っていた。

一一月二二日の神楽の日には、山梨県内だけでなく、東京や長野からも参拝者が訪れ、参道に露店が並ぶだけでなく、今もこの夜に、神社が商売の資本金を貸すという伝統行事が行われている。神社が資本金「章」を与え、翌年には倍にして返済するという、銀行の原型のような仕組みである。知られざる風変わりな風習が登録有形文化財に移り住んだボランティアの力でかろうじて続いていることを知り、東京にいっそう人が集まる一方で、日本各地の山間地で過疎化高齢化が進み、集落の維持とその集落が継承してきた祭礼に黄信号が灯り始めていることがよく伝わってきた。仮に古民家が文化財に登録されたとしても、そこに住む人がいなければ、家自体も村の伝統も朽ちていくばかりである。この静かな甲斐の山中が一晩だけ賑わいを取り戻すという晩秋の祭事をぜひ自分の目で見てみたいと思わずにはいられなかった。

東京五輪をにらんで

東京都の最奥部、よく「ここが東京都とは思えない」「島を除けば東京で唯一の村」などと形容される西多摩郡檜原《ひのはら》村は、山また山の山間地である。村にはこれまで二件の登録有形文化財があったが、二〇一七年五月に新たに一件の民家が登録された。「人里」と書いてへんぼりと読ませる集

旧高橋家住宅主屋

落にある「旧高橋家住宅主屋」である。登録されてしばらくは、文化庁が公開するホームページにも住所が載らないので、訪れてみようと正確な場所を村役場に問い合わせたところ、今は全く活用されていないが、今後、二〇二〇年の東京オリンピック・パラリンピックに向けて、外国人が立ち寄ったり、場合によっては宿泊できるような施設に活用できないか、登録に合わせて検討を始めたところだという話を伺うことができた。

檜原村は東京から手近に秘境ムードを味わえるところとして、観光客も一定数訪れるエリアだが、近年はサイクリングブームもあって、週末になるとグループや団体で奥多摩湖のほうへ抜けるルートを楽しむサイクリストが多く通過するようになっている。村では、訪問客が気軽に立ち寄れる施設として、高橋家住宅を活用していく方針が決まり、その話し合いが始まったところである。手始めに高橋家の周囲が竹藪に覆われて外から見えにくいので、竹藪を払うところから始めようとしていた矢先に私が役場に電話を入れたということである。

観光施設を作るなら、土地と資金があれば立派な建物を新築することも可能だが、むしろ、今ある村の資産、それも村の歴史を伝える古民家のほうがはるかに喜ばれる。サイクリストにも立ち寄ってもらい、もちろん、マイカーやバイクでやってくるドライブやツーリングの観光客もターゲットにし、さらには東京に大挙やってきているインバウンドの動きを少しでも取り込むために、二〇二〇年をひとつの目標にして、登録化と合わせて進めているとのことであった。地元の人にとっても、使われていない民家が国の文化財に登録されしかも再生されることは、朗報であるに違いない。

このように、登録有形文化財の制度が丸二〇年を迎え、ある程度その利活用の成功例が増えてきたことから、あらかじめ今後の活用を見据えて、まず登録を勝ち取り、一方で活用策を考えて実現に向けて行政と地域住民がともに協力して村の新たな拠点を作っていこうとしている好例だと感じられる。

檜原村のほかの二件の登録有形文化財も、実はともに宿泊することができる。一件は温泉旅館だし、もう一件は一日二組限定の古民家の宿である。もし、旧高橋家住宅も宿泊が可能な施設になれば、檜原村にはタイプの異なる三種類の登録有形文化財の宿泊施設が誕生することになり、それがまた地域に人を呼ぶ魅力的な惹句になろう。

定期的にコンサートを開く

登録有形文化財のうち、比較的規模の大きなところでは、その空間を利用して講座や講演などに使われたり、コンサートが開かれたりという形で、広く市民が利用できる機会が増えている。本来なら敷居が高いところでも、そういった公開で施設が利用されるだけでなく、市民が歴史的建造物に興味を持つきっかけにもなる。その代表例が東京・国立市にある一橋大学の講堂である「**兼松講堂**」で定期的に行われるコンサートである。

兼松講堂は、第四章でも触れたように伊東忠太の設計で一九二七年に造られたロマネスク風の建築である。この時期多くの大学で講堂が造られているが、東大安田講堂のようにゴシック様式のものが主流でロマネスクの講堂は珍しかった。しかも、中の装飾には十二支や想像上の霊獣があちこちに配され、大学の施設とは思えない異空間を作っている。

一橋大学兼松講堂

この講堂は、音響のよさから比較的早い時期からチェコ・フィルハーモニー、ウイーン・フィルハーモニー、ベルリン・フィルハーモニーなどの海外のトップオーケストラの演奏家のコンサートが開かれてきており、実は「隠れた名ホール」として知られている。現在も一橋大学管弦楽団や「くにたち兼松講堂音楽の森コンサート」といった学外の人が講堂内で音楽を楽しむ機会が定期的に確保されている。そしてそのコンサートを楽しみにしている人が学園都市国立には多いという。大学は、構内で様々なイベントがあったり、学外の人が見学できる資料館や博物館があったり、図書館が市民にも公開されていたりするなど、学生やその家族ではなくとも構内に出入りする機会はあるにはあるが、音楽のコンサートのようにある明確な目的で市民が集えるような施設を持つことは、開かれた大学を体現する意味でも重要である。昭和初期の名建築は、単に文化財となってお高くとまっているのでなく、市民との接点として大学を開く役割も担っている。こうした施設を大切にしてきた姿勢は高く評価してよいだろう。

終章　登録有形文化財制度の課題と今後

毎年増加する一方、消滅・取り消しも多数

登録有形文化財は、現在年に三回、一回当たり二〇〇件ほどの物件が新たに登録され続けているので、登録数は増加の一途を辿っている。その一方で、登録が抹消されるケースも多く、抹消はニュースとなってメディアに登場することが少ないので、気づかないうちに登録有形文化財だった建物がその看板を失っているというケースが今も続いている。まず、抹消の実情を見てみよう。

登録有形文化財の抹消には大きく分けて三つの理由がある。

一つ目は、文化財の指定制度による文化財指定への移行で、そのうち最も実例が多いのが、国の重要文化財指定による抹消である。この移行は、文化財の指定制度と登録制度とは別の物であるという建前とは裏腹に、登録有形文化財よりも重要文化財のほうがグレードが上だという印象を与えている点は否めない。あるいは、登録有形文化財の中から優れたものが重要文化財に格上げされるというイメージを植え付けていて、少々ひっかかる気がしないでもない。制度が始まって以来、一一八件が登録有形文化財から重要文化財へと移行している。網走監獄の舎房など著名な施設で移行した例もあるし、佐渡金銀山の五施設が移行した例のように、世界遺産への登録を目指して、国が保護施策を確実に実行していることを示すために重要文化財に指定する例もある。

ちなみに、この例では一度授与された登録プレートの返還までは求めないので、場所によっては重要文化財に指定されたのちも、登録有形文化財のプレートがそのまま施設に残り続ける例もある。先述の佐渡金銀山では、一般公開されている坑道である「道遊坑」の中に二〇一七年春に入坑した時も、まだプレートが坑道の中で燦然と輝いていた。

また、同じ指定文化財への移行でも、国ではなく都道府県・市町村指定の文化財への移行による抹消もある。前者が四三件、後者が七七件あるが、近年は都道府県や市町村の指定と登録有形文化財は並立してもかまわないということになって、二〇一〇年以降、この移行による抹消は姿を消している。

抹消の二つ目の理由は、文化庁の資料では、「焼失等による登録抹消」という区分にあたる。焼失というと、火事を思い浮かべるが、火事だけでなく、地震や津波による倒壊、風水害による消失など、自然災害などで建物が予期せぬ形で消えていくケースである。件数としては二七件と少ないが、記憶に新しいところでは東日本大震災で一一件の建物が抹消されている。中でも象徴的だったのは、茨城県北茨城市の五浦《いづら》海岸にあった六角堂（文化財の名称は、「**茨城大学五浦美術文化研究所六角堂**」）が津波で跡形もなく消え去ったことだろう。日本芸術院を率いる岡倉天心がこの地に移り、のちに日本画家の大家となる横山大観や菱田春草らと邦画の新しいスタイルを模索していたときに、思索の場所として太平洋に突き出た岩盤に一九〇五年に建てたのが六角堂である。長らく五浦のシンボルとして愛され続けた六角堂は、東北・関東の太平洋岸を襲った津波で土台だけを残してすべてが海にさらわれた。その後、浄財を集めて直ちに再建されたが、築五〇年以上という登録基準からはずれたため登録有形文化財としては抹消となっている。自然災害が多い国で、火災に弱い木造建築が多いこともあって、災害による抹消は、重要文化財への「昇格」とは異なりやるせない思いにとらわれる。災害が起きても全損ではなく、できるだけ軽度の被害で済み、再興できるよう耐震補強や消火設備の充実など保護への施策がますます重要となろう。

三つ目の抹消の理由は、「解体等による抹消」で、一六七件ある。これは、建物の所有者がいなくなり、維持できなくなったり、耐震基準に満たず、危険なため取り壊さざるを得なかったりというケースである。中には、所有者から譲られて新たな所有者となった方が間をおかずに取り壊してしまった例もある。規制が比較的緩やかな分、指定文化財に比べて取り壊されやすいという、登録有形文化財の宿命ともいえる事情で、これだけの文化財がこの世から静かに消えているのである。重要文化財や国宝であったなら、取り壊さざるを得なくなり、抹消されるというケースはほとんどないはずで、その意味では、登録有形文化財制度の課題の一つであろう。第四章で、岐阜市の旧加納町役場庁舎が取り壊されて抹消されたことに触れたが、私が想い出のある建物で「解体による抹消」に該当するのが、これまでも取り上げた奈半利町の「**藤村製絲東蔵・倉庫**」である。藤村製絲は西日本有数の製糸会社で、二〇〇三年と製糸会社の中ではかなり最近まで操業していた。操業停止後も、建物を維持したまま、地域のイベントの会場などに使われていたが、所有者の事情で二〇一五年に西蔵を残して取り壊され、跡地は現在製絲記念館となっている。私は一度この倉庫の中で講演をしたことがあるが、操業を停止した瞬間を冷凍保存したかのような雰囲気は、世界遺産の富岡製糸場を彷彿とさせ、いつまでも残してほしかった建物である。それぞれやむを得ない理由があるにせよ、国の文化財制度でも貴重な時代の生き証人の消失を完全には防ぎきれないのは、残念というほかない。それでも、未登録・未指定の建物が人知れずもっと数多く消えていることを思えば、まだこれでも歯止めになっていると考えたい。

東日本大震災や熊本地震での甚大な被害

先項で東日本大震災による抹消について触れたが、倒壊には至らなくとも、広範囲の大地震だったため、震源から遠く離れた茨城県の内陸部や栃木県、群馬県などの建物でも、土蔵の漆喰が落下したり、ひび割れたりするなどの被害が相次いだ。震災から数年経った後に訪ねても、補修する資金が不足していたり、補修するための材料が入手できなかったり、補修する人そのものが見つからなかったりして、そのままになっている姿を幾たびか見てきた。当分は東日本大震災クラスの地震は国内ではないだろうと高を括っていた矢先の二〇一六年四月には熊本県で震度七の地震がわずか一日を空けて連続で発生し、熊本市や西原村などの登録有形文化財（最も被害が大きかった益城町には、登録有形文化財の建造物は一件もなかった）が大きな被害を受けた。熊本城や阿蘇神社など地域のシンボルになっている建造物の被害は繰り返し全国放送でも取り上げられるが、登録有形文化財クラスでは被害状況もなかなか伝わってこない。そして、丹下健三設計の倉吉市庁舎のところでも述べたが、二〇一六年一〇月に発生した鳥取中部地震でも登録有形文化財に大きな被害が出た。私が翌年三月に訪れた際も、市庁舎だけでなく、「**協同組合倉吉大店会**（**旧第三銀行倉吉支店**）」は、危険で中に入ることができず、市内三朝町にある「**南苑寺**《なんえんじ》」は、石段が危険であるとして高台にあ

旧高野寫眞館

る境内へ登ることができなかった。日本列島全体が地震の活動期に入ったともいわれており、今後も地震による被害が起こる確率は高そうだし、異常気象の頻発で豪雨による被害も増加しそうだ。

また、二〇一六年一二月には、糸魚川市で強風により市内中心部が大火に見舞われおよそ一五〇棟が焼失するという出来事があった。焼失エリアには登録有形文化財の建造物はなかったが、新潟県内最古の酒蔵が全焼したほか、老舗の割烹など歴史的な家屋が多数灰燼に帰した。幸いにも被災エリアに近い中心街にある登録有形文化財「旧高野寫眞館（高野家住宅主屋）」はぎりぎりで延焼を免れた。実は、火災の一か月前にこの写真館を訪れ、所有者に内部を案内していただいたばかりだったので、糸魚川大火のニュースを聞いて、真っ先にこの写真館の無事を祈らずにはいられなかった。翌年五月にこの写真館に洋菓子・生活雑貨の店が入居することになったとの記事が地元の新聞に掲載された。この店は市内の養鶏農家が直営する洋菓子店の二号店。旧高野寫眞館への出店を告知するホームページには、次のような言葉が記されている。

「二度の大火に襲われた旧高野寫眞館は、平成二八（二〇一六）年一二月二二日の糸魚川駅北大火は免れることができました。しかし、駅北大火では歴史ある多くの建物だけでなく、そこで培われてきた人々の文化も失いました。

その大きな喪失感をおぼえた時、今だからこそ過去の大火を経験した旧高野寫眞館の建物を『まちの人たちが集い、会話や笑い声がする空間として蘇らせたい』という思いが膨らみました。

その思いを受け止めていただいた現当主の髙野正明様のご厚意で『フェルのはなれ』としてオープンすることが叶いました。」

糸魚川市はこれまでも何度も大火に見舞われてきており、旧高野寫眞館も二度も被災していたことがこの記述からわかる。しかし、今回は無事であったからこそ、市民を元気づける場所として活用されることになったことがうかがえる。高野正明さんは忙しい仕事のかたわら、私を館内にご案内していただいた方である。登録有形文化財が大火を契機に新たな役割を果たしつつあるこのニュースをとてもうれしく受け止めた。

登録有形文化財に限らず、日本のすべての文化財や自然景観についてもいえることだが、災害列島日本でどうやって貴重な歴史資産や自然景観を守っていくかは、ますます重要な課題となるであろう。世界遺産や国宝など、わかりやすいもの、重要度が認識されているものに比べ、登録有形文化財はそこまで注目されないだけに、いっそう目配りが大切だという気がする。

所有者の苦労と継承の課題

これまでの一万件近い登録有形文化財の旅では、多くの所有者の方たちとお話しする機会を得、所有者ならではの喜びと苦労を聞くことができた。登録に至った理由は、自分から進んでというよりは、やはり自治体の教育委員会などに登録を打診されてというケースが多く、半信半疑で登録したがやはり登録の重みは大きく、守っていこうという気持ちが強まったという声が多く聞かれた。

その一方で、特に補修をするわけではなくとも、現状を維持するだけでもかなりの費用がかかること、もし補修しようとすると、登録有形文化財の制度上、その経費は国や自治体から出るわけではないので、自費で賄わなければならないのはもちろんのこと、戦前に建てられた民家は間違いなく今では手に入らない部材を使っているため材料の調達にも苦労するし、漆喰などを補修する高い左官技術を持った職人を見つけるのも至難の業であることなど、所有者の苦悩はかなり深いことが訪問のたびに感じ取れた。滋賀県高島市の茅葺きの民家の登録有形文化財を訪れた際には、茅を葺く職人は白川郷の合掌造りを扱う職人をわざわざ呼んでいるとのことであった。

また、個人所有の方の多くの悩みは、「後継者問題」である。自分が生きているうちは、この家を守っていく意思はあるが、都会に住んでいる子どもたちは継いでくれそうもない、私一代限りになるだろう、そんな声を本当に多く聞いた。できれば地元の自治体に買い取ってもらいたい、いや買い取るまでもなく寄付してもかまわない、こうした切羽詰った声も聞くし、実際に自治体の所有となってまちづくりの拠点となっている例も多いが、自治体側も文化財への関心がなかったり、仮に入手したとしても維持していく費用にも人材にも事欠くなどの理由で、こうした交渉がまとまらないどころか交渉のテーブルにもつけないところも少なくない。

高齢化・過疎化は今後は地方はもちろんのこと大都市でも生じてくる全国共通の課題だが、地域の歴史や風土を伝える貴重な文化財をすべて国や自治体の手だけでは守れない以上、一人ひとりの所有者や関係者に委ねざるを得ない。新たな道路やダムを造る工事には巨額の国費が投入される一方で、その一〇〇分の一の費用でもあれば守られるべき地域の文化財に保存の手が差し伸べられにくい現状は「文化国家」とはいえないのではないか。登録有形文化財の課題の背後には、私たちは今何にお金を使うべきかという問いかけが潜んでいる。

「登録有形文化財」を県単位で守る

こうした登録有形文化財所有者の悩みを地域全体で共有し課題の解決に向けて活動をしたり、共同で様々な広報・公開活動を行うための都道府県単位の組織が現在七都府県にできている。最も早く設立されたのが、「大阪府登録文化財所有者の会」で、二〇〇五年に産声を上げた。会のホームページには、

「われわれ登録文化財の所有者は平成一六年秋から、文化財保護行政部局の意見を参考に、まず府内の登録文化財所有者が相集い、所有者相互の親睦を図るとともに、登録文化財を所有することの誇り、責務や悩みなど、様々な情報交換や情報発信等によって、府民の登録文化財への関心を高

めることが、更なる登録の促進にも寄与すると考え、『大阪府登録文化財所有者の会』を設立しました。」

とはっきりと設立の目的が明示されている。

初代会長は「畑田家住宅」（羽曳野市）の所有者である畑田耕一氏、その後、大阪市中央区の道修町にある「少彦名神社」の別所俊顕氏が受け継いでいる。具体的には登録有形文化財の制度を知ってもらうためのフォーラムや研修会の開催、文化財を守る専門家であるヘリテージ・マネージャーの育成、文化の公開やマップの作成などの事業を行っている。この会で発行している「大阪府の登録文化財」という小冊子はコンパクトで写真も掲載されており、府内の登録有形文化財巡りには欠かせない資料である。

その後、京都、和歌山、愛知、秋田、群馬、東京に同様の会ができているが、一番熱心に活動しているといってよいのが、「愛知県国登録有形文化財建造物所有者の会」（略称、愛知登文会）であろう。設立は二〇一一年とまだ新しいが、子どもたちに文化財に触れてもらう催し「文化財こどもプロジェクト」、会員による県内外の登録有形文化財の視察、県をいくつかのブロックに分けての普段非公開の文化財の特別公開事業などのほか、県内の登録文化財の位置や説明が現地でわかるよう地図や解説が見られるスマホのアプリを提供するといった新たな取り組みを行っている。

二〇一七年五月に登録物件の「棚橋家住宅主屋」（名古屋市緑区有松）で開かれた年に一度の総会に参加させていただいたが、事業報告や決算などの審議・承認などの式次第のほか新たに会員になった所有者が文化財の建物やその背景を紹介する時間が設けられたり、会場の所有者である棚橋家

棚橋家住宅で開かれた愛知登文会の総会

の代表が建物と地域の歴史にまつわるエピソードをお話されたりと興味深い内容が盛り込まれ、その後の交流会では、所有者のほか歴史的建造物の修復や活用にかかわる建築家や行政担当者、研究者も加わり、情報交換と親睦が図られた。

普段は非公開の登録有形文化財の公開は、秋を中心に文化財ウイークや文化財保護月間などと合わせて全国的に各地で行われているが、愛知県では日をずらし県内を六ブロックに分けて、地域ごとに集中して見学できるようなプログラムが愛知登文会の主催で行われていて、参加者は自分のスケジュールに合わせて公開された文化財に触れることができる。所有者自らが解説をするところも多い。

そして、現在、今までは個々で活動してきた七都府県の所有者の会が大同団結して、全国規模の会を作ろうという話が持ち上がっており、二〇一七年一〇月には名古屋市で結成に向けたシンポジウムが開かれることになっている。これによって登録有形文化財の発信力が高まり、課題を地域全体で共有したり、全国レベルでの情報交換や共同の運動、イベントができる可能性が出てきた。

文化財の保存活用を担わされた所有者の方たちが孤立せず、一定の発言力、発信力を持つようになれば、市民や行政へのアピールという点でも、大きな効果を持つと考えられる。

重要伝統的建造物群保存地区などとの連携

これまでのところでも、登録有形文化財が集中した地域が国の重伝建へ選定され、個々の住宅や施設という「点」の保存から、地区全体という「面」へと広がった実例を、茨城県桜川市の真壁、群馬県桐生市の桐生新町、秋田県横手市の増田などで見てきた。上述の名古屋市の有松も二〇一六年五月、東海道沿いの宿場町の町並みが重伝建に選定された。

点よりも面のほうが個々の建物だけでなく景観全体が保存されるので、制度としてはより意義深いように思えるし、実際重伝建に選定された一一四地区（二〇一七年現在）を見ると、函館元町・末広町（北海道）、角館（秋田県仙北市）、川越（埼玉県）、高山（岐阜県）、京都産寧坂など、その美しい景観を求めて多くの観光客を集めているところが多い。その一方で、地区全体を重伝建にするには、選定される範囲に住む住民のすべての了解を取り付けなければならない。選定されれば外観を勝手に直すわけにはいかないし、逆に店舗や公共施設であっても景観にマッチするよう外観をその街並みに合わせることが求められる。重伝建で世界遺産「石見銀山とその文化的景観」の構成資産でもある大田市大森地区では郵便局や銀行の建物も街並みに合わせて修景されている。

こうしたハードルの高さから、重伝建を目指したくとも地域の合意が取れないため、まずは一軒ずつ登録有形文化財に登録し、文化財の建物を街に増やすとともに、住民の意識を変えることで最終的には重伝建の選定を目指すという手法が採られているところもある。

ヘリテージ・マネージャーと歴史まちづくり法

登録有形文化財を支える制度として、ほかにも様々な取り組みが行われてきているのも追い風であろう。

地域に眠る文化遺産を発見し保存し活用にまで結び付けて地域づくりに生かす能力を持った人材を「ヘリテージ・マネージャー（地域歴史文化遺産保全活用推進員）」とし、各都道府県でこのヘリテージ・マネージャーの育成が行われるようになったのは、早いところでは二〇〇〇年前後からである。主に建築士の方がこの資格を取得し、実際に歴史的建造物の有形文化財への登録についての調査や事務的な作業をサポートしており、登録有形文化財制度を支える重要なパートナーとなっている。

また、二〇〇八年に施行された「地域における歴史的風致の維持及び向上に関する法律」、いわゆる歴史まちづくり法も歴史的建造物の保存という意味では一歩進んだ法整備となった。これは、地域固有の歴史と伝統を反映した建造物とその周辺の環境を「歴史的風致」と定義し、その維持向上計画を策定した市町村に対し国がお墨付きを与え様々な支援をする制度である。歴史的建造物の修景などに財政的な助成が行われるなど、建造物の保存活用への経済的な支援にもなっている。二〇一七年現在この制度に認定された地区は六二にのぼっており、すでに重伝建に選定されている地区も多い一方で、愛知県犬山市や新潟県村上市など登録有形文化財が多く登録されている地区もある。こちらは国土交通省の管轄なので、文化財全体を扱う文化庁とのすみわけなど、制度ばかりできても縦割りの弊害が増えるだけという声がないわけではない。しかし、この制度は一〇年という長いスパンの計画を立てたうえで認定されることから、個々の建物の保存管理を超えて、まさに名前の通り、「まちづくり」に活かされていくことが期待されたものであり、登録有形文化財の制度と連携していけば、従来型の開発や経済発展を重視したまちづくりとは違った効果が見込まれる。

修復への国からの支援

こうした流れを受けて、といってよいと思われるが、文化庁でも従来の「登録有形文化財の修復には直接お金を出さない」という方針から、近年は修復も可能な予算措置を行うようになってきた。例えば二〇一七年度の予算では、登録有形文化財の外観、内装（公開部分）を美しく保ち、観光資源としての魅力を向上させる事業、いわゆる「美装化」という目的であれば、その費用を支援するという予算が組まれた。文化財の所有者や管理者に原則として五〇パーセントの補助率で重要文化財と併せて年間九〇件程度を支援しようという制度である。もちろん、対象件数は必要なところからすれば全然足りないだろうし、所有者にこの情報がきちんと降りているかといえば、自治体の温度差もあって、私が実際に訪れて話をした所有者の中にも、この制度の制定について全く知らなかったという人もいたので、十全とはいえないが、「お墨付きは与えるが修復はご自分で」というスタンスからは変化してきているといえそうだ。もちろん、この背景には、インバウンドの増加を謳うなど「観光立国」を目指す国の方針から、「観光資源に資する」という文言を入れれば予算が通りやすいという事情もある。とはいえ、歴史的資産の保存活用と観光振興は密接不可分であり、域外の多くの人に見学してもらったり、交流を深めたりすることで、地域が活性化することは間違いない。後回しにされがちな、あるいは冷遇され続けたといっても過言ではない我が国の文化支援がこうした制度により少しでも所有者や市民のためになるのであれば、大いに利用していけばよいと思われる。

建造物から美術工芸品への拡大

これまで、この書では「登録有形文化財＝建造物・土木構造物」として取り扱ってきたが、実は登録有形文化財には「美術品」という分野もある。まだ一二件の登録しかないが、例えば宮城県図書館に保存されている「**紙芝居資料**」や、清水建設の前身である清水満之助店及び清水組が手掛けた建築作品の設計画を集めた「**彩色設計画集**」などユニークなものが登録されている。建造物の登録有形文化財が世界遺産（文化遺産）だとすれば、こちらは同じユネスコの事業である「世界の記憶」に該当すると考えてよいだろう。第十三章で紹介したように並河靖之邸に保存されている「**並河靖之七宝資料**」も美術工芸品に登録されている。「彩色設計画集」の中には、「**ピーエス熊本センター（旧第一銀行熊本支店）**」など登録有形文化財の建造物もあり、この旧第一銀行は、建物本体と設計画がともに登録有形文化財ということになる。

また、資料は紙や工芸品に関したものだけではなく、実用的な機械類も含まれている。「**工業技術資料（日本工業大学収集）**」は、埼玉県宮代町にある日本工業大学により工業技術博物館の開設に合わせて系統的に収集された工作機械のコレクションである。池貝鉄工所、大隈鉄工所、新潟鉄工所といった日本のメーカーが製作した工作機械のみならず、ドイツやイギリスなどの海外の工作機械も含め、明治後期から昭和三〇年代までの機械が収集され、しかもその多くは稼働が可能な状態となっている。その収集・公開方針の素晴らしさも併せて、歴史的・学術的に高く評価され、登録有形文化財となった。

旧第一銀行熊本支店

次々と技術革新が起こる分野では、古いものは場所を取ることもあり、捨てられる運命にある。その価値に気づいて残そうという強い意志がなければ、こうしたものはいとも簡単に消えていく。美術品の資料もその価値は建造物と比較しても全く遜色がないであろう。

第十章で、蚕糸織物業に関連した建造物の集積について触れたが、例えば繭から生糸を生み出す繰糸機の変遷を見ようと思ったら、長野県岡谷市の岡谷蚕糸博物館や埼玉県熊谷市の片倉シルク記念館に足を運ぶ必要がある。世界遺産となった日本で最初の官営の製糸工場にも、操業停止時の機械はあるもののそれ以前の機械は見ることはできない。

建造物に比べると活用が難しい美術品の登録有形文化財が今後、建造物のように次々と登録されていくのか、あるいはその性質上、次々と登録が進むということにはならないのか、今の時点では見通せないが、いずれにせよ、文化財の範囲や概念が広がり、後世に残すべきものの多様性が広がるのは、地域振興の視点からもより重要になるであろう。

おわりに

二〇一七年四月、群馬県の地元紙である上毛新聞に、「旧多野会館　解体着手へ」と題した記事が掲載された。旧多野会館は一九三八年に建てられた堂々たる大型の帝冠様式の公共建築で、現在は多野藤岡農業協同組合が所有しているが、老朽化により取り壊されると前年には発表されていた。その後、文化財関係者や市民団体が貴重なものなので何とか残してほしいと要望したが、耐震改修に多額の費用がかかるため、最終的には当初の予定通り取り壊されることになったという記事である。多野会館は登録有形文化財ではないし、まして国の指定文化財でもないが、県内で最も近代建築に詳しい専門家に聞いてみても、登録有形文化財どころかそれよりも上といってもよい価値があると太鼓判を押すほどの建物である。地元の新聞では報じられたが、全国的なメディアにはもちろん載らず、文化財としての指定も登録もない状態なので、国や自治体からの正式な抹消・解体の発表もなく、同年夏までには、記事通り取り壊された。世界遺産や産業遺産がもてはやされる昨今でも、こうして私たちのまわりから歴史の生き証人はいとも簡単に消えていくというひとつの証左をこの記事は伝えていた。多野会館が登録有形文化財となっていたら、もしかしたら運命は変わっていたかもしれない、そんなことを思いながら、自分ではどうしようもできない非力さを痛感せざるを得なかった。

さて、登録有形文化財をめぐる私の日本列島巡礼の旅はまだ道半ばだが、それでもこの八年余りの旅の間に様々なこの国の特に地方の実相を見ることができた。この本では建造物の室内の細かな造作などについてはほとんど触れなかったが、登録有形文化財の建物に接してきて感じることのひとつは、戦前の人々の美意識の素晴らしさ、奥深さである。床の間の柱や玄関の上がり框《かまち》などに使われている、今では手に入らなくなった貴重な木材、商家に必ずといってよいほど設えられた立派な神棚、どんなに敷地が狭くても坪庭程度の広さであっても、そこに自然の小宇宙を再現した庭への愛着。しかもその多くは大工や業者に任せっきりではなく、施主の細かな要望が組み込まれ、あるいは施主自身が設計を手掛けているケースも多かった。建築はそれが住宅であろうと商家であろうと、所有者の思想や生き方の反映であり、またそれを受け止める腕の確かな大工や職人がいたからこそ細かな部分まで凝った建築が生まれ、現代の視点から見ても高い美的感覚に裏打ちされた歴史的建造物として残ってきたことがうかがえる。

翻って、今の私たちは建築や景観ということにどれだけ気を配り、実行しているだろうか？　一見選民意識をくすぐられるけれど周囲の景観とはちぐはぐなタワーマンションの住人となったり、一戸建てを購入するにしても大手のツーバイフォーの規格通りの家でよしとしたりして、家具や家電にこだわる人はいても、家そのものにこだわりを持つ人は自分自身も含めて、かなり少なくなってしまっている。それは公共建築や企業のオフィスなどでも同様で、現在建てられている駅舎や市庁舎、警察署や税務署といった建築が五〇年後、登録有形文化財として後世に向けて保存しようと思われる対象となるかどうかはなはだ疑問に感じる。私たちは見た目の、あるいは刹那的な豊かさに心を奪われ、次世代に伝える建造物や景観を作り出していないのではないか、登録有形文化財を見て回るたびにそんな思いにとらわれてきた。

いやそれは偏見だ、今に残る戦前の文化財だってその多くは一部の金持ちの道楽普請の結果であって、ほとんどの庶民は建築学的には何の価値もないみすぼらしい長屋や藁ぶきのあばら家に住んでいたわけで、逆に現代でも高い設計料を払って後世に名前を残す可能性の高い著名な建築家に自邸やオフィスの設計を頼んでいる人だって少なくないはずだ、そうした建造物は数十年後、今の時代を映す貴重な文化財として後世の人々に尊敬の念をもって受け入れられる、そう考えることもできるかもしれない。

いずれが正しいかは時間が経過しなければ判断できないだろうが、少なくとも今、私たちのまわりには五〇年以上前の人々が精魂込めて作った建造物や土木構造物が一万棟以上確実に存在し、さらにたまたま今は登録されていないだけで、正確に調査すれば登録済の建造物と同等の、あるいはそれ以上の価値あるもの、つまり知られざる「旧多野会館」のような至宝がまだまだ日本各地に眠っていることも、これまでの行脚で痛いほど感じてきた。既存の登録有形文化財は、まだ後世に残すべき宝物のほんの一部しかカバーしていないのは、間違いないであろう。

本格的な人口減少社会を迎え、あちこちに目立つ空き家が社会問題と捉えられるようになり、今なすべきはさらに新たな建物を無尽蔵に作り続けることではなく、今ある施設や建造物を再利用しながら生きながらえさせ、そこに込められた地域の歴史や物語も併せて受け継いでいくことだということに、ようやく行政も市民も気づき始めた、そんな時期に来ているように思われる。そうした状況を踏まえて、気軽に申請をすることで国の文化財であるというブランドを手にすることにより、地域の再生に繋げていける登録有形文化財という制度の理念は、よりいっそう輝く時を迎えたということもできよう。

私自身は、建築家でも行政マンでも文化財級の建造物の所有者でもなく、ただ単に歴史的な建造物を見て回るのが好きな一「オタク」にすぎないが、それでもささやかながらこうした制度に賛同し、一人の市民としてそれを支える側に回ることは可能だ。また、これまでは個々バラバラであった所有者が大同団結して制度の改善やより高い理念を実現する政策提言を求めていくことを支援していくことも多少はお手伝いできるかもしれない。

観光の時代ともてはやされる今だからこそ、大量の集客を見込む大型の観光施設ではなく、数は少なくとも心の耳を持った人に地域のストーリーを発信する小さな宝石箱を大切にするべきではないかと思えてならない。その宝石箱の代表として登録有形文化財がいっそう輝き続けてほしい、そう願って筆を擱きたい。

最後に、これまでの登録有形文化財への巡礼行で話を伺わせていただいたり、貴重な建物を快く見せてくださった方たち、文化財について素人の私に丁寧に制度などについてお話をしてくださった文化庁や自治体の文化財担当の方々、建築家の方々にこの場を借りてお礼を申し上げたい。

主な参考文献

日本放送協会『ラヂオ年鑑』(一九四二年、一九四三年)
河上徹太郎編『萩原朔太郎詩集』新潮社(一九五〇年一二月)
文化庁文化財部『総覧登録有形文化財建造物5000』海路書院(二〇〇五年一一月)
米山勇監修『日本近代建築大全 東日本編・西日本編』講談社(二〇一〇年五月・七月)
火の見櫓からまちづくりを考える会編『火の見櫓―地域を見つめる安全遺産』鹿島出版会(二〇一〇七月)
佐滝剛弘『観光地「お宝遺産」散歩』中公新書ラクレ(二〇一二年五月)
多田安子監修『多田家 写真集―江戸・明治から昭和にかけての伝統建築と歴史』図書出版のぶ工房(二〇一二年一〇月)
『東京人 二〇一二年一二月号』都市出版(二〇一二年一二月)
「藤岡家住宅―修復と活用の記録」編集委員会『登録有形文化財藤岡家住宅―修復と活用の記録』うちのの館(二〇一五年二月)
文化庁文化財部監修『月刊文化財 特集登録有形文化財(建造物)一万件』第一法規(二〇一五年四月)

物件索引

ア行

カ行

サ行

タ行

ナ行

ハ行

マ行

ヤ行

ラ行

ワ行

著者プロフィール

1960年愛知県生まれ、東京大学教養学部（人文地理専攻）卒業。

NPO産業観光学習館専務理事、高崎経済大学地域科学研究所特命教授。

専門は、世界遺産、産業遺産、観光政策、交通全般、メディア論、郵便制度論。国内外400件の世界遺産、国内およそ1万件の国登録有形文化財を訪問。

主な著書に、『赤れんがを守った経営者たち―富岡製糸場 世界遺産への軌跡』（上毛新聞社）、『高速道路ファン手帳』・『観光地「お宝遺産」散歩』・『日本のシルクロード―富岡製糸場と絹産業遺産群』（以上、中公新書ラクレ）、『世界遺産　富岡製糸場』・『国史大辞典を予約した人―百年の星霜を経た本の物語』（以上、勁草書房）、『切手と旅する世界遺産』（日本郵趣出版）、『それでも自転車に乗りますか？』『世界遺産の真実―過剰な期待、大いなる誤解』（祥伝社新書）など。

登録有形文化財
―保存と活用からみえる新たな地域のすがた

2017年10月20日　第1版第1刷発行

著　者　佐《さ》　滝《たき》　剛《よし》　弘《ひろ》

発行者　井　村　寿　人

発行所　株式会社　勁《けい》　草《そう》　書　房

112-0005 東京都文京区水道2-1-1　振替　00150-2-175253
（編集）電話 03-3815-5277／FAX 03-3814-6968
（営業）電話 03-3814-6861／FAX 03-3814-6854
本文組版 プログレス・堀内印刷・松岳社

ISBN978-4-326-24846-9　Printed in Japan

http://www.keisoshobo.co.jp

遊子谷 玲　世界遺産 富岡製糸場　四六判 一八〇〇円

佐滝剛弘　国史大辞典を予約した人々　百年の星霜を経た本をめぐる物語　四六判 二四〇〇円

加藤陽子　戦争を読む　四六判 二二〇〇円

加藤陽子　戦争の論理　日露戦争から太平洋戦争まで　四六判 二二〇〇円

山内進編　「正しい戦争」という思想　四六判 二八〇〇円

古川日出男ほか　ミグラードー朗読劇『銀河鉄道の夜』　四六判 二五〇〇円

N・ファーガソン　仙名紀訳　文明　西洋が覇権をとれた6つの真因　四六判 三三〇〇円

＊表示価格は二〇一七年一〇月現在。消費税は含まれておりません。